Maria Frisé
Meine schlesische Familie und ich

Maria Frisé

Meine schlesische Familie und ich

Erinnerungen

Aufbau-Verlag

Mit 20 Abbildungen

ISBN 3-351-02577-7

1. Auflage 2004
© Aufbau-Verlag GmbH, Berlin 2004
Einbandgestaltung Henkel/Lemme
Druck und Binden Pustet, Regensburg
Printed in Germany

www.aufbau-verlag.de

Den Anstoß zu diesem Buch gab eine Reise – nur drei Tage – in meine schlesische Heimat. Meine Enkeltochter Gina und ich waren eingeladen worden, an einem Film mitzuwirken. Dem Regisseur ging es darum herauszufinden, wie die ältere Generation von gebürtigen Schlesiern mit Flucht und Vertreibung fertig geworden ist und ob diese traumatische Erfahrung auch deren Nachkommen noch berührt. Was bedeutet Heimat überhaupt, wenn sie verloren ist? Das war die Kernfrage, die der junge Filmemacher gleichzeitig auch einer polnischen, aus Lemberg vertriebenen Familie, die jetzt in Breslau lebt, stellte.

Ich sah also Breslau wieder, wo ich geboren wurde und die letzten Schuljahre verbracht habe. Ich zeigte Gina das schöne Patrizierhaus »Zur goldenen Sonne« am Ring, das meiner Familie gehörte, und begann von den Vorfahren zu erzählen, von denen meine Enkeltochter nichts wußte.

Ich erinnerte mich aber auch, wie ich am Anfang des Krieges als dreizehn Jahre altes Landkind allein durch die Stadt streifte, die Kirchen der Dom- und Sandinsel bewunderte und Angst hatte beim Umsteigen von einer Straßenbahn zur anderen, um zu meinem Vater zu gelangen, der schwer verwundet in der Universitätsklinik lag.

Einen Tag lang waren wir in Lorzendorf, wo ich aufgewachsen bin. In dem Schloß, in dem ich meine Kindheit verbrachte, werden heute hundert Alkoholiker (hoffentlich) von ihrer Sucht kuriert. Wir wurden sehr freundlich empfangen und von einer polnischen Familie, die in einem der stabilen, von meinem Großvater gebauten Zweifamilienhäuser für die Gutsarbeiter wohnt, üppig bewirtet.

Seit dem Krieg und unserer Flucht war ich schon mehrmals in Schlesien – meist mit dem Auftrag, eine Reportage zu schreiben oder Medikamente, Kleider und Lebensmittel in Pfarrhäusern abzuliefern. Jetzt, nach so langer Zeit, überfielen mich die Erinnerungen nicht mehr schmerzlich, und zu sehen, wie vieles sich verändert hat, tat kaum noch weh.

»Schreib das doch auf!«, forderte mich Gina auf. Also beginne ich mit der Familiengeschichte, die mich, ähnlich wie meine Kinder und Enkel, jahrzehntelang nicht interessiert hat. Ich konnte mich auf verschiedene Aufzeichnungen stützen, welche meine beiden Großmütter, mein Onkel Christian von Loesch und andere Verwandte nach dem Krieg gemacht haben. Sie sind lückenhaft und widersprechen sich auch zum Teil, vor allem verklären sie vieles. Ich habe mich in solchen Fällen meistens auf die sachliche Darstellung meines Vetters Achim von Loesch gestützt, der als Volkswirt eine Studie über »Kammerswaldau – Die Geschichte eines schlesischen Dorfes, seines Schlosses und seines Rittergutes« veröffentlicht hat. Er konnte das schmale Buch kürzlich auch in Breslau im historischen Institut der Universität vorstellen. Die Zeiten, da die jetzigen Bewohner Schlesiens die siebenhundert Jahre deutsche Geschichte in diesem Land ignorieren wollten, sind glücklicherweise vorbei.

Die Familie ist natürlich, auch wenn sie mir noch so fern gerückt ist, der Hintergrund meines Lebens, zudem verwoben mit Kindheitsbildern, in denen ich heute versuche, mich selbst wiederzufinden. Wieweit hat dieser Hintergrund mich geprägt, und wann begann ich mich davon zu lösen?

Vermutlich machen viele Menschen im Laufe ihres Lebens erstaunliche Entwicklungen durch. Manche häuten sich wie Schlangen, andere bleiben sich treu, so sagt man, was nicht bedeuten muß, daß sie sich nicht verändern und weiterentwickeln. Meine Generation, die zwischen 1920 und 1930 Geborenen, hat ihre Kindheit und Jugend in der Nazizeit und im Krieg verbracht und 1945 den tiefen Einschnitt am Ende des sogenannten Dritten Reiches erlebt. Was war es für Sie? wurde anläßlich der Gedenktage gefragt: Zusammenbruch oder Befreiung? Eindeutig kann ich das für mich nicht beantworten. Befreiung von einer existentiellen Bedrohung: ja. Aber auch Zusammenbruch. Ich empfand ihn als total, weil die Welt, aus der ich kam, nicht mehr existierte. Mit der Kapitulation am 8. Mai 1945 endete jedenfalls mein erstes Leben; ich war neunzehn und schon verheiratet.

Mein zweites Leben dauerte nur zwölf Jahre lang. Denn nachdem die Entbehrungen der Nachkriegszeit überwunden waren, erwies sich die Ehe mit meinem Vetter Hans-Conrad Stahlberg als nicht haltbar. Mehr oder weniger freiwillig habe ich mich von der Familie entfernt, gezwungenermaßen auch von meinen Kindern. Der Kontakt zu ihnen riß zwar nie ab, doch er war lange von großen Spannungen und Trennungsphasen geprägt. Es waren die schwersten Jahre meines Lebens. Ohne Adolf Frisé, meinen zweiten Mann, hätte ich sie wohl nicht überstanden.

Ich wußte, daß ich die Chance dieses neuen dritten Lebens, in dem ich einen befriedigenden Beruf fand, nutzen mußte. Der Weg, bis ich mir dort einen Platz eroberte, stand unter einem glücklichen Stern. Ich denke dankbar an alle zurück, die mir am Anfang geholfen und mir Mut gemacht haben.

Jetzt, nach dem Tod meines Mannes, bin ich in meinem vierten Leben angelangt. Allein. Das muß ich noch lernen.

M. F.

Vorfahren und Kindheitsbilder

Die Loeschs, meine väterliche Familie, früher auch Lösch oder Lesche geschrieben, stammen ursprünglich aus Magdeburg. Dort waren sie Gerber und Bierbrauer. Während der Zerstörung und Plünderung Magdeburgs durch Tillys Truppen im Dreißigjährigen Krieg sind auch die Kirchenbücher, damals die einzigen Personenregister, vernichtet worden. Aus dem Jahr 1631 ist zwar eine Familienurkunde erhalten, lückenlos läßt sich der Stammbaum aber erst seit 1668 verfolgen. Meine Ahnen waren Vollbürger, das heißt, sie besaßen alle Stadtrechte.

Meinem Vater genügte das offenbar nicht. Er hatte bei seinen Forschungen einen fränkischen Ritter gleichen Namens in Rothenburg ob der Tauber ausgemacht, von dem es aber bedauerlicherweise außer seinem Grabmal unter der Kirchenkanzel keine weiteren Zeugnisse gibt. Ein Ritter in voller Rüstung, das wäre natürlich eindrucksvoller gewesen als die Abstammung von Gerbern und Brauern, und seien sie auch noch so tüchtig gewesen. Der Ritter hätte auch besser zu den heroischen Zedlitz-Vorfahren meiner Mutter gepaßt, von denen einige in Schlesien zusammen mit polnischen Rittern und Bauern im Heer des Piastenfürsten Heinrich II. (des Sohns der heiligen Hedwig) schon 1241 bei Wahlstatt gegen die Mongolen gekämpft haben.

Ahnenforschung betrieben in den dreißiger Jahren viele, nicht zuletzt auf Druck der Nationalsozialisten, die einen »Ariernachweis« verlangten. Doch die Deutsche Adelsgenossenschaft hatte schon in den zwanziger Jahren in das »Eiserne Buch deutschen Adels deutscher Art«, kurz EDDA genannt, nur Mitglieder aufgenommen, die unter zweiunddreißig Vorfahren »keinen oder höchstens

einen Semiten oder Farbigen« hatten. Dieser mitglieder-
starke Zusammenschluß des deutschen Adels hatte sich
die »Pflege der Rassenfrage« zur Aufgabe gemacht. Er
unterschied sich in seiner antisemitischen und rassistischen Tendenz und dem entsprechenden Vokabular nicht
von den Nationalsozialisten.

Meinem Vater war es offenbar wichtig, daß die Familie
von Loesch in die EDDA aufgenommen wurde. Er reiste
auf den Spuren seiner Großmutter Victoria Salice-Contessa bis nach Graubünden und an den Comer See. Doch
diese Vorfahren mit dem schönen italienischen Namen
lebten bereits seit Generationen als Beamte oder Kaufleute in Schlesien beziehungsweise in Preußen. Das hätte
doch eigentlich genügt.

Wir Kinder, mein Bruder Hans-Friedrich und ich – unsere
kleine Schwester Christine zählte noch nicht –, interessierten uns nicht im mindesten für unsere Vorfahren. Für
uns waren sie Riesen, die uns mit ihrer Würde und Bedeutung, von der uns immer wieder erzählt wurde, zu er-
drücken drohten. Nie würden wir sein wie sie, so hilfreich,
klug und edel. Und so tüchtig schon gar nicht! Doch wir
konnten ihnen nicht entgehen; wir wuchsen nun einmal
unter ihren kalten, klugen, verschmitzten, starren, selten
liebevollen Augen auf. Überall an den Wänden im Lorzendorfer Schloß hingen ihre Porträts. Einige wuchtig lebensgroß, andere als zarte Miniaturen.

Düster waren die kleineren Daguerreotypien in breiten
geschnitzten oder glatten schwarzen Holzrahmen. Die
Ahnfrauen und Ahnherren waren sich gewiß sehr fortschrittlich vorgekommen, als sie sich in dieser neuen
Kunst porträtieren ließen. Die Frisuren der meist älteren
und schon ein wenig beleibten Frauen waren sorgfältig
hochgetürmt. Taftröcke bauschten sich vor einer Kulisse
von Säulen und exotischen Gewächsen. Bärtige Männer
im Gehrock über schmalen Hosen hielten sich kerzen-

gerade; sie blickten ernst und gravitätisch in den merkwürdigen Kasten, der ihr Konterfei reproduzieren sollte. Ihre angestrengten Gesichter zeugen von der zeitaufwendigen Prozedur der Aufnahmen. Bildnisse von lockigen Kindern gab es auch. Aber sie machten uns traurig. Ganz jung gestorben, hieß es meist.

Im Lorzendorfer Schloß mit seinen dreißig Zimmern gab es reichlich Platz für die Ahnengalerie. Die Bilder hingen in den sieben großen Räumen des Hochparterres oder in den drei übereinanderliegenden Fluren. Einige schmückten auch die Wände der verschiedenen Gästezimmer im ersten und zweiten Stock. Das Schloß war riesig – so kam es uns Kindern jedenfalls vor.

Man betrat es durch eine schwere, in Eichenholz gefaßte und mit schmiedeeisernen Ornamenten geschmückte Glastür. In der unteren Halle wurden in Truhen und Schränken die Fahrpelze und die mit Schaffell gefütterten Fußsäcke aufbewahrt. Ein ausgestopfter Auerhahn und ein Birkhahn-Pärchen spreizten oberhalb der beiden Rundbögen ihr Gefieder. Die Schwingtür links führte zur Garderobe, die andere hinunter zur Küche und zu den acht verschiedenen Kellern.

Jedes Jahr zum Erntedankfest wurde die Erntekrone in der unteren Halle aufgehängt. Es war eine feierliche Handlung, wenn die jüngsten, festlich herausgeputzten Gutsarbeiterinnen meinem Vater die kniehohe, blumengeschmückte Krone aus Eichenlaub und Ähren übergaben, ein Symbol für die gesegnete Arbeit auf den Feldern und für die Verbundenheit zwischen den Gutsleuten und dem Besitzer.

Die Treppenstufen zur oberen Halle waren breit und flach genug für ein gelassenes Schreiten. Die beiden hohen Spiegel rechts und links forderten dazu auf, mit einem Blick festzustellen, ob auch alles korrekt war, die Frisur wie die Kleidung. Unter den Spiegeln standen zwei schmale Tische; auf silbernen Tellern sollten dort Visitenkarten und

Trinkgelder abgelegt werden. Ein sechstüriger Barockschrank nahm die ganze Hinterfront ein und verströmte
sommers wie winters Naphtalingeruch. Die Uniformen
der Ahnen, vorwiegend die blauen Röcke der Achten Dra-
goner, mußten vor Motten geschützt werden.

Die Treppe teilte sich – immer noch bequem zu be-
schreiten – und vereinigte sich wieder in Höhe des kleinen Balkons über der Haustür, der mit seinen Zinnen wie
ein Söller aussah, bis zur dritten Halle. Dort füllte ebenfalls ein gewaltiger, mit Intarsien geschmückter Barockschrank die Rückwand. Durch seine Türen erreichte man
das Schlafzimmer meiner Mutter und zwei Gästezimmer.

Doch da war auch Schluß mit der Treppen- und Hallen-
pracht und dem feierlichen Schreiten. Ins dritte Stockwerk gelangte man über eine enge hölzerne Stiege, wenn
man nicht das hintere breite, meist staubige Treppenhaus
benutzen wollte, das bis zum Turm hinauf führte. Im dritten Stock wohnten der Vikar, die Eleven, wie die landwirtschaftlichen Lehrlinge genannt wurden, die beiden Sekretärinnen und weniger angesehene Gäste. In einem Flügel
waren die nur mit einem Kanonenofen heizbaren Kam-
mern – so muß man sie bezeichnen – für die Köchin, die
Küchen- und Stubenmädchen.

An der Spitze der sehr bürgerlichen Helden meiner väterlichen Familie stehen unbestritten Heinrich Balthasar,
geboren am 17. Mai 1738, und sein zweitältester Sohn
Johann Friedrich, geboren am 11. August 1784. Sie be-
gründeten den Wohlstand der Loeschs und wohnten in
dem schönen Patrizierhaus »Zur goldenen Sonne« am
Ring in Breslau, das bis 1945 im Besitz der Familienstif-
tung war. Es hat den Zweiten Weltkrieg leidlich überstanden und ist von den für ihre Kunst zu Recht berühmten
polnischen Restaurateuren sorgfältig wiederhergestellt
worden. Vom Kaufmann Johann Friedrich stammen alle
Loeschs ab, die später Gutsbesitzer, Offiziere, Juristen,

Beamte, selten Wissenschaftler oder Künstler und – was doch nahegelegen hätte – bis auf eine Ausnahme keine Kaufleute wurden.

Heinrich Balthasar war der erste, der Magdeburg verließ und in Berlin eine kaufmännische Lehre begann. Als er seine Ausbildung abgeschlossen hatte, war der Siebenjährige Krieg gerade zu Ende, und es zeichneten sich nach dem Tod der Zarin Elisabeth neue Möglichkeiten für Handelsbeziehungen zu Rußland ab. Der junge Kaufmann Heinrich Balthasar hat das wohl früh erkannt. Er ging nach Breslau, um in einem der großen Handelshäuser, wie sie Gustav Freytag in seinem Roman »Soll und Haben« beschrieben hat, zu arbeiten.

Aber schon 1770 eröffnete er mit nur eintausendeinhundert Talern sowie einem von seinen Berliner Verwandten großzügig gewährten Kredit sein eigenes selbständiges Geschäft. Er importierte Wolle und Rauchwaren, Honig und Wachs aus Rußland und lieferte Haushaltswaren und Geräte aller Art in Richtung Osten. Bald weiteten sich die Handelsbeziehungen zu einem lukrativen Transportunternehmen aus. Niederlassungen in St. Petersburg, Kiew, Krakau und Paris wurden gegründet. Die grünen Fuhrwerke aus Breslau waren nicht nur in der Heimatstadt bekannt.

Heinrich Balthasar muß sehr tüchtig gewesen sein: Als er starb, hinterließ er außer der stattlichen »Goldenen Sonne« am Breslauer Ring ein Barvermögen von mehr als dreihunderttausend Talern. Ein Satz von ihm ist überliefert: »Arbeitsamkeit, Sparsamkeit und Mißtrauen (heute würde man wohl Vorsicht sagen) bei jeder Unternehmung und Glück hat mich zu dieser Höhe gehoben.« Er war ein frommer Mann; nie vergaß er Gott zu danken. »Lobe den Herrn, meine Seele, und vergiß nicht, was er dir Gutes getan hat«, Psalm 13, Vers 2, ließ er auf eine Tafel in seinem Haus schreiben.

Die üppige, spärlich bekleidete Dame auf dem Deckengemälde im großen Saal des Hauses »Zur goldenen Sonne« paßt nicht ganz zu dem frommen, arbeitsamen Kaufherrn. Es soll sich aber um ein Porträt der früheren Hausbesitzerin, einer Frau von Seyler, handeln, die sich als Juno gefiel. Noch heute finden unter der prächtig-barocken Deckenmalerei in der Beletage Konzerte und Ausstellungen statt.

Der ursprüngliche Renaissancebau mit dem weitläufigen Innenhof war so repräsentativ, daß zwei Kaiser, Ferdinand I. und Rudolf II., sowie andere hohe Würdenträger bei ihren Besuchen in Breslau dort Quartier nahmen. Vom Balkon des Hauses wurde nach dem Ersten Schlesischen Krieg der Frieden verkündet, nachdem sich die Kombattanten in langen Verhandlungen im großen Saal geeinigt hatten.

Auf die »Goldene Sonne« war die Familie stolz. Der Ertrag aus Vermietungen kam hilfsbedürftigen Verwandten zugute, außerdem sollte er dazu verwendet werden, den landwirtschaftlichen Besitz der Loeschs zu erhalten und zu vermehren. Der Familienrat soll meist in schöner Eintracht getagt haben. Mein Vater träumte manchmal davon, in seinem »zweiten Leben« mit mir zusammen in die »Sonne« zu ziehen, in Breslau Geschichte zu studieren, ins Theater zu gehen und all das nachzuholen, was ihm in seiner Jugend entgangen war.

An seinem siebenunddreißigsten Geburtstag heiratete Heinrich Balthasar Anna Sophie, die Tochter des wohlhabenden Breslauer Kaufmanns Johann Hartmann und seiner Frau Johanna Eleonore, geborene Lorke. Anna Sophie war erst neunzehn Jahre alt. Beide Familien fühlten sich ihrer Stadt verpflichtet; sie gründeten oder unterstützten Hospitäler und Armenhäuser, stifteten Schulen, Altenheime und andere karitative Einrichtungen. Sogar eine Straße wurde nach den Loeschs benannt.

Von den sieben Kindern der Anna Sophie starben vier

sehr jung. Die älteste Tochter Johanna Sophie wurde Ehefrau des Kaufmanns Hans Georg von Wolff, ließ sich aber nach wenigen Jahren scheiden, wozu damals sicherlich viel Mut gehörte. Mit ihrem zweiten Ehemann, einem General von Schutter, wurde sie ebenfalls nicht dauerhaft glücklich; auch diese Ehe wurde geschieden. Johanna Sophies Kinder hatte der Stiefvater adoptiert, sie hießen nun Wolff von Schutter. Bis zur Generation meines Vaters gab es familiäre Beziehungen zu ihren Nachkommen. Näheres über solche vermutlich dramatischen Komplikationen wie eine oder sogar zwei Scheidungen ist in der Familienchronik nicht zu finden. Über Scheidungen sprach man nicht, man flüsterte wahrscheinlich nur hinter dem Rücken der Betroffenen, auf keinen Fall aber legte man seine Meinung schriftlich nieder.

Nach dem Tod seines älteren Bruders Heinrich, seines Teilhabers und des ersten Besitzers von Lorzendorf, wo ich aufwuchs, wurde Johann Friedrich Alleinerbe des weiterhin prosperierenden Handelshauses. Sein Ansehen in der Stadt muß groß gewesen sein. Auf den Titel eines »Geheimen Commerzienrates« hat er gewiß Wert gelegt. Er gehörte aber auch zu den Zwölf Ältesten der »Christlichen Kaufmannschaft« in Breslau, was eine besondere Ehre war. Die auserwählten Zwölf trafen sich regelmäßig »zum Wohle der Stadt« im »Zwinger«, einem prächtigen Barockbau. Das Porträt unseres Ahnherrn Johann Friedrich hing dort bis 1945.

Johann Friedrich lagen nicht nur Handel und Wandel seiner Vaterstadt am Herzen, er interessierte sich auch für Landwirtschaft und wurde Mitbegründer der ersten schlesischen Zuckerfabrik. Warum er mit einem Schlag mehrere Güter kaufte, ist nicht bekannt. Ob er wirklich überzeugt davon war, daß »das Christentum (anders als in der Stadt) auf dem Land noch rein und kräftig sei«, wie mein frommer Onkel Christian, der jüngste Bruder meines Vaters und einer meiner Informanten in Sachen Familienchronik, schreibt? Wahrscheinlich sah Johann Friedrich voraus, daß die gerade erfundene Eisenbahn in Zukunft Transportunternehmen wie sein eigenes unrentabel machen würde.

Vielleicht traute er auch seinen fünf Söhnen und der einzigen Tochter die Führung eines vielfältigen Speditions- und Handelsgeschäfts nicht zu. Jedenfalls erwarb er, nachdem er das Gut Lorzendorf von seinem kinderlos verstorbenen älteren Bruder übernommen hatte (der hatte es 1829 von einer Erbengemeinschaft von Kalckreuth gekauft), kurz nacheinander Kammerswaldau bei Hirschberg, Laski im Kreis Kempen und Stephansdorf mit Falkenhain und Seedorf im Kreis Jauer. Das waldreiche Laski war mit sechzehntausend Morgen das größte der Loesch-Güter. Heute ist in dem Schloß eine Forstakademie untergebracht.

Größere Landbesitzungen hatten damals an Wert verloren. Nach den Reformen des Freiherrn von Stein von 1807 wurde die Erbuntertänigkeit abgeschafft und die Bauernbefreiung in ganz Preußen durchgesetzt. Sie hatte tiefgreifende Veränderungen der ländlichen Strukturen zur Folge. Vermutlich erhielt der geschäftstüchtige Ahnherr die Güter zu einem sehr günstigen Preis.

Das Handelshaus führte, seit Johann Friedrich sich mehr und mehr von den Tagesgeschäften in Breslau zurückgezogen hatte, »Onkel Fritz«, sein außerehelicher, aber allseits geschätzter Sohn, der unverheiratet und ohne Erben geblieben ist. Auch das vermerken die Familienchronisten sehr einsilbig. Manche verschweigen den »Onkel Fritz« ganz und gar, schließlich war seine Herkunft ein »offenes Geheimnis« (von seiner Mutter, die Wirtschafterin im Hause gewesen sein soll, ist nie die Rede); andere vermerken, daß der Halbbruder Weihnachten und andere Feste im Kreis seiner Geschwister samt Neffen und Nichten gefeiert habe. 1842, nach seinem Tod, wurde das Handels- und Fuhrgeschäft aufgelöst, die »Goldene Sonne« blieb der Familie aber erhalten.

Die Loeschs waren nun Gutsbesitzer, sogar Rittergutsbesitzer geworden, und bald wurde ihnen auch der ersehnte Adelstitel verliehen. Der Volkswirtschaftler Werner Sombart (»Der moderne Kapitalismus«) hat diesen Aufstieg in die Adelsgesellschaft – als Aufstieg haben es die zu Geld gekommenen Kaufleute gewiß empfunden – beschrieben: »Das kapitalistische Unternehmen, das den Reichtum der Familie begründet hatte, wird veräußert; Söhne und Enkel kaufen sich im Lande an, stiften ein Majorat, verschwägern sich altadligen Familien, lassen ihre Nachkommen bei der Gardekavallerie dienen und bei den Saxo-Borussen eintreten und denken nicht mehr daran, einen Sohn etwa als Lehrling in ein kaufmännisches Geschäft zu geben ... Wer weiß heute noch, daß die Wiege der Löbbecke, Nathusius, Loesch, Wallenberg, Magnus, Kramsta, Lieres und Wilkau, Bethmann-Hollweg usw., wenn nicht gerade in einem Kontor, so doch sehr nahe dabei stand?« ist in Sombarts zweitem Standardwerk »Die deutsche Volkswirtschaft« (1903) zu lesen.

Als Wappen hatten sich die Loeschs eine schlichte schwarze Treppe auf weißem Grund gewählt, preußisch streng. »Per aspera ad astra« heißt der Wappenspruch (auf rauhen Wegen zu den Sternen oder nach vielen Mühen zum Erfolg). Als Helmzier reckt aufgeregt ein Schwan Hals und Schwingen. Er trägt auf dem Kopf einen Stern.

Schwäne waren in Lorzendorf als Wappentiere beinahe heilig, sie wurden mit trockenem Brot gefüttert und watschelten bettelnd bis zur Hintertür, die zur Futterkammer und zur Küche führte. Ganz ungefährlich waren sie nicht, man durfte sie nicht ärgern und nicht verjagen. Wenn sie sich bedroht fühlten, richteten sie sich auf, breiteten ihre Schwingen aus, zischten wie Drachen und griffen auch manchmal an. Der alte Schwanenvater hat meinem Bruder Hans-Friedrich einmal mit seinen Flügeln beinahe den Arm gebrochen. Hans-Friedrich mochte die Schwäne nicht und rächte sich: Zusammen mit seinem Freund

Erwin steckte er das strohgedeckte Schwanenhäuschen auf der kleinen Insel im Teich in Brand. Das war natürlich außer Brandstiftung auch noch Frevel am Wappentier und wurde mit drei Tagen Arrest im verdunkelten Kinderzimmer bestraft.

Mit eigenen Gespannen und mehrfachem Pferdewechsel besuchte Johann Friedrich – und später, nach seinem plötzlichen Tod, auch seine energische, rührige Witwe Luise – die verstreut in Mittelschlesien liegenden Güter, kümmerte sich um die Verwaltung und überwachte die Neubauten. An Unternehmungslust und Ideen hat es ihm wohl nie gefehlt. Er nahm an den Freiheitskriegen als Adjutant des Grafen Reichenbach bei der Schlesischen Landwehrkavallerie teil. Leider ist von seinen Reisen, unter anderem nach Frankreich und England, nichts überliefert.

Auch Johann Friedrich hatte spät, er war neununddreißig Jahre alt, in eine wohlhabende Breslauer Bankiers- und Kaufmannsfamilie (Löbbecke und Hollmann) geheiratet. Von Liebe ist nicht die Rede, das Vermögen der Braut war vermutlich die stabile Grundlage dieser Verbindung. Luise Hollmann, Tochter von Heinrich Hollmann und seiner Frau Charlotte, geborene Suschke, muß eine überaus tüchtige und temperamentvolle Frau gewesen sein. Nach dem Tod ihres Mannes zog sie mit ihren sechs Kindern, von denen das jüngste knapp ein Jahr alt war, nach Kammerswaldau, das von ihrem eigenen Vermögen gekauft worden war, in die Nähe von Hirschberg. Die wehrhafte Wasserburg mit ihren bis zu vier Meter dicken Mauern mußte allerdings erst einmal gründlich umgebaut werden.

In Kammerswaldau bin ich nur einmal gewesen. Kurz vor der Geburt unserer kleinen Schwester Christine – wir waren damals sieben und neun Jahre alt – wurden mein Bruder und ich, wohl um unsere Mutter zu schonen, zu den Verwandten geschickt, die etwa gleichaltrige Kinder hatten. Keiner fand Zeit, uns zu begleiten. Wir fuhren mit dem Bummelzug von Buchelsdorf nach Namslau und weiter nach Breslau. Zweimal umsteigen! Ängstlich umklammerten wir unsere Köfferchen. Mutter hatte mir ein blaues »Wunderknäuel« mitgegeben, das ich an jeder Station ein wenig abwickeln sollte, bis auf einem kleinen Zettel der Name der nächsten Station zusammen mit einem Schokoladentäfelchen, das wir uns teilen sollten, oder zwei Bonbons frei wurde. Eigentlich sollte ich unterwegs aus dem blauen Baumwollfaden einen Topflappen häkeln, doch so schnell war ich nicht, und außerdem wollte ich zum Fenster hinausschauen. Um den Hals hatte man uns ein Schild gebunden, auf dem die Bahnhofsmission in Breslau gebeten wurde, uns in den Zug in Richtung Hirschberg zu setzen, wo Großvater Loeschs jüngster Vetter, Onkel Ernst, uns erwartete.

Mein Bruder und ich waren damals Nesthocker, wie sie im Buche stehen. Noch nie waren wir für längere Zeit allein von zu Hause fortgewesen. Todunglücklich heulten wir uns in den Schlaf. Ich begann meine Nägel abzukauen, und Hans-Friedrich wurde Bettnässer. Ich bekam übelriechende Ochsengalle auf die Finger geschmiert, und meinem Bruder wurden Prügel angedroht.

Für Kammerswaldau, das landschaftlich schönste aller Loesch-Güter am Fuße des Riesengebirges, hatten wir kein Auge. In dem würfelförmigen mächtigen Wasserschloß, dessen meterdicke Mauern bis unters Dach in einen dichten Efeu-Pelz gehüllt waren, fürchteten wir uns. Unsere Ururgroßmutter Luise hatte die Efeu-Stecklinge von einer Reise nach Quedlinburg mitgebracht. Johanniter-Ritter hatten die ursprüngliche Fluchtburg wahrscheinlich im 13. Jahrhundert gebaut und mit einem breiten Wassergraben umgeben.

Die feuchten Kammerswaldauer Vorgebirgswiesen waren im März mit Himmelschlüsselchen übersät. Onkel Ernst, Forstmeister a. D., nahm uns mit in den Wald, zeigte uns die Fährten von Rehen, Füchsen und Hasen und nannte uns die Namen der noch beschneiten Gipfel des Bober-Katzbachgebirges. Fürsorglich nahm er uns bei der Hand, wenn wir über kleine Bäche springen mußten, die zwischen den Bäumen munter ins Tal sprudelten. Wir mochten ihn.

Tante Martha, seiner Frau, mußten wir nur ein einziges Mal guten Tag sagen. Sie lag in einem verdunkelten Zimmer auf einer Chaiselongue und rauchte eine Zigarette, die in einer langen silbernen Spitze steckte. Wir waren ihr lästig, das ließ sie uns spüren. »Sie hat eine Migräne«, sagte unsere Cousine Rixa. Migräne, so etwas gab es bei uns nicht. Was war das eigentlich? War schlechte Laune eine Krankheit?

In einem bescheidenen Haus neben dem Schloß wohnten die unverheirateten Schwestern unseres Onkels. Die eine, Sabine, war Malerin und Schülerin von Max Liebermann. Die andere, Luise, war Johanniterschwester und betreute Arme und Kranke im Dorf. Eine dritte war bereits gestorben. Es war warm in den mit Bildern und behaglichen Möbeln vollgestopften niedrigen Zimmern der Tanten. In ihrem Garten blühten Schneeglöckchen und Krokusse. Es sah fröhlich aus, doch mit schüchternen Kindern konnten die Tanten auch nichts anfangen.

Endlich, am 26. März 1935, wurde unsere Schwester Christine geboren. Wir durften sie in Breslau in der Universitätsklinik besichtigen. Seltsamerweise lagen in ihrem Körbchen zwei zähnefletschende Eisbären. »Das hat sie euch mitgebracht«, sagte die Krankenschwester, »ihr habt euch doch Bären gewünscht.« Wir sammelten damals Zootiere aus Pappmaché, und unser Lieblingsspiel hieß »Befreiung der wilden Tiere«, wobei ein aufrecht stehender Orang-Utan nachts die Gitter und Käfige öffnete und der Elefant stets mit unbestimmten Ziel um die marmornen Beine des Billardtisches, der mitten in unserem Spielzimmer stand, den Zug der Befreiten anführte.

Mutter konnten wir gar nicht begrüßen. Sie hustete wieder, erklärte man uns. Das bedeutete Ansteckungsgefahr. Sie litt seit der Geburt von Hans-Friedrich an Lungentuberkulose und durfte uns nie anfassen. Auch die leichteste Erkältung hatte wochenlange Bettruhe und Isolierung zur Folge, wenn Mutter nicht überhaupt gleich zu ihren Eltern nach Frauenhain fuhr, manchmal auch in ein Sanatorium im Riesengebirge oder in der Schweiz.

Die kleine Christine wurde zu Hause von einer Säuglingspflegerin in blau-weißer gestärkter Tracht betreut; das Schwesternhäubchen, das sie nur zum Schlafen ablegte, war mit vielen Klammern im braunen Haar festgesteckt. Wir durften nur zuschauen, wenn sie das Baby badete und wickelte. Man traute uns nicht einmal zu, daß wir die Milchflasche in der richtigen Neigung halten würden. Dabei hatten wir das an Puppen und Teddybären unzählige Male geübt und fühlten uns durchaus kompetent.

In jedem Haus der Loeschs hing ein Porträt der Ururgroßmutter Luise, geborene Hollmann, der Frau von Johann Friedrich, aus ihren späteren Jahren. Auf allen trägt sie ein Häubchen, vielfach gerüscht und unter dem energischen und etwas zu lang geratenen Kinn mit einer breiten dunklen Taftschleife gebunden. Eine Schönheit war sie wahrlich nicht. In der Hand hält sie ein Gesangbuch. Sie war ungemein fromm. Liebevoll, zugleich aber auch streng erzog sie ihre sechs Kinder mit pietistischer Intensität. (Der Pietismus, im 17. Jahrhundert entstanden, ursprünglich eine religiöse Bewegung im Protestantismus zur Erneuerung der Kirche, hatte in Schlesien viele Anhänger.) Luises Einfluß war noch mindestens drei Generationen später zu spüren.

Sie gehörte zu den Pietisten, die mystisches Schwärmertum und Puritanismus mit praktischem Verstand und Geschäftstüchtigkeit verbinden konnten. Geschickt überwachte sie die Verwaltung der Güter sowie des Breslauer

Handelshauses und kümmerte sich um den großen Kammerswaldauer Haushalt, zu dem auch ihre »kleine Kolonie« gehörte – sie hatte im Kutscherhaus ein paar Zimmer für Waisenkinder eingerichtet. Nie war ihr Haus ohne Gäste, die oft monatelang blieben.

Luise war zäh und von einem rastlosen Tatendrang besessen. An ihren ältesten Sohn Leopold schrieb sie einmal: »Käme ich nicht so spät ins Bett und müßte so zeitig aufstehen, so würde ich einige Nachtstunden gern mit Dir verplaudert haben; ich bin es körperlich nicht imstande und oft recht beschämt und betrübt, daß ich mich oft kniend vor meinem Bette finde, wo ich bei dem Nachtgebet eingeschlafen bin. – Warum thust Du es, höre ich Dich sagen. – Ja lieber Leopold, ich kann nicht anders, so schnell ich mich auch anziehe und kurz bete, ich habe mich noch nicht genug geeilt, zum Frühstück die erste zu sein, und finde immer schon Gäste, des Frühstücks meiner wartend. – Ja die leidigen vier Mahlzeiten nehmen gar zu viel Zeit in Anspruch. Dazwischen mache ich alles im Fluge ab …« Für die täglichen Andachten, zu denen sich auch das Personal um ein Harmonium versammelte, nahm sie sich allerdings stets viel Zeit.

Die Mahlzeiten bestanden für Luise oft nur aus einer Suppe, trockenem Brot und Kamillentee, worüber sich die Kinder und sicherlich auch die Gäste beschwerten. Sie war erstaunlich anspruchslos und erwartete das auch von anderen. Weil sie den Unterricht der wechselnden Hauslehrer ihrer Kinder, meist junge Theologen, die auf eine Pfarrstelle warteten, oft unzulänglich fand und weil sie vermutlich auch der Einmischung von Verwandten in ihre überaus fromme pietistische Erziehung entgehen wollte, zog sie nach Berlin, wo sie ein Haus besaß. Ihre Söhne schickte sie mit Ausnahme des ältesten, meines Urgroßvaters Julius, der eine Realschule besuchte, auf das Friedrich-Wilhelm-Gymnasium. Die Schularbeiten ließ sie aber weiterhin von Hauslehrern überwachen.

Einer von ihnen, Eduard Hengstenberg, verliebte sich in Luises einzige Tochter Klara. Im Gegensatz zu Klaras jüngeren Brüdern und den meisten Verwandten scheint Luise gegen die Verbindung ihrer Tochter mit dem mittellosen jungen Theologen keine Einwände gehabt zu haben. Er gehörte wie sein Bruder, der Theologieprofessor Wilhelm Hengstenberg, zum altkirchlich-dogmatisch ausgerichteten Freundeskreis Luises und wurde später Domprediger und Konsistorialrat in Berlin.

Drei von Luises Söhnen studierten Jura, zwei gingen auf die damals berühmte Landwirtschaftsschule Poppelsdorf bei Bonn. Da sie alle nach Abschluß ihrer Ausbildung und ihrer Dienstzeit in einem Kavallerieregiment Gutsbesitzer wurden und dem Fortschritt in der Landwirtschaft gegenüber aufgeschlossen waren, besuchten sie sich oft und tauschten ihre Erfahrungen aus. Auf allen acht Loesch-Gütern – später kamen noch vier weitere hinzu –, so verschieden sie auch waren, wurden Sümpfe oder nasse Wiesen trockengelegt, Feldwege und neue Ställe für Pferde, Rinder, Schafe und Schweine und für damalige Verhältnisse komfortable Häuser für die Gutsarbeiter gebaut.

Kartoffelbrennereien durften die Brüder, solange Luise lebte, allerdings nicht betreiben: Denn außer Kartoffelmehl, den nützlichen Flocken und der Schlempe, dem besten Mastfutter für Schweine, kam dort auch das Teufelszeug Alkohol her. Offenbar wußte die tüchtige, fromme Luise nicht, daß der heimlich schwarzgebrannte Alkohol aus den Waschküchen ihrer Arbeiter weit gefährlicher war als der Schnaps aus den sauberen Destillen einer Brennerei. Alkoholismus war in Schlesien eine Volkskrankheit. In den von der Familie gestifteten Waisenhäusern fanden nicht nur elternlose Kinder Obdach und Fürsorge, sondern auch Kinder von Alkoholikern, die – selbst verwahrlost – nicht mehr für ihre Familie sorgen konnten.

Der christlich-sozialen Verantwortung ihrer Mutter entsprechend, richteten die Söhne auf ihren Gütern Kindergärten, Spielschulen genannt, ein. Sie stellten auch für die Kranken und Alten ihrer Gutsbetriebe Krankenschwestern an. Außerdem bauten sie in ihren Dörfern Kirchen und beteiligten sich am Bau von Krankenhäusern, Altenheimen und Blindenanstalten in den Kreisstädten. Diakonissen, meist aus dem Kraschnitzer Mutterhaus, übernahmen die Betreuung. Die Gutsleute wurden kostenlos behandelt. Um diese gemeinnützigen Häuser und Einrichtungen kümmerten sich vorwiegend die Frauen der Gutsbesitzer, was ihre Aufgaben und ihre Position erheblich erweiterte. Sie standen ihren Männern meist durchaus selbstbewußt zur Seite.

Solche praktische Fürsorge für Landarbeiter war damals nicht üblich. Die allgemeine Renten- und Krankenversicherung hat erst Bismarck Ende des 19. Jahrhunderts eingeführt. Die Loeschs fühlten sich deshalb vorbildlich. Sie waren stolz auf ihren Gemeinsinn, und gewiß kam auch eine Portion Selbstgerechtigkeit hinzu.

Die Verpflichtung, sich um die Blindenanstalt und das Krankenhaus in Namslau zu kümmern und vor allem das Waisenhaus in Lorzendorf mit Naturalien, Milch, Mehl, Kartoffeln und Kohle, zu versorgen, bestand bis 1945. Großmutter Amaly, die Mutter meines Vaters, war außerdem Vormund der Waisenhauskinder und besorgte ihnen nach dem Schulabschluß Lehrstellen.

Die dreißig Zöglinge aus dem Waisenhaus kamen regelmäßig an den Feiertagen nach dem Gottesdienst im Betsaal über der Gärterei ins Schloß. Sie stellten sich in der unteren Halle auf und leierten lustlos ein oder zwei fromme Lieder herunter, wobei einige aufmüpfige Sänger hinter dem Rücken der Braven freche Grimassen schnitten. Hans-Friedrich und ich gingen anschließend herum und boten verlegen Bonbons und Kekse an. Mutter fragte unterdes die leitende Diakonisse Marie, die von allen Kindern »Muttel« genannt wurde, nach ihren Sorgen und Wünschen aus. Wen diese sonntägliche Szene mehr genierte, die Waisenkinder oder uns beide »vom Schloß«, weiß ich nicht. Sie wurde jedenfalls erst im Krieg abgeschafft, als es keine Süßigkeiten mehr zu verteilen gab.

Das sonntägliche Singen in der unteren Halle war symptomatisch für das soziale Gefälle zwischen den Bewohnern des Schlosses und dem Waisenhaus, das ganz und gar von den mildtätigen Zuschüssen meiner Familie abhängig war. Wahrscheinlich war diese, wie wir fanden, längst unzeitgemäße und peinliche Zeremonie ein Erbe der frommen Luise.

Keiner von Luises Söhnen hatte gewagt, ohne ihr Einverständnis zu heiraten. Meinen Urgroßvater Julius traf es am härtesten: Seine Mutter war strikt gegen die Verbindung mit seiner großen Liebe Victoria, der Tochter des preußischen Landrats Carl Salice-Contessa in der Kreisstadt Namslau. Der stammte aus einer musischen und wohlhabenden Hirschberger Kaufmannsfamilie, die ursprünglich in Graubünden und am Comer See beheimatet war. Wie sein Vater und sein Bruder Carl Wilhelm, der zum Kreis der Serapionsbrüder um E. T. A. Hoffmann gehörte, malte er und schrieb Dramen und Erzählungen im Stil der Gothic Novels. Einige Stücke sollen sogar im eigenen Theater des Bruders in Berlin aufgeführt worden sein.

Doch der Ururgroßmutter Luise war das alles zu »weltlich«. Schlimmer noch, die Salice-Contessas waren katholisch und standen damit Luises bigotter Überzeugung nach mit einem Fuß in der Hölle. Sie verbot die Heirat kurzerhand und stürzte damit ihren Sohn in eine schwere, lang andauernde Depression. Erst Jahre später, auf ihrem Totenbett, willigte sie in eine Ehe mit Victoria ein.

Für seine schöne junge Frau baute Julius das Lorzendorfer Schloß um. Der schlichte, burgähnliche Renaissancebau erhielt ein repräsentatives Treppenhaus, zwei Balkone, eine Veranda, eine für damalige Verhältnisse luxuriöse Zentralheizung, zudem drei Badezimmer und einen mächtigen Turm, den mein Vater so häßlich fand, daß er ihn am liebsten in die Luft gesprengt hätte. Aber nun sah man das Schloß schon von weitem.

Uns Kindern gefielen der Turm und die weite Aussicht über das flache Land. Von hier aus konnte man nicht nur im Osten die Grenze zu Polen erkennen, man sah auch, wie groß die Felder im Westen und Süden waren. Bis zu je zwei- oder dreihundert Morgen Weizen, Flachs oder Rüben dehnten sich da bis zum Horizont aus, Flächen, wie sie erst nach dem Zweiten Weltkrieg in der industrialisierten Landwirtschaft üblich wurden. Lorzendorf war entsprechend fortschrittlich mit den neuesten landwirtschaftlichen Maschinen ausgestattet; sogar Dampfpflüge gab es. Schnurgerade, von Obstbäumen oder Ebereschen gesäumte und mit Feldsteinen gepflasterte Wege durchschnitten die Äcker.

In der Ferne lagen auf der einen Seite das Vorwerk Schwiebne, das auch zu Lorzendorf gehörte, mit seinen großen Stallgebäuden für Jungvieh, auf der anderen Seite die Ziegelei mit den Teichen und dem Eichenwald. Deutlich war an dem dunklen, saftigen Grün zu erkennen, wo sich früher Sümpfe oder Teiche ausgebreitet hatten. Der Urgroßvater Julius und der Großvater Arthur hatten sie trockengelegt und drainiert. Durch sie wurde überhaupt das Landschaftsbild gründlich verändert. So hatten sie kleine Waldstücke, wie die Rokitta oder die Breszine, mitten in Feldern oder Wiesen angelegt, damit Fasane dort Schutz finden konnten. Fasane wurden nicht nur wegen der Jagd im Herbst aufgezogen und dann zu Hunderten geschossen, sie waren auch sehr nützliche Vertilger von Schädlingen wie Kartoffelkäfer und Drahtwürmer.

Jedes Jahr im Frühling kamen per Bahnfracht die großen Kartons mit Fasaneneiern aus Frankreich an. Diese »Franzosen« wurden weißen Putenhennen heimlich untergelegt, und die getäuschten Ersatzmütter begannen brav zu brüten. In den ersten Wochen nach dem Ausschlüpfen der Küken war die Aufzucht in der weit entfernten Rokitta-Remise im Wald sehr mühsam. Die empfindlichen kleinen Fasane mußten alle paar Stunden mit einem Brei von Keimhafer, hartgekochten Eiern und gehackten Brennesseln aufgepäppelt werden. Aber bald streiften die großen weißen Hennen mit ihren braunen Kuckuckskindern frei durch Feld und Flur. Die Mütter lernten sogar, wenn es dunkel wurde, das »Aufbäumen« in der Tannenschonung, das heißt, sie flatterten zum Schlafen schwerfällig auf die unteren Äste und waren damit vor Füchsen sicher.

Nicht selten verwilderten die Puten im Laufe des Sommers; sie ließen sich nicht mehr einfangen und wurden im Herbst bei der Jagd abgeschossen. Wenn am Ende der Jagd die Fasane in langer Reihe auf den Boden gelegt und gezählt wurden, versteckte man die Puten schnell auf dem Wildwagen. Es war wenig waidmännisch, eine Pute, die kaum fliegen oder rennen konnte, zu erlegen. Die meisten holte ohnehin der Fuchs.

Füchse und Dachse hatten bei uns ihre festen Quartiere in den trockenen, von Eichen bestandenen Dämmen, die durch die ehemaligen Sümpfe führten. Man ließ das Raubwild in Ruhe, es sorgte schließlich für das natürliche Gleichgewicht im Revier. Nur wenn Füchse und Dachse sich ungewöhnlich stark vermehrt hatten, wurden sie gejagt.

Dann kam der Förster auf seinem Fahrrad, den Dackel im Rucksack, und inspizierte die verschiedenen Ausgänge des mehrstöckigen Baus. Meist holte er sich einen zweiten Schützen, den er vor einer der vielbenutzten Röhren – so nannte man die unterirdischen Gänge – postierte. Mit wütendem Knurren zwängte sich nun der Dackel in den Bau. Wenn er Pech hatte, begrub ihn der Dachs, indem er ihn zubuddelte und ihm einfach den Weg abschnitt. Fuchs und Dachs lebten bei uns in einer Art Wohngemeinschaft.

Meistens jedoch wurde der Fuchs vom Dackel aus dem Bau gehetzt, wo ihm eine Kugel aus der Büchse des Försters oder des anderen Schützen ein trauriges Ende bereitete. Wir Kinder schauten gespannt zu und hofften jedesmal insgeheim, daß dem Fuchs die Flucht durch einen der unter Brombeerranken versteckten Ausgänge doch gelingen würde. Kam der Dackel nicht allein wieder aus dem Bau heraus, mußte er ausgegraben werden. Der Förster hatte deshalb immer einen Spaten mit kurzem Schaft bei sich. Von Zeit zu Zeit legte er sein Ohr an den Boden, um nach dem leisen, verzweifelten Winseln seines Hundes den günstigsten Einstich für den Befreiungsstollen zu bestimmen.

Einmal hatte der Förster eine Feh, eine Füchsin, erschossen, die noch vier Junge säugte. Die Kleinen wurden vorsichtig ausgegraben, in den Rucksack gesteckt und in der ungenutzten Kegelbahn liebevoll mit verdünnter Kuhmilch, Haferflocken und rohem Fleisch großgezogen. Wir haben sie oft gefüttert und mit ihnen gespielt, bis sie groß genug waren, um in einem anderen Wäldchen freigelassen zu werden. Der scharfe Fuchsgeruch wich monatelang nicht aus der Kegelbahn und aus unseren Hosen.

Wir mochten das dritte Wäldchen am Rande der Pluszkaczwiesen am liebsten. Es war von zwei Reihen Blautannen umrahmt. Eine von ihnen wurde jedes Jahr zu Weihnachten gefällt, mit Lametta und weißen Kerzen geschmückt und im Erker des Eßzimmers aufgestellt. Auf einer kleinen Lichtung stand ein Blockhaus, in dem wir in den Ferien manchmal mit Freunden allein, ohne Erwachsene, übernachten und auf einem Spirituskocher kochen durften. Ein schwedischer Onkel hatte es Vaters Geschwistern geschenkt. Er hatte einen Eisenbahnwaggon, beladen mit sorgfältig numerierten, runden Holzstämmen, geschickt, dazu viele Säcke voll schwedischem Moos, mit denen die Fugen verstopft wurden. Das Blockhaus ließ sich leicht errichten; die Stämme wurden den Nummern nach übereinander gelegt, nur das Strohdach mußte aus heimischem Material angefertigt und alle paar Jahre erneuert werden.

Lorzendorf lag seit dem Ersten Weltkrieg unmittelbar an der Grenze zu Polen. Das schmale Grenzflüßchen Pluszkacz haben wir als Kinder oft übersprungen. Seine Quelle war wie ein Brunnen ummauert; dort holten wir das Wasser für den Tee im Blockhaus und kamen uns mutig vor, weil wir dabei »Feindesland« betraten.

Gründe für die feindselige Ablehnung lieferten die Nachbarn gelegentlich selbst. Wir hörten von polnischen Banden, die einen einsam gelegenen Bauernhof ausgeraubt hatten. Bei uns hatten sie auf der Weide eine trächtige Kuh geschlachtet. Die blutigen Spuren hatten eindeutig über den Grenzbach hinweg nach Polen geführt. Die Eingeweide, das ungeborene Kalb in der bläulichen Fruchtblase, auch die Klauen und Beine hatten die Täter im nassen Gras zurückgelassen. Wir Kinder waren auf den grausigen Fund in den frühen Morgenstunden gestoßen, als wir auf der Rinderkoppel Champignons suchten. Kein Wunder, daß wir uns im Blockhaus auch manchmal fürchteten.

Als wir im letzten Kriegsjahr wieder einmal zum Blockhaus ritten, scheuten die Pferde. Starker Verwesungsgeruch hatte sie erschreckt. Wir sahen eine Frauenleiche am Balken der kleinen Terrasse aufgeknüpft. Das Blockhaus, so ergab eine polizeiliche Untersuchung, war lange Treffpunkt des polnischen Widerstands gewesen. Hatte die junge Frau Selbstmord begangen, oder war sie von ihren Landsleuten als Verräterin zum Tod durch den Strang verurteilt worden?

Wir führten unsere Gäste gern über eine immer enger werdende, mit dem Dreck von Spatzen und Fledermäusen übersäte Holztreppe auf den Turm. Ganz oben angelangt, konnte man die Landschaft durch bunte, in Blei gefaßte Glasscheiben betrachten. Die verstreut liegenden Häuser und Höfe des Dorfes sahen in Violett, Purpurrot und

Kobaltblau, den Farben von Kirchenfenstern, geheimnisvoll und entrückt aus. Wie klein alles von hier oben aus war: das spitzgiebelige Haus des katholischen Pfarrers, Lüdkes Kolonialwarenladen mit dem einzigen Gasthaus am Ort und einem mit Feldsteinen gepflasterten Vorplatz, auf dem sich zweimal im Jahr ein buntbemaltes Kettenkarussell drehte, unsere Gärtnerei mit den Glashäusern und Frühbeet-Fenstern gleich neben dem Sportplatz, das Dutzend Bauernhöfe, die wenigsten groß genug, um die Existenz ihrer Besitzer zu sichern (ein Bauer arbeitete auch als Friseur, andere Landwirte waren nebenbei Schuster, Bäcker oder Fleischer, und mancher verdiente in der Erntezeit sein Geld auf dem Gut oder arbeitete in der Ziegelei), die beiden zweiklassigen Volksschulen, die ältere evangelische aus dunkelroten Klinkern, die andere, die katholische, weiß verputzt, dazwischen das Niemandsland eines Ackers, um dessen Besitz sich die Evangelischen mit den Katholischen seit Jahr und Tag unversöhnlich stritten.

Ich bin nach dem Krieg nicht wieder auf den Turm gestiegen. Doch an dem Rundblick kann sich nicht viel geändert haben. Noch immer dehnen sich die weiten, flachen Felder bis an den Horizont, und das Fünfhundert-Seelen-Dorf, durch das sich die von Erlen gesäumte Pluszkacz schlängelt, sieht fast so aus wie in meiner Kindheit. Doch einiges fehlt: Das Waisenhaus ist nach dem Krieg ebenso abgebrannt wie das Haus von Hermann, unserem Diener, das säulengeschmückt links, so wie rechts das Zwillingsgebäude des Kindergartens, vor dem Schloßtor stand.

Verändert hat sich vor allem der Gutshof. Nahezu alle Stallungen, Werkstätten und Scheunen sind abgerissen worden. Dabei waren sie aus roten Ziegeln und Klinkern »für die Ewigkeit« gebaut und mit Schmucksteinen verziert, auf die der Ziegelmeister besonders stolz war. Die polnischen Verwalter des Staatsgutes hatten, wohl aus Geldmangel, versäumt, die Dächer instand zu halten, und damit die Gebäude dem Verfall preisgegeben. Es gibt deshalb auch kein Vieh mehr. Nach dem Krieg wurden hier anfangs bis zu siebenhundert Rinder gehalten, die reichlich Dünger lieferten. Der fehlt nun, und entsprechend gering fallen die Ernten aus. Kunstdünger ist für die neuen Pächter des Staatsgutes Lorzendorf unerschwinglich.

Doch der Schüttboden – erstaunlicherweise denkmalgeschützt – sieht noch immer wie eine Kirche aus; mit seinem kleinen, frisch verputzten Glockenturm steht er ziemlich verloren auf dem leeren Hof. Mein Bruder hatte dort zwischen den hohen Haufen von Weizen und Hafer, die regelmäßig umgeschippt werden mußten, damit sich kein Schimmel im Korn ansetzte, Jagd auf Spatzen gemacht. Er schoß sie mit winzigen Kugeln aus seinem Luftgewehr. Für je zehn erlegte Spatzen zahlte ihm Vater zehn Pfennige.

Als ich unlängst wieder einmal in Lorzendorf war, zeigte mir der Krankenpfleger des Sanatoriums, das jetzt im Schloß untergebracht ist, stolz das Untersuchungszimmer der Ärzte am Fuße des Turms. Die Kassettendecke ist kürzlich auf das sorgfältigste in hellen Pastellfarben restauriert worden. In meiner Kinderzeit war von dieser Pracht nichts zu sehen gewesen. Damals hingen dort Würste und Schinken, und wahrscheinlich war die hohe Decke grau von Spinnweben. Das Turmzimmer diente als Vorratskammer. Wie in einem altmodischen Kaufmannsladen sah es da aus mit den vielen dunkelbraunen Schubladen in übermannshohen Schränken, den Holzfässern mit Mehl und den buntbemalten Blechdosen von Nürnberger Lebkuchen, in denen Tee, Kaffee und Gebäck aufbewahrt wurden. Der geheimnisvolle Duft nach Zimt und Koriander mischte sich mit dem deftigen Geruch von geräuchertem Speck.

Erst polnische Restauratoren hatten also Urgroßvaters romantischem Turmstübchen zu neuem Glanz verholfen!

Den hundert bleichen Alkoholkranken, die jetzt im Lorzendorfer Schloß von ihrer Sucht kuriert werden sollen, wird es vermutlich gleichgültig sein, ob sie unter einer Kassettendecke von kunsthistorischem Wert untersucht werden. Heute riecht es dort jedenfalls nach Lysol und anderen Desinfektionsmitteln und nicht mehr nach geheimnisvollen Gewürzen.

Meine Urgroßmutter Victoria Salice-Contessa, für die ihr Mann Julius mit viel Schönheitssinn so vieles im Schloß umgebaut und eingerichtet hatte, konnte sich nicht lange daran erfreuen. Sie starb 1866 nach nur drei Ehejahren, gerade vierundzwanzig Jahre alt, in Görbersdorf, einem Lungensanatorium, das ihr Schwiegervater Johann Friedrich gebaut hatte, an Schwindsucht. Ihr lebensgroßes Porträt im goldenen Rahmen zeigte eine liebreizende junge Frau mit langen blonden Locken und einer hellblauen breiten Schärpe um die Wespentaille ihres weißen Mousselinekleides. Sie war die einzige Schönheit in der Lorzendorfer Ahnengalerie.

Victorias Tagebücher und Aquarellzeichnungen wurden in einem mit Intarsien geschmückten Sekretär aufbewahrt, den wir Kinder nicht öffnen durften. Ob da ein Geheimnis gehütet wurde? Nur einmal habe ich gewagt, einen Blick in die Schubladen zu werfen, wo Briefe und Skizzenblöcke, sorgfältig mit blauen Satinbändern zu Bündeln verschnürt, lagen. Wohin mag das alles gelangt sein? Die Papiere sind vermutlich verbrannt, aber vielleicht hängt Victorias Bildnis heute, noch immer goldgerahmt, als Beutestück in der Datscha eines pensionierten Rotarmisten. Unmittelbar nach Kriegsende wurden das gesamte Inventar des Schlosses wie auch die Geräte und schweren Maschinen des landwirtschaftlichen Betriebes in Waggons geladen und nach Rußland abtransportiert.

Liebesgeschichten sind in unserer Familienchronik rar. Deshalb und weil das helle Porträt der Urgroßmutter unter all den dunkelgewandeten und meist auch etwas korpulenten älteren Ahnfrauen so engelsschön war, liebten wir Victoria und ihren klangvollen Mädchennamen. Ihr Grabmal, eine einfache große Marmorplatte mit Namen und Daten in gotischer Schrift, ist wie die anderen zehn gleichen Loesch-Gräber und die beiden Gräber ihrer Eltern Salice-Contessa heute noch unversehrt auf dem Rest des Friedhofs in Lorzendorf zu finden.

Als ich im November 1972 zum ersten Mal nach dem Krieg die alte schlesische Heimat besuchte, fand ich auf dem evangelischen Friedhof die beiden Gräberreihen der Loesch-Familie von Schnee befreit und mit je einem Tannenzweig auf den Marmorplatten geschmückt. Es war Allerseelen. Eine uns unbekannte polnische Frau, so erfuhr ich später, pflege die Gräber regelmäßig. Das hohe Sandsteinkreuz ist erhalten, nur die Marmorbank fehlt. Der größere Teil des Friedhofs sieht dagegen wüst und verwahrlost aus: Brombeergestrüpp, Ebereschen- und Birkenschößlinge haben sich zwischen den umgestürzten Grabsteinen breitgemacht. Von der Zypressenallee sind nur noch vier zerzauste, halb abgestorbene Bäume übriggeblieben.

Katholiken und Protestanten waren in Lorzendorf von jeher auch als Tote strikt getrennt. Der alte katholische Friedhof, der rund um die auch kunsthistorisch interessante Stabholzkirche auf dem kleinen Hügel mitten im Dorf angelegt ist, bietet inzwischen keinen Platz mehr für neue Gräber. Die heute ausschließlich katholischen Einwohner begraben ihre Toten jetzt auf einem kahlen Acker an der Landstraße nach Hennersdorf.

Wir, das heißt mein Sohn Hubertus, damals Assistenzarzt in einem Berliner Krankenhaus, und ich, waren von Osten gekommen, genauer von Warschau, wo wir uns im Innenministerium die Erlaubnis für diesen Besuch holen mußten. Niemand schien etwas dagegen zu haben, daß ich die Orte wiedersehen wollte, wo ich aufgewachsen bin.

Nur der Dichter Zbigniew Herbert warnte: »Kindheit gehört zur Imagination, sie hat nichts mit der Wirklichkeit zu tun.« Er selbst ist nie mehr in Lemberg, das jetzt zur Ukraine gehört, gewesen, wo er zu Hause war. Ich habe ihn nicht gefragt, unter welchen Umständen seine Familie ihre Heimatstadt verlassen mußte. Wir saßen in Warschau in der Wohnung eines Freundes des Dichters, die er während dessen Aufenthalts in den Vereinigten Staaten benutzen konnte. Es schien ihn nicht zu bedrücken, daß er nicht wußte, wo er nach der Rückkehr des Eigentümers bleiben würde. Er fühlte sich in Europa und vor allem in Griechenland zu Hause. Nach Warschau oder Krakau kam er jedoch immer wieder zurück.

Den Osten jenseits der Landesgrenze habe ich als Kind nie gesehen. Für meinen Vater war es »Feindesland«. Die Familie hatte nach dem Ersten Weltkrieg einen Teil ihres Besitzes an Polen abtreten müssen. Offenbar wurde der Verlust als so schmerzlich empfunden, daß nahezu jede Berührung mit den Nachbarn jenseits der Grenze unterblieb. Vorurteile vereitelten ein einvernehmliches Verhältnis. Mit einer Ausnahme, einem weiter entfernt verwandten Vetter, lernte niemand aus meiner Familie die Sprache des Nachbarn. Das Schimpfwort »Polacken« habe ich oft gehört. »Polnische Wirtschaft« bedeutete Dreck, Unordnung, Verwahrlosung, Unzuverlässigkeit. Und dann waren die Polen auch noch katholisch! Also in der Vorstellung nicht nur meines Vaters rückständig und abergläubisch. Verstehen konnte ich diese pauschale Ablehnung nie, denn hochgeschätzte Freunde wie die Henckel-Donnersmarcks im Nachbardorf Grambschütz und andere waren katholisch, und zum Starost, dem polnischen Landrat in Kempen, unterhielt man beste Beziehungen.

Über den Unterschied zwischen Heimat und Zuhausesein haben wir in Warschau lange diskutiert. Heimat ist für mich etwas, das bleibt, auch wenn ich dort nicht mehr zu

Hause bin. Es ist auch ein Stück Kindheit, vertraut, ganz und gar zu mir gehörend, weil ich dort zuerst Wurzeln schlug, zugleich ist es aber unwiederbringlich versunken. Ein »Recht auf Heimat« kam mir immer absurd vor, angesichts der Millionen Menschen, die infolge des von Deutschen begonnenen verheerenden Krieges vertrieben wurden. Daß Teile der Flüchtlingsverbände noch heute auf diesem Recht bestehen, ist grundfalsch und verantwortungslos.

Wir erreichten Warschau bei Dunkelheit und orientierten uns an der weithin sichtbar rotleuchtenden Spitze des Kulturpalastes, dem ungeliebten Geschenk der Sowjetunion aus der Stalin-Ära. Wir fuhren auf das rekonstruierte Herz der Stadt zu, Stare Miasto, die mittelalterliche Stadt am hohen Weichselufer. Scheinwerfer brachten den vergoldeten Giebelschmuck der rekonstruierten Bürgerhäuser am Rynek zum Glänzen. Wir gingen zu Fuß durch die wiederaufgebauten mittelalterlichen Gassen.

Warschaus nahezu völlig zerstörtes Herz ist wieder gut durchpulst. Selbst an diesem windigen Winterabend wimmelte es von Menschen. Aus dem »Krokodyl« am Rynek kamen sie in langen Kleidern. Die Mädchen trugen darüber romantische, pelzverbrämte Capes; hochgeschnürte Lackstiefel waren groß in Mode, hier wie in Paris.

Wir wollten etwas essen, bevor wir uns auf die Suche nach unserem Hotel in einem der schlecht beleuchteten Außenbezirke machten. Doch wenn wir beim Eintritt in ein Restaurant »dobry wieczór« mit unverkennbar deutschem Zungenschlag grüßten, wies man uns die Tür. Im dritten Lokal grüßten wir mit »good evening« und wurden sofort an einen Tisch geleitet.

Am nächsten Morgen lasen wir nach, wo sich unser heruntergekommenes Hotel befand, in dem lärmende Urlauber aus einer Danziger Werft schon zum Früstück Wodka aus Wassergläsern tranken: Wola. In unserem Warschau-

Buch, das wir nur in englischer Sprache kaufen konnten, waren auf zwei Seiten die Namen und Plätze in diesem Stadtteil verzeichnet, wo am 5. August 1944, nach dem Warschauer Aufstand, die Exekutionen stattgefunden hatten. Ulica Wolska ungefähr zweitausend, lasen wir da, Ulica Gorczewska tausend, Ulica Plocke ungefähr dreihundert ... Insgesamt waren es mehr als zwölftausend, die von deutschen Truppen an einem einzigen Tag in einem einzigen Teil der Stadt ermordet wurden. Die Worte »Vernichtungskommando« und »Sprengkommando« standen mit Anführungszeichen unübersetzt im englischen Text. Während des Warschauer Aufstands 1944 sind etwa sechzehntausend Kämpfer der polnischen Untergrundarmee und hundertfünfzigtausend Zivilisten getötet worden, mehr Menschen als durch den Abwurf der ersten Atombombe auf Hiroshima.

Im historischen Museum am Rynek, hinter den rekonstruierten großbürgerlichen Fassaden der schönen Häuser am Markt, besichtigten wir treppauf, treppab die heroische, tragische Geschichte Polens. In der oberen Etage waren die Fotos aus dem Ghetto, schließlich die der toten Stadt mit ihren verkohlten Kaminen, Mauerstümpfen, Trümmerschluchten. Und immer wieder gebeugte Elendsgestalten, in deren erloschenen Augen Angst, nicht Haß stand.

Es war richtig und sinnvoll, daß wir zuerst in Warschau waren, bevor wir nach Schlesien weiterreisten.

Im orangeroten alten VW meines Sohnes fuhren wir im November 1972 von Warschau mit offizieller Genehmigung weiter in südwestlicher Richtung nach Schlesien. Blasse Wintersonne schmolz den Schnee in den Furchen. Ärmliche Dörfer, manchmal noch strohgedeckte Lehmkaten, einige waren hellblau gestrichen, sie glichen von weitem mit den Ziehbrunnen hinter Staketenzäunen Bildern naiver Maler. Als wir uns Kempen, der benachbarten

Stadt des Namslauer Landkreises, näherten, kamen uns Gespanne vom Markt entgegen. Auffallend viele Schimmel zogen die Panjewagen, oft war nur ein Pferd an die Deichsel gespannt, die eigentlich für zwei vorgesehen war. Wer sich nur ein Pferd leisten kann, gilt sicherlich auch heute noch als armer Bauer.

»Meines Vaters Pferde«, scherzte ich. Wir besaßen einen Schimmelhengst, Posener Halbblut, »Varus« hieß er, dessen zahlreiche Nachkommen fast ausnahmslos seine Fellfarbe erbten. Auch die berittene polnische Armee bevorzugte diese zähen, schnellen und genügsamen Pferde mit viel Araberblut. Auf dem hochbetagten »Varus« durfte ich schon als Fünfjährige reiten.

Den Weg zur Bahnstation, die flechtenbewachsenen knorrigen Apfelbäume zu beiden Seiten der Chaussee, die angeblich Friedrich der Große pflanzen ließ, die Gewittereiche, in die der Blitz mehrmals eingeschlagen hatte – ich erkannte alles wieder. Im Dorf hatte sich kaum etwas verändert. Der Bismarckstein an der Kreuzung zur Lindenallee fehlte allerdings. Hier war der Bürgermeister beim Einrücken der Russen erschossen worden. Wo mag der tonnenschwere Findling hingekommen sein?

Ziegelmauern sind dauerhaft, die meisten kleinen Höfe und die großen Stallungen des Gutes sind ebenso wie die mit Schmucksteinen abgeschlossene Mauer, die den Park umgibt, aus diesem Material. Schon mein Urgroßvater Julius hatte den Lorzendorfer Lehm zu Ziegeln gebrannt. In den verschilften tiefen Schachtteichen der Ziegelei lernten wir Kinder, an einen alten Autoreifen geklammert, das Schwimmen. Im Dorf war kaum etwas Neues hinzugekommen. Hier und da fehlten Bäume oder Zäune. Sie waren vermutlich im ersten harten Winter nach dem Krieg verheizt worden.

Niemand, den ich gekannt hatte, wohnt jetzt noch hier. Als wir vor dem geschlossenen, mit eisernen Lanzen bewehrten Schloßtor standen, fühlten wir uns fremd, unsicher auch. Sollten wir überhaupt näher treten? Ob mich das noch etwas anginge, fragte mein Sohn. Er hatte sich das Schloß nicht so groß und so häßlich vorgestellt.

Ja, häßlich war es jetzt, so ohne Efeu, der die zahlreichen Anbauten des Urgroßvaters gnädig mit dem ursprünglichen Gemäuer verbunden und verdeckt hatte und Hunderte von Spatzennestern beherbergte. Statt dessen wirkten die Mauern, nun mit Zement grau verputzt, die Fenster weiß umrandet, nackt und abweisend. (Inzwischen ist das ganze Schloß restauriert worden und spiegelt sich hell im von Schlamm und Schilf befreiten Teich.)

Auf einem Schild am Pförtnerhäuschen – das es früher natürlich nicht gab – entzifferten wir, daß der Eintritt verboten sei und das Schloß jetzt als Sanatorium genutzt werde. Ich war erleichtert, daß es nicht verfiel und daß bisher auch keine Birken in den Dachrinnen wucherten, die ersten Boten des Untergangs.

Ich zeigte meinem Sohn die gußeisernen Hirsche auf den Torpfosten; sie waren jetzt braun angemalt und standen auf grünen Wiesensockeln wie die Zootiere, mit denen wir als Kinder gespielt hatten. Unverändert reckten sie ihre zum Brunftgeschrei erhobenen mächtigen Häupter in den Himmel.

Ein älterer Mann, offenbar der Pförtner, sprach uns auf deutsch an. Er sei Oberschlesier, sagte er, und erst nach dem Krieg hierhergekommen. Ob wir den Park besichtigen wollten, fragte er. Ich lobte das Rondell vor dem Schloß. Auf den mit Buchsbaum eingerahmten rosettenförmigen Beeten waren abwechselnd blaue und gelbe Stiefmütterchen für das nächste Frühjahr gepflanzt.

»Wie früher«, entfuhr es mir.

Der Mann sah mich an: »Haben Sie hier mal gelebt?« fragte er.

Ich antwortete ausweichend.

»Gegen Ende des Krieges«, erzählte er, »gab es hier eine Hochzeit. Doch die Russen kamen. Die Leute mußten fliehen, sie ließen alles stehen und liegen. Nicht einmal das Festessen konnten sie beenden. Die Russen haben dann den Braten gegessen, den Wein getrunken, das silberne Besteck eingesteckt und herumgeschossen.«

»Es war meine Hochzeit«, sagte ich, »am 18. Januar 1945.«

Der Mann sah mich, dann meinen Sohn an und schüttelte ungläubig den Kopf. Er wollte uns unbedingt das Haus zeigen, die Einschüsse über dem immer noch mit dem Wappen verzierten Kamin, die Löcher in der dunklen Täfelung des Eßzimmers.

»So etwas«, murmelte er immer wieder, »so etwas!«

Er führte uns im Schloß herum, machte uns mit den beiden Ärzten bekannt, erzählte auf polnisch offenbar meine Hochzeitsgeschichte. Freundlich und ein wenig verlegen wurden wir zu einem Kaffee eingeladen. Wir konnten uns auf französisch verständigen. In Vaters Arbeitszimmer, einem fast quadratischen Raum mit Kreuzgewölbe saßen wir auf kargen Kunststoffstühlen, und ich sah die tiefen braunen Sessel vor mir, in denen Vater und sein Freund und Nachbar Georg Graf Henckel-Donnersmarck versanken, wenn sie bis weit nach Mitternacht diskutierten, die Beine ausstreckten und den besten Rotwein aus dem Keller tranken. Früher war das Zimmer mit einer kostbaren gelben Barocktapete ausgestattet gewesen; heute ist es gelb getüncht. Genauso, mit einfachen Kalk- oder Leimfarben, strich vor dem Krieg der Maurer und Maler des Gutes unsere Kinderzimmer und die Mädchenkammern.

Wir durften uns ein wenig umsehen. In der oberen, der dritten Halle stand noch der gewaltige sechstürige Barockschrank, durch den man einst in Mutters Schlafzimmer gelangt war. Ein gelbgesichtiger leberkranker Mann trat uns aus einer der Schranktüren entgegen, grüßte und zeigte uns das frühere Spielzimmer, das jetzt als Ausstellungsraum für die Bastelarbeiten der Patienten dient. Der schwere Billardtisch, dessen grüner Filz abgewetzt und für ein ordentliches Spiel nicht mehr zu brauchen war, war verschwunden. (Wie haben sie nur dieses Monstrum auf Marmorfüßen die Treppe hinuntergeschleppt?) Mein Bruder hatte darauf seine Zinnsoldaten aufgebaut, und ich war mit meinen Holzfigürchen aus dem Erzgebirge zuständig für eine friedliche dörfliche Gegenwelt mit Fachwerkhäusern und vielen grasenden Kühen. Höflich bewunderten wir jetzt die Flecht- und Laubsägearbeiten und kauften ein Mobile mit Schmetterlingen aus Pergamentpapier und Draht, das die Patienten gefertigt hatten.

Nach dem frühenTod seiner Frau Victoria hatte es mein Urgroßvater Julius nie mehr lange in Lorzendorf ausgehalten. Sein einziger Sohn Arthur, mein Großvater, wuchs zuerst bei seinen Großeltern Salice-Contessa im Landratshaus in Namslau auf und dann bei Verwandten mit gleichaltrigen Vettern und Cousinen in Langhelwigsdorf im Kreis Jauer. Sein trauriger verwitweter Vater Julius ging auf Reisen in den Vorderen Orient und bis in den Kaukasus, von wo er junge Bäume, Rosenstöcke und exotische Sträucher mitbrachte, die, wenn sie die harten schlesischen Winter überstanden, den Park bis in unsere Zeit verzauberten. Am Rande der großen Rasenfläche im Osten wuchs eine seltene spindelförmige, gelbblättrige Eiche neben einer dunklen Blutbuche zu stattlicher Höhe. Am Teich senkte eine kaukasische Paulownia ihre riesigen Blätter, die wir Elefantenohren nannten, ins Wasser.

Am schönsten war die Maréchal-Niel-Rose aus dem Libanon. Sie erfüllte den ganzen Winter über das warme Gewächshaus mit ihrem Vanilleduft. Zum Geburtstag von Vaters einziger Schwester Sybille, einen Tag vor Weihnachten, wurde der Rosenstock, dessen Blattwerk sich bis unter das Glasdach ausbreitete, geplündert. In drei flachen silbernen Schalen schmückten die dünnstieligen Blüten den langen Eßtisch.

Und dann war da die »tausendjährige Eiche«, deren hohler Stamm von Efeu überwachsen und mit Ziegeln ausgemauert war. Im Sommer durfte man sich ihr nicht nähern, weil Hornissen dort regelmäßig ihr Nest bauten. Die »Tausendjährige« war zwar wahrscheinlich nur halb so alt wie behauptet, trotzdem gehörte es zu unseren Lieblingsbeschäftigungen, uns vorzustellen, was sie in all den Jahrhunderten gesehen hatte. Lorzendorf liegt nicht weit entfernt von einer der alten Handelsrouten zwischen West und Ost. Reste des Knüppeldamms, der durch das Moor geführt hatte, waren ausgegraben worden. Während der Völkerwanderung waren hier vielleicht Ostgoten, Westgoten, Kimbern und Teutonen, Vandalen oder Silinger von der Weichsel nach Mähren hindurchgezogen, womöglich auch die Hunnen, die uns immer als wahre Ungeheuer beschrieben wurden.

Als die Äcker mit Hilfe des neuen Dampfpflugs mehr als einen halben Meter tief umbrochen wurden, stieß man auf mehrere Gräber aus der Bronzezeit. Die kostbarsten Funde, Goldschmuck und Waffen, wurden im Breslauer Museum für Archäologie ausgestellt. Ein bronzenes Zaumzeug, Sporen, einen Eimer aus Kupfer und einige Fibeln durften wir behalten. Sie waren im Musikzimmer in einem Glasschrank zusammen mit noch älteren Tonscherben zu besichtigen.

Der zweite oder dritte Schub von Rittern und Siedlern aus Franken, Sachsen oder Thüringen muß im 12. bis 14. Jahrhundert hier seßhaft geworden sein. Die Neusiedler gründeten Reihendörfer wie Hennersdorf und andere Orte in der Nachbarschaft, legten Sümpfe trocken und führten später die Drei-Felder-Wirtschaft ein, durchaus in friedlich-freundschaftlicher Nähe zu den slawischen Bewohnern der sogenannten Haufendörfer, zu denen auch Lorzendorf zählte.

Das Schloß, ursprünglich eine Wasserburg, war durch einen breiten Graben vor feindlichen Überfällen sicher. Es soll angeblich einen unterirdischen Verbindungsweg zu dem vier Kilometer entfernten, sehr ähnlichen Buchelsdorfer Schloß gehabt haben. Im dunklen Paneel des Eßzimmers versteckt, gibt es noch heute eine schmale Tür, durch die man auf einer Wendeltreppe in der drei Meter dicken Mauer in den Keller, genauer in den Weinkeller, gelangt, direkt vor den Eingang zu dem geheimnisvollen Fluchtweg, der längst zugeschüttet ist.

Ob mein Großvater Arthur von Loesch ein inniges Verhältnis zu seinem schwermütigen und asthmakranken Vater Julius hatte, den er höchstens in den Ferien sah, weiß ich nicht. Seinem Onkel Leopold, dem ältesten Bruder seines Vaters, Herr auf Langhelwigsdorf, Wolmsdorf und Laski, Landrat im Kreis Jauer und Rittmeister a. D., war er jedenfalls sehr zugetan. Er wuchs bei ihm in Langhelwigsdorf unter der liebevollen Obhut seiner Tante Mathilde, der Tochter eines Königlich Niederländischen Gesandten, mit deren fünf Kindern fröhlich heran. Mathilde hatte offenbar die Prüfung der strengen, frommen Schwiegermutter Luise gut bestanden.

Zusammen mit seinem Vetter Johann wurde mein Großvater für die letzten Schuljahre bis zum Abitur in ein Dresdener Internat geschickt, danach hatte er seinen Militärdienst beim Achten Dragonerregiment in Oels zu absolvieren, bevor er in Heidelberg mit dem Jurastudium beginnen konnte. Nach dem Referendarexamen war er ein Jahr lang persönlicher Referent des allseits verehrten Oberpräsidenten in Schlesien, meines Urgroßvaters Robert Graf von Zedlitz und Trützschler – die erste Verbindung zur Familie meiner Mutter. Danach mußte er sich auf die Übernahme der Güter Lorzendorf und Neuwalde bei Sagan vorbereiten, denn sein Vater zog sich wegen seiner angegriffenen Gesundheit nach Berlin zurück. Lorzendorf hatte ein besonders rauhes, feuchtkaltes Klima.

Und nun traten die Schack-Schwestern in die Loesch-Familie ein und prägten sie für mehrere Generationen. Mein Großvater und zwei seiner Vettern heirateten kurz nacheinander drei Töchter des Rittmeisters Konrad Heinrich Ewald von Schack und seiner verstorbenen Ehefrau Elisabeth, geborene von Berg: Amaly, meine Großmutter, und ihre Schwestern Therese und Katharina. Beinahe hätte ein weiterer Vetter auch noch Ilse, die vierte Schack-Schwester, geheiratet. Ein Teil der Familie war nun also doppelt, dreifach, nein achtfach verbunden, denn alle drei Vettern besaßen Güter, waren Reserveoffiziere, hatten Landwirtschaft gelernt oder Jura studiert, waren Reiter, Jäger, Viehzüchter – und nun hatten sie auch noch drei Schwestern geheiratet und bekamen fast zur gleichen Zeit zahlreiche Kinder. Nicht nur was den Kindersegen betraf, schienen sie zu wetteifern, sie überboten sich auch beim Erwerb weiterer Güter.

Außer zu den vielen Taufen, später Konfirmationen und Hochzeiten und natürlich auch zu den Jagden trafen sich die Loesch-Vettern oder -Brüder regelmäßig bei den Rindvieh-Auktionen in Breslau. Auf ihre Herdbuch-Kühe und -Bullen waren sie stolz. Deren Stammbäume hatten sie mindestens ebenso präsent wie die eigene Ahnentafel. Jedes Jahr kam aus Ostfriesland neue schwarz-weiße »Blutauffrischung« dazu.

Lorzendorf war auf die Aufzucht von Bullen spezialisiert; Bullen brachten die höchsten Preise. Daß ein Lorzendorfer Bulle namens »Edler« auf der Berliner Landwirtschaftsausstellung als bester seines Jahrgangs prämiert wurde, bekam jeder Besucher, dem auch der Kuhstall gezeigt wurde, zu hören. Ein Foto des »Edlen« hing als Blickfang im Rentamt – so nannte man das Büro der Gutsverwaltung. Der stolze Oberschweizer Buchwald im traditionellen rosa-weiß gestreiften Kittel seines Berufstandes – aus den lächerlich kurzen Puffärmeln rutschte meist ein Stück des grauen Trikotunterhemds heraus – führt auf

dem Bild den mächtigen Bullen an einer dicken, am Na-
senring befestigten Stange. »Edler«, mit einem Eichenlaub-
kranz um seinen Stiernacken geschmückt, schien sich nicht
gegen die Ehrung gewehrt zu haben. Der Oberschweizer
Buchwald verstehe die Sprache seiner Rinder, lobte mein
Vater immer, die wildesten Jungbullen seien bei ihm sanft
wie Lämmer. Beim Erntefest ritt er sogar auf einem seiner
Lieblingsbullen vorneweg vor den geschmückten Leiter-
wagen zum Sportplatz, wo das Pferderennen, Würstel-
schnappen und andere Wettkämpfe stattfanden.

Reihum trafen sich die Vettern und Brüder im Herbst
zu den Jagden. So gut sie sich sonst verstanden, bei der
Hasen- und Fasanenjagd wurden sie zu Rivalen, einer
gönnte dem anderen nicht einen einzigen der umstrittenen
Hasen oder Fasane, die nachweislich aus verschiedenen
Richtungen eine Schrotladung abbekommen hatten. Jeder
wollte Jagdkönig werden.

Wenn der Vater meiner Mutter, Stephan Graf Zedlitz-
Trützschler, ebenfalls zur Jagd in Lorzendorf eingeladen
war, wurde es zum Kummer der Loeschs keiner von ihnen.
Denn Großvater Zedlitz war nicht nur ein ausgezeichneter Schütze, er brachte als einziger auch einen »Büchsen-
spanner« mit: Sein Diener August stand in doppelreihig
geknöpfter grauer Chauffeurslivree stumm und kerzen-
grade mit einer zweiten Flinte hinter ihm und reichte ihm
blitzschnell die geladene Zweitwaffe, sobald die beiden
Schrotpatronen aus der ersten verschossen waren. Beim
Halali gifteten sich dann die mißgünstigen Vettern und
Brüder feindselig an. In ihren kurzen graugrünen Jagdpel-
zen mit dem Fuchsmuff auf dem Bauch waren sie einander
zum Verwechseln ähnlich. Großvater Zedlitz hielt Abstand und setzte sein behäbiges Siegerlächeln auf, und
Vater versuchte mit Engelszungen den Familienfrieden
wiederherzustellen.

Die Jagden im Winter waren ein gesellschaftliches Ereignis. In Lorzendorf wurden bei der Familienjagd zu Va-

ters Geburtstag die meisten Fasane geschossen. »Tirooo!« riefen die Treiber, wenn sie mit ihren Ratschen und Stökken den am Waldrand wartenden Schützen das Flugwild zutrieben. Mittags gab es für alle Erbsensuppe aus der Gulaschkanone, dazu einen Schluck Korn, einen klaren Schnaps, den die Treiber reihum aus der Flasche tranken, während die Jäger ihn aus kleinen silbernen Bechern nippten. Mit roten Nasen – meist war es an Vaters Geburtstag am 30. Dezember bitter kalt – bestiegen die Schützen nach dem Halali, das der Förster recht angestrengt auf seinem zerbeulten Jagdhorn blies, die offenen Wagen.

Nach der Rückkehr der Schützen wurde in der oberen Halle zum Aufwärmen Tee mit Rum, dazu Streuselkuchen gereicht. Danach zog man sich zu einer kurzen Ruhepause in die Gästezimmer zurück, wo schon hohe Blechkannen mit heißem Wasser auf den Waschtischen bereitstanden. Vater stellte sein Bad nicht gern zur Verfügung, und die beiden anderen Bäder im Schloß waren gar zu schäbig, auch meist übelriechend.

Zum Jagddiner am Abend erschienen die Gäste in Smoking und Abendkleid. Der Eßtisch unter dem Kreuzgewölbe war, so weit es ging, ausgezogen und mit sämtlichen silbernen Kerzenleuchtern bestückt worden. Wir Kinder wurden früh ins Bett geschickt, wir hätten sowieso keinen Platz mehr gefunden.

Die drei Schack-Schwestern, zu denen noch eine vierte Schwester und zwei Brüder gehörten, hatten ihre Mutter bei einem Reitunfall früh verloren. Meine Großmutter Amaly und Therese, die beiden ältesten Töchter, mußten ihrem Vater, der in Bernstadt Chef der vierten Schwadron des Achten Dragonerregiments war, den Haushalt führen und die jüngeren Geschwister erziehen, abwechselnd unterstützt von einer englischen oder französischen Gouvernante. Für ihre eigene Schulausbildung – sie waren fünfzehn und sechzehn Jahre alt – hatten sie keine Zeit mehr;

nur bei der Aufsicht über die Schularbeiten der jüngeren Geschwister lernten sie ein wenig mit.

Der Urgroßvater Konrad Heinrich Ewald von Schack besaß das nur zwei Kilometer von Bernstadt entfernte Weidenbach, ein landschaftlich reizvolles Gut mit viel Wasser und Wiesen, auf denen Rinder und vor allem Pferde gezüchtet wurden. Die Drei- und Vierjährigen wurden von der Urgroßmutter Elisabeth im Damensattel zugeritten – drei Pferde täglich waren ihr Pensum. Die besten wurden als Remonten an das Militär verkauft. Geld war in Weidenbach immer knapp, und meine Urgroßmutter Elisabeth und später ihre beiden ältesten Töchter mußten sparsam haushalten.

Von der Urgroßmutter Elisabeth von Schack, im dunklen Reitrock mit Zylinder und wehendem Schleier, hing in Großmutter Amalys Arbeitszimmer ein schönes Porträt: große grüngraue Augen, ein schmales, ebenmäßiges Gesicht und ein etwas spöttischer kleiner Mund. So hätte ich auch gern ausgesehen. Sie war eine elegante Erscheinung, verehrt und bewundert nicht nur von den Offizieren des Regiments ihres Mannes.

Die Geschichte meiner Großeltern Arthur und Amaly von Loesch ist nun wieder einmal eine glückliche. Eine, in die ich mich mit eigenen Erinnerungen einmischen kann. Dabei werde ich der in der Familie verbreiteten Neigung zu idealisieren nicht widerstehen können. Auch ich habe meine Großeltern väterlicherseits als schlechthin ideales Paar gesehen. Beide hatten gleiche Interessen, Vorlieben und viel Schönheitssinn; beide erzogen ihre sechs Kinder – zwei weitere waren früh gestorben – liebevoll und für ihre Zeit fortschrittlich; beide hatten, abgesehen von den überaus engen familiären Kontakten, viele Freunde und Freude an Geselligkeit; sie ergänzten sich aufs schönste: der gütige, geduldige Großvater und die tatkräftige, leidenschaftliche und temperamentvolle Großmutter.

Arthur baute für seine Gutsarbeiter geräumige Häuser mit Ställen für zwei Schweine und Federvieh und sogar, etwas abgesetzt vom Dorf, eine Siedlung mit kleinen Fachwerkhöfen, in denen sie eine eigene Kuh halten konnten. Die Wasserklosetts in den neuen Häusern waren den Bewohnern anfangs nicht geheuer, sie benutzten sie zunächst nur, um darin Kartoffeln zu waschen, und wanderten weiter in ihre Herzlhäuschen beim Misthaufen, wo sich die Exkremente bis zur Weiterverwendung als Düngung für den Kartoffelacker sammelten.

Über den Rahmen ihrer von Großzügigkeit und sozialen Idealen geprägten Gutsherrschaft hinaus setzten sich die Großeltern mit allen Kräften für andere Menschen ein. Dabei wußten sie sehr wohl das Leben zu genießen. Großvater reiste gern nach Frankreich oder Ungarn, um seinen Rotwein oder Tokaier, den er regelmäßig trank, an Ort und Stelle zu kaufen. Großmutter war eine Liebhaberin schöner Dinge. Keine Fahrt nach Breslau, ohne daß sie nicht irgend etwas in einem Antiquitätenladen entdeckt hatte, was sie unbedingt besitzen wollte und meist schon bald wieder verschenkte. Beide waren Vorbilder für ihre Kinder und Enkel und in ihrer Vorzüglichkeit manchmal für ihre Nachkommen auch belastend. Mit ihnen ging eine Epoche zu Ende, die bis zum Ersten Weltkrieg so sorglos und stabil erschienen war.

Carl Friedrich Arthur von Loesch, so der volle Name meines Großvaters, wurde am 9. September 1864 in Lorzendorf geboren. Er besaß außer diesem Gut auch das benachbarte Hennersdorf, das Vorwerk Swiebene und bis zum Ende des Ersten Weltkriegs Butschkau. Insgesamt waren es etwa siebentausend Morgen Acker, Wald und Wiesen. Der Großvater war Königlich Preußischer Referendar, Rittmeister der Reserve und Landesältester – das war eine ehrenamtliche Vertrauensposition (der Landesälteste hatte Konflikte unter Standesgenossen zu schlichten und bei Schwierigkeiten zu raten).

Nach dem Ersten Weltkrieg konnte er als Vorsitzender der Deutschnationalen Volkspartei im Kreistag mit Hilfe der Sozialdemokraten, deren Vorsitzender in Großvaters Regiment gedient hatte, manchen segensreichen Beschluß durchsetzen. Großvater war auch Mitglied, später Vorsitzender der Evangelischen Synode Schlesiens, die außerdem für die evangelischen Gemeinden der an Polen zwangsweise abgetretenen schlesischen Gebiete zuständig war. Wenn es Probleme gab, war Großvater als Vermittler sehr geschätzt.

Er kam aus der »guten alten Zeit«, von der uns so oft erzählt wurde. Wenn er seine Braut Amaly im dreißig Kilometer entfernten Weidenbach besuchte, fuhr er vierspännig mit dem Kutscher Heinrich, der eine schwarzweiße Kokarde am Zylinder trug, vor. Die vier Rappen im weißen Ledergeschirr wurden eingedeckt und mußten lange warten, ehe sie, nun langsamer, zurücktraben durften. Das hörte sich für uns märchenhaft an; die Rappen haben wir nicht mehr gesehen, aber tatsächlich hing in einer Ecke der Sattelkammer, inzwischen grau verschimmelt, das ehemals weiße Lederzeug.

Wir mochten die Geschichten aus der alten Zeit, obwohl wir ihnen nie ganz trauten. War damals wirklich alles so paradiesisch gewesen? Großvaters alten Kutscher Heinrich konnten wir nicht mehr fragen; er war in Pension gegangen und zu seiner Tochter nach Militsch gezogen. Er fand wie viele Deutsche, die 1945 zuerst in die Tschechoslowakei geflohen und dann in die Heimat zurückgekehrt waren, ein grausiges Ende: Er wurde von Polen in seinem Rentnerhäuschen erschlagen.

Hermann, der unentbehrliche Diener, stammte ebenfalls aus der »alten Zeit«. Er war im Ersten Weltkrieg Großvaters Bursche gewesen und behielt auch nach dessen Tod unangefochten seine Vertrauensstellung. Aber vor Hermann fürchteten wir uns immer ein wenig; ihn um Geschichten zu bitten, hätten wir nie gewagt. Wenn er fluchte und – manchmal auch auf polnisch – schimpfte, daß wieder etwas im Vergleich zu früher schlechter geworden sei, durften wir ihm nicht zu nahe kommen. Er knallte dann das Silberbesteck, das er putzen mußte, in die Zinkwanne und rührte die Schlemmkreide für die Messerschneiden so heftig mit Brennspiritus an, daß ein Teil des grauen Breis auf den Tisch schwappte. Außerdem hatte er einen kohlschwarzen Daumennagel, seine Teufelskralle, mit der er uns drohte, wenn wir frech waren. Wenn wir Gäste hatten, servierte er immer mit weißen Zwirnhandschuhen.

Oft erlöste er uns von den langen Sitzungen, wenn wir wieder einmal unser Mittagessen nicht aufgegessen hatten und schniefend und verzweifelt vor unseren Tellern mit zaddrigem Fleisch saßen. Stillschweigend trug er dann das ungenießbare und inzwischen kalt gewordene Gericht zum Küchenaufzug. Er hielt ganz offensichtlich nichts von der unerbittlichen Maxime, »was auf dem Teller ist, wird aufgegessen«, mit dem uns die Hausdame oder Erzieherin quälten. »Wozu haben wir Hunde«, murmelte er ärgerlich.

Mit der Köchin, den beiden Stubenmädchen und erst recht mit der Hausdame, die die Aufgaben unserer kranken Mutter übernommen hatte, stand Hermann ständig auf Kriegsfuß. Er verachtete sie allesamt zutiefst und beschwerte sich fast täglich bei Vater über sie. Wenn der nach seinem Morgenritt in der Badewanne lag, wartete Hermann, das große weiße Badetuch in der Hand, bis Vater fragte: »Was gibts?« Hermann räusperte sich dann ausführlich, bis er all die Scheußlichkeiten aufzuzählen begann, die hinter dem Rücken des Herrn Rittmeister im Haus passiert waren. Die Köchin, die nicht kochen konnte, die Stubenmädchen, die nur runde Ecken wischten, und wer sonst noch im Haus wohnte – in Hermanns unerbittlichen Augen waren sie alle Nichtstuer und unfähig. Selbst den Vikar schonte er nicht, der latsche so schlampig herum, daß man sich schämen müsse. »Nun weiß ich wieder Bescheid«, brach Vater die Klagen ab, stieg aus der Wanne und ließ sich den Rücken mit dem weißen Badelaken abrubbeln.

Aber ohne Hermann ging nichts. Nur er konnte die Heizung im Keller bedienen, den Koks in den glühenden Schlund schaufeln und dann so gewaltig mit riesigen Eisenhaken herumstochern und rumoren, daß es bis zum dritten Stockwerk dröhnte. Je nach Hermanns Laune wurde das Haus warm, oder es blieb kalt.

Hermann allein war aber auch fähig, das Geflügel zu schlachten, all die Hühner, Enten, Gänse und Puten, die im Laufe des Jahres als Sonntagsbraten auf den Tisch kamen. Hühnern und Enten hackte er den Kopf ab, Puten und Gänsen schnitt er mit einem doppelseitig geschliffenen spitzen Messer die Kehle durch, und Tauben drehte er einfach mit einem kurzen Ruck nach rechts den Hals um. Das Becken aus rotem Sandstein an der Hintertür roch ständig nach Blut, auch wenn dort gerade mal kein Federvieh geschlachtet worden war.

Und mit dem Wild kannte Hermann sich natürlich auch aus. Großvaters und später auch Vaters Freunde überließen es Hermann gern, ihre Jagdbeute so auszuweiden, daß sie in der stets zugigen Wildkammer im Turm tage- oder wochenlang abhängen konnte, ohne zu verderben. Mit Kennermiene berichtete Hermann Vater während der morgendlichen Badezeremonie, ob dem Jagdgast ein Blattschuß gelungen oder ob der Rehbock erst nach mehreren Kugeln zusammengebrochen war. Traf letzteres zu, hatte der Gast zumindest Hermanns Achtung ein für allemal verloren.

In seinem Garten hielt Hermann Bienen, für die er zum Ärger der Hausdamen regelmäßig zusätzliche Nahrung aus den silbernen Zuckerdosen mitnahm. Ungeniert trug er in der Mittagspause in einer Blechkanne nicht nur Bienenfutter, sondern auch Weizen aus der Futterkammer für seine Hühner weg. War das Diebstahl? Das Übliche, meinte Vater. Mundraub in geringem Umfang solle man großzügig übersehen, fand er. Daß Hermann die halbgeleerten Rotweinflaschen und hin und wieder eine teure Zigarre als fast legales Deputat beanspruchte, störte ihn im Gegensatz zu den Hausdamen nicht im geringsten.

Am liebsten pflegte Hermann Vaters elegante, maßgefertigte Reitstiefel, Form Potsdam. Bevor er sie mit viel Spucke und englischer Sattelseife wienerte, brachte er sie mit Hilfe von blank polierten hölzernen Stiefelspannern in ihren ursprünglichen faltenlosen Zustand. Später erbte ich die wohlgepflegten Stiefel. Ich trug sie noch auf der letzten Etappe meiner Flucht von Mecklenburg nach Schleswig-Holstein.

Mein Großvater Arthur von Loesch starb 1931; da war ich fünf Jahre alt. Auf einem der wenigen erhaltenen Fotos liegt er, wie immer korrekt angezogen mit Schlips und zugeknöpfter Weste, im Gras. Seine vier ältesten Enkel, zu denen ich gehöre, sitzen splitternackt rittlings auf seinem Bauch und seinen Beinen und haben offensichtlich großen Spaß.

Obwohl ich dabei war, so vergnügt habe ich den Großvater nicht in Erinnerung. Wenn wir Kinder ihn zusammen mit unserem Vater besuchten, gab es immer sorgenvolle Gespräche, die wir nicht verstanden. Die Inflation Ende der zwanziger Jahre hatte Großvaters Vermögen vernichtet, und die landwirtschaftlichen Betriebe waren durch hohe Kredite belastet. Großvater hatte nicht nur stets aus dem vollen gewirtschaftet, sein Vertrauen war auch mißbraucht worden: Nicht nur der Ziegelmeister hatte ihn betrogen. Zudem hatte Großvater Bürgschaften für Freunde geleistet, wodurch er nun selbst in finanzielle Schwierigkeiten geraten war.

Mehrere Güter im Landkreis kamen damals »unter den Hammer«. Das heißt, sie wurden versteigert und meistens von einer Siedlungsgesellschaft aufgekauft, die sie in kleine Höfe aufteilte, ein Schicksal, vor dem Vater und Sohn Lorzendorf unbedingt bewahren wollten. Gelegentlich besuchten uns ehemalige Nachbarn, die ihren Besitz verloren hatten. Traurige, verbitterte Gäste, die auch nicht heiterer wurden, wenn man sie noch so liebenswürdig bewirtete.

Großvater hatte nicht nur den ungetreuen Ziegelmeister, sondern auch seinen Oberinspektor und seinen Rentmeister entlassen müssen. Deren Aufgaben übernahm mein Vater; und nun war er es, der dem Großvater fast täglich nach Überprüfung der Bücher und Durchsicht der Post die schlechten Nachrichten überbringen mußte.

Eine erschreckende Szene am Ende seines Lebens steht mir deutlich vor Augen: Ich war, ohne anzuklopfen, in sein Arbeitszimmer gelaufen, weil ich Großvater einen herzförmigen weißen Stein schenken wollte, den ich gefunden hatte. Da lag er, gekrümmt und vor Schmerzen stöhnend, auf dem Teppich. Ich ließ den Stein fallen und schrie so laut, daß der Diener Hermann und wenig später Großmutter Amaly hereinstürzten und Großvater auf das Sofa trugen. Er hatte Angina pectoris. Nach seinem nächsten Anfall starb er in einer Breslauer Klinik. Seine Beerdigung muß ein bedeutendes Ereignis für die ganze Gegend gewesen sein. Wir Kinder durften nicht daran teilnehmen; wir wurden nach Frauenhain zu den anderen Großeltern geschickt. Wir vermißten den geliebten Großvater Arthur, für uns war er ohne Abschied verschwunden. Daß er nun im Himmel sei, konnten wir uns nicht vorstellen.

Nach Großvaters Tod zog Großmutter Amaly in das benachbarte Hennersdorf. Es sollte eigentlich ein geruhsamer Witwensitz sein. Doch für sie war es ein Experimentierfeld, wo sie zum Ärger meines Vaters alle ihre Ideen mit erstaunlicher Energie ausprobierte. Sie stürzte sich in die Landwirtschaft, ordnete alles neu und anders und war von früh bis spät auf den Feldern und in den

Ställen unterwegs. Es fiel ihr schwer, sich nach den großzügigen Lorzendorfer Verhältnissen in dem kleineren Hennersdorfer Rahmen einzurichten. Das Gut war nur fünfhundert Morgen groß, die Gebäude waren in keinem guten Zustand. Zu Hennersdorf gehörte allerdings ein wunderbarer Blaubeerwald. Obwohl meine Großmutter für sich selbst keine Ansprüche stellte, kam sie mit den vorhandenen Mitteln nie aus.

In dem einfachen, ganz und gar nicht repräsentativen und nicht einmal soliden Haus in Hennersdorf – es wurde trotzdem Schloß genannt –, in dem wir – Vater, Mutter und wir beiden Kinder – vorher gewohnt hatten, konnte Amaly nur einen Teil ihrer geliebten wertvollen Möbel und Kunstgegenstände unterbringen, die sie im Laufe der Jahre zusammen mit Großvater gesammelt hatte. Die italienischen Kommoden mit Jagdszenen aus Elfenbein und Perlmutt hatten kaum Platz in ihrem Arbeitszimmer, dem einzigen Raum im Haus, in dem es im Winter durch einen zusätzlichen Bollerofen gemütlich warm wurde. Auf ihm, oder zumindest in seiner Nähe, wurden unsere Daunendecken und Plumeaus gewärmt, bevor wir in die ungeheizten Schlafzimmer geschickt wurden. Er wärmte aber auch den alten Rhino, Großmutters braun-weiß gesprenkelten Jagdhund, der sabberte und unanständige Düfte und Töne von sich gab, mit anderen Worten: Er stank, was Großmutter nicht zu stören schien.

Die Halle im Hennersdorfer Schloß war mit viel zu mächtigen mittelalterlichen Gewürzschränken aus dunklem Eichenholz zugestellt. Aber auch das Musik- und das Eßzimmer waren überfüllt mit kostbaren Möbeln, dem Bechstein-Flügel, den Porzellan- und Glassammlungen aus Frankreich und Böhmen und vor allem mit Bücherschränken, in denen wir nach Herzenslust stöbern durften. Und überall tickten Uhren, die nie die genaue Zeit anzeigten. Unter einem Glassturz beschlug, wenn es Mittag war, ein kleiner goldener Schmied ein Pferd mit zwölf

Hammerschlägen. Eine andere Uhr war im Kirchturm eines Ölgemäldes versteckt. Wir liebten Großmutters Reichtümer, besonders die rotglühenden geschliffenen Karlsbader Gläser, aus denen wir Leitungswasser tranken.

Wie viele Nachmittage und Abende haben wir bei unserer Großmutter, bäuchlings auf dem Teppich liegend, verbracht, weil man anders nicht in den schweren, in dunkelgrünes Leder gebundenen Bänden von Brehms Tierleben oder in den riesigen Kunstbüchern blättern konnte, in denen jede farbige Abbildung mit dünnem, knittrigem Seidenpapier geschützt war. Canalettos Stadtansichten oder Angelika Kauffmanns Porträts – wir holten uns die dicken Bücher immer wieder aus den Glasschränken, um sie verzaubert zu betrachten. Nur leise mußten wir sein, das war die Bedingung. Und die Bücher mußten genau an den Platz zurückgestellt werden, wo wir sie herausgezogen hatten.

Großmutter Amaly arbeitete unaufhörlich. Sie saß an ihrem Schreibtisch, auf dem sich Akten und Papiere so hoch stapelten, daß sie nicht selten ins Rutschen gerieten. Ab und zu raschelte Großmutter ärgerlich in dem Chaos herum, weil sie wieder einmal dringend etwas suchte und nicht fand. Manchmal sank sie über ihren Milchtabellen, Lohnabrechnungen und langen Ratgeber-Briefen an ihre Brüder, Neffen und Nichten zusammen und schlief am Schreibtisch ein. Nie hat sie uns aus dem Zimmer geschickt, weil sie Ruhe brauchte.

Wenn im Winter Gäste kamen, bugsierte sie die Bücher- und Aktenstapel einfach unter den runden Mahagonitisch vor dem Biedermeiersofa, breitete eine Spitzendecke aus und stellte ihre rosa Teetassen aus dünnem Lothringer Porzellan darauf, denn das Eßzimmer war nur in der warmen Jahreszeit benutzbar.

Sobald wir krank wurden, brachte man uns zu Großmutter Amaly. Sie hatte die besten Rezepte: Wärme und Lieblingsspeisen wie »Hoppel-Poppel« – so nannten wir das mit viel Zucker schaumig geschlagene Ei –, Milchreis mit Butter und Zimt oder täglich frischen Streuselkuchen. Wunschkost eben. Ob wir Fieber hatten oder nicht, stellte Großmutter fest, indem sie uns ihre kühle Hand auf die Stirn legte. Wir durften so lange im Bett bleiben, wie wir wollten, oder auch aufstehen und uns warm verpackt auf Großmutters Sofa legen. So schnell wie bei ihr wurden wir im zugigen Lorzendorfer Schloß nie gesund.

Als junge Frau hatte Großmutter einen schweren Reit-unfall gehabt, seitdem verkrümmte sich ihre Wirbelsäule immer mehr; sie litt häufig unter Rückenschmerzen. Stets brauchte sie ein halbes Dutzend verschieden großer Kis-sen, um sich zum Ausruhen auf der Chaiselongue in eine schmerzfreie Lage zu bringen. Bei Diskussionen mit Gä-sten oder dem Personal stand sie am liebsten, ein Schrek-ken für alle, die weniger Ausdauer im Reden und Stehen hatten als sie.

Ich sehe sie vor mir, den Hut – es war stets ihr schilf-grüner Südwester aus Leder – fest in die Stirn gedrückt, im langen grauen Gabardinemantel abfahrbereit in der kal-ten Lorzendorfer Halle, ihr gegenüber meine fröstelnde Mutter, die Amalys Redestrom, versetzt mit den besten Ratschlägen, nicht zu unterbrechen wagte. Draußen vor der Tür trippelte die Vollblutstute Nympha ungeduldig auf der Stelle. Sie hatte die Wagendecke auf dem Rücken, das bedeutete, es würde noch lange nicht losgehen. Groß-mutter redete und redete. Vielleicht konnte sie sich von ihrer ehemaligen Residenz nicht trennen, vielleicht graulte sie sich auch vor der Einsamkeit in Hennersdorf. Aber zum Essen bleiben wollte sie auch nicht, auf keinen Fall! Wenn sie dann endlich in ihrem niedrigen Parkwagen Platz genommen hatte, zog Nympha an, als wolle sie, vor ein Sulky gespannt, auf der Trabrennbahn starten. Groß-mutter war eine ausgezeichnete Fahrerin, eine Peitsche brauchte sie nie.

Mein Vater nahm die umtriebigen Unternehmungen

seiner Mutter unwirsch zur Kenntnis. »Sie hat keine Ahnung von Buchführung«, stöhnte er oft. Das Chaos in Hennersdorf war ihm ein Dorn im Auge. Aber Großmutter hatte es sich nun einmal in den Kopf gesetzt, das Gut mit Hilfe eines unzulänglichen, gutmütigen Inspektors, der wegen seiner bedauernswerten asthmakranken Frau auf keinen Fall entlassen werden konnte, selbständig zu bewirtschaften. Freitagmittag mußte Großmutter dann meistens doch ihren Sohn um Hilfe bitten: Sie hatte einfach kein Bargeld, um den Wochenlohn für ihre Arbeiter auszuzahlen.

Seit sie nicht mehr in Lorzendorf residierte, fühlte sie sich in ihrem Wirkungskreis eingeschränkt, obwohl sie weiterhin das Waisenhaus im Dorf und andere karitative Familienstiftungen im Landkreis betreute und überhaupt alle Ehrenämter behalten hatte. Weil unsere kranke, ganz und gar unpraktische Mutter nicht in der Lage war, wie sie zu herrschen und zu wirken, mischte sich die Großmutter ständig in den Lorzendorfer Haushalt ein. Ob es sich um die Einstellung eines Stubenmädchens handelte, um das Menü zu Vaters Geburtstag oder die Anschaffung eines Bügeleisens – Amaly wollte gefragt werden; und unsere sanfte geduldige Mutter tat es, ohne zu klagen.

Mit zweiundsechzig Jahren bestand Großmutter die Führerschein-Prüfung und kaufte sich einen schon ziemlich schäbigen gebrauchten DKW. Damit wagte sie sich auf die Landstraßen. Nun konnte sie bequem ihre Mündel aus dem Waisenhaus besuchen, denen sie zu Lehrstellen bei Schmieden, Schreinern, Schlossern und Gärtnern in der Umgebung verholfen hatte. Die Kupplung ächzte und krachte zwar, wenn sie die Bajonettschaltung energisch herumriß, aber sie erreichte immer ihr Ziel.

Zu Großmutter durften wir jederzeit kommen, ohne vorher zu fragen. Wir stellten einfach unsere Pferde, mit denen wir von Lorzendorf herübergeritten waren, in den Stall oder auf die Koppel und meldeten uns bei ihr. Sie hatte immer etwas für uns zu tun: Himbeeren pflücken, den Hühnerstall ausmisten, die Kohlrabipflanzen von Unkraut befreien oder die Sandsteintreppe scheuern, auf der die weißen Pfauen ihre ekelhaften grauweißen Kleckse hinterlassen hatten. »Ihr könnt euch gleich nützlich machen«, so empfing sie uns immer, als hätte sie geradezu auf uns gewartet.

Großmutter liebte ihre sechs Pfauen und den Anblick der prächtigen Spitzenfächer, wenn sie im Rosenbeet oder eben auf der Steintreppe ihre Räder schlugen – und leider auch kleckerten. »Mozart mögen sie besonders«, behauptete sie. Sie stellte das Radio laut, wenn klassische Musik auf dem Programm stand. Tatsächlich stolzierten die großen weißen Vögel sofort herbei, flatterten auf die Fensterbänke und neigten verzückt ihre kleinen, mit Krönchen geschmückten Köpfe.

Elsbeth, ihrer Haushälterin, zu helfen war uns der liebste von Großmutters Aufträgen, ganz gleich, was das bedeutete. Elsbeth mit ihren von der Hitze des Backofens roten Apfelbäckchen sang und lachte gern. Die Küche, in der es am meisten zu tun gab, war zwar dunkel und ziemlich schmuddelig, aber Elsbeth strahlte geradezu, wenn wir ihr beim Abtrocknen, beim Kartoffelschälen oder beim Kuchenbacken halfen. Anders als in der Lorzendorfer Küche, aus der uns die mürrische Köchin meistens verscheuchte, durften wir in Hennersdorf probieren und naschen, soviel wir wollten. Bei Großmutter wurden wir gebraucht und zumindest von Elsbeth überschwenglich gelobt.

In den Ferien, wenn unsere fast gleichaltrigen Vettern und Cousinen und deren Freunde bei ihr waren, lud uns Großmutter zu Blaubeer- oder Pilzfahrten mit Picknick in ihren Wald ein, oder sie veranstaltete einen Sängerwettbewerb auf den Treppenstufen ihres Hauses. Sie liebte spontane Feste. Manchmal bedauerte sie, daß uns selbst so wenig einfiel. Ihre Kinder – also Vater und seine fünf jüngeren Geschwister – waren sehr viel phantasiereicher gewesen. Sie hatten selbsterfundene Theaterstücke gespielt – in Lorzendorf gab es sogar eine kleine Bühne mit einem ausgeblichenen roten Samtvorhang, von der wir keinen Gebrauch machten. Jetzt stand dort ein stabiler Tisch, auf dem – sehr profan – die Tisch- und Bettwäsche gezählt, sortiert und später in den Wandschränken gestapelt wurde.

Regelmäßig fanden sich bei Großmutter die »lahmen Enten« der Großfamilie ein, die ledigen Tanten und kränkelnden Onkel, die im Leben in mancher Hinsicht zu kurz gekommen waren. Bei ihr sollten sie sich erholen und neuen Mut schöpfen. Großmutter dachte sich eigens für sie Aufgaben aus, wie das Aufstellen eines Verzeichnisses der Bücher in den Schränken oder die Pflege der Uhrensammlung, der kleine Hufschmied mußte zum Beispiel dringend mit einem Pinsel entstaubt werden, weil er die Stunden mit seinem Hammer falsch angab.

Auch später, nach Vaters Tod im März 1940, als mein Bruder Hans-Friedrich und ich in Breslau beziehungsweise in Liegnitz zur Schule gingen, blieb Hennersdorf unser geliebtes zweites Zuhause. Es war für unsere Mutter sicher nicht leicht, ihre Schwiegermutter als Konkurrentin zu ertragen. Doch nie hat sie sich etwas anmerken lassen. Nur manchmal rief sie schüchtern und besorgt bei Großmutter an und fragte, ob wir in Hennersdorf seien und wann wir nach Haus kämen. Ganz geheuer war es ihr nie, daß wir allein mit den Pferden unterwegs waren und uns manchmal erst bei Dunkelheit auf den Rückweg machten oder einfach bei Großmutter übernachteten.

Großmutter Amaly war nicht nur für uns Enkel eine unangefochtene Autorität. Sie blieb es auch für ihre vielen Kinder, am wenigsten jedoch für unseren Vater, ihren ältesten Sohn, der ihr sehr ähnlich war. Mit ihm hatte sie deshalb auch die heftigsten Auseinandersetzungen. Sie standen sich dann wütend gegenüber; beiden schwollen die

Zornesadern über der Nasenwurzel an, und ihre großen blaugrauen Augen funkelten eisig.

Was immer sich in der Großfamilie ereignete, Großmutter war auf dem laufenden. Stundenlang telefonierte sie oder schrieb seitenlange Briefe. Wenn es eine akute Krise bei einem Mitglied der Familie gab, reiste sie sofort an. Selbst mit ihrem Sohn Arthur, der in England lebte, hielt sie, zumindest schriftlich, diesen intensiven Kontakt aufrecht. Er war ihr Sorgenkind. Nach einer Scharlacherkrankung war er fast erblindet. Er konnte nur mit einer teuren Brille, die einem Fernglas glich, etwas sehen und tappte unsicher umher. Als sein Aufenthalt in London, wo er jahrelang angeblich an seiner historischen Doktorarbeit schrieb und zur Erholung Geige spielte, wegen der Devisenbeschränkung in der Nazizeit fast unmöglich wurde, organisierte sie für Engländer Reisen durch Deutschland. Das Geld, das die Gäste dafür bezahlten, erhielt Arthur. Bis zum Ausbruch des Krieges hatten wir im Sommer immer wechselnde junge Engländer bei uns, die wir unterhalten und zu denen wir besonders nett sein sollten. Mit Fahrkarten und guten Ratschlägen versehen, wurden sie – oft zu Verwandten – weitergeschickt, nicht ohne das obligate Päckchen für Arthur mitzunehmen.

Während des Krieges wurde Arthur als Deutscher interniert und nach Kanada gebracht. Seine Doktorarbeit verbrannte in London bei einem Bombenangriff. Nach seiner Rückkehr aus dem kanadischen Internierungslager wurde er Laienprediger in einer christlichen Sekte, wo er auch seine spätere Frau kennenlernte. Nach Deutschland kam er nur selten zu Besuch. Er ist in England gestorben.

Großmutter blieb auch für ihre beiden Brüder – der eine Diplomat, der andere Gutsbesitzer und leider auch ein Spieler –, noch als die längst grauhaarig waren, Instanz und Ratgeberin in Ehe- und anderen Krisen. Auch weiter entfernte Verwandte suchten ihre Hilfe. Wenn nötig, fanden die Kinder aus gefährdeten Ehen oder Neffen und

Nichten in irgendeiner schwierigen Lebenslage wochenlang ein Refugium bei ihr. Stets hatte sie sehr genaue
Vorstellungen, wie Probleme zu lösen seien. Sie selbst tat
alles, um die Bedingungen dafür zu schaffen.

Wie der Großvater war auch die Großmutter Mitglied
der Deutsch-Nationalen Volkspartei. Sie hatte im Dorf
den »Luisenbund« gegründet und bemühte sich um die
praktische Weiterbildung der Landfrauen. Als die Nationalsozialisten 1935 den Stahlhelm und den Vaterländi-
schen Frauenverein, den Luisenbund, verboten, hoffte
Großmutter in der NS-Frauenschaft ihre soziale Arbeit
fortsetzen zu können. Sie trat in die NSDAP ein. Ob sie
sich jemals mit der Ideologie der Nationalsozialisten beschäftigt hat, bezweifle ich jedoch. »Mein Kampf« stand
bei ihr nicht im Bücherschrank. In ihrem vollgekramten
Arbeitszimmer lagen allerdings neben hohen Stapeln von
»Wild und Hund« und landwirtschaftlichen Fachblät-
tern auch weniger hohe mit der von Propagandaminister
Joseph Goebbels herausgegebenen Wochenzeitung »Das
Reich« auf dem Fußboden. Ich habe sie selten darin blättern sehen. Den »deutschen Gruß« hat sie vermieden.
»Heil Hitler« zu sagen, fand sie peinlich.

Einmal nahm sie mich mit zu einem Schlesierfest im
Park der Breslauer Jahrhunderthalle. Da marschierten
Kolonnen von Braunhemden auf, gefolgt von verschiedenen Volkstanzgruppen. Schlesische Trachten wurden vor-
geführt, und Großmutter kaufte sich ein schwarzes, mit
einem weißen Kreuzstichmuster besticktes Trachten-
gewand, das sie später gelegentlich trug. Nach Großvaters
Tod hat sie ihre schwarzen Kleider nie abgelegt. Mir
schenkte sie ein mit bunten Blumen besticktes und mit
roter Seide gefüttertes Schlesierhäubchen. Ich fand es lächerlich, wagte aber nicht, das Geschenk zurückzuweisen,
um Großmutter nicht zu kränken. Ich versteckte es im
hintersten Winkel meines Kleiderschranks.

Großmutter sprach mit uns nie über Politik. Den Krieg, in dem sie zwei Söhne und zwei Enkel verlor, fand sie entsetzlich. Wenn die Fanfaren der Sondermeldungen über spektakuläre Eroberungen im Radio ertönten, hatte sie Tränen in den Augen. Ob sie daran dachte, wie viele Menschen für diesen Sieg ihr Leben lassen mußten?

Dennoch begrüßte sie den Einmarsch der Wehrmacht nach Polen. Er mache das »Unrecht von Versailles« wieder gut, meinte sie. Sie war zu sehr Soldatentochter und außerdem von der Überlegenheit der Deutschen gegenüber den Polen überzeugt. Doch Rußland war ihr unheimlich. Ich nehme an, sie ahnte nichts von den Greueln, die von Deutschen in den besetzten Ländern begangen wurden. Daß ihr Schwiegersohn, der Feldmarschall Erich von Manstein – er war mit ihrer einzigen Tochter Sybille verheiratet – ihr mehr anvertraut hat, als in der NS-Presse veröffentlicht wurde, ist kaum anzunehmen. Je weniger Information, desto besser, so dachte er vermutlich wie die meisten Militärs. Ihren verschlossenen Schwiegersohn verehrte die Großmutter geradezu. Was er sagte, war für sie wie für die ganze Familie absolut sakrosankt.

Ob sie den schrecklichen Satz kannte, der in einem seiner Befehle aus dem Jahr 1941 an seine Truppe stand? »Das jüdisch-bolschewistische System muß ein für allemal ausgerottet werden ...« Ich habe diese Sentenz erst jetzt, mehr als sechzig Jahre später, im Internet gelesen.

Obwohl Großmutter Hitler vorwarf, den Krieg gegen Frankreich und England provoziert zu haben, Länder, vielmehr Völker, die sie bewunderte, war sie zunächst stolz auf die deutschen Erfolge im Frankreich-Feldzug, zu denen Erich von Manstein als Stratege – so wurde es uns erzählt – maßgebend beigetragen hatte.

Pflichten zu erfüllen, auch Opfer zu bringen war für Großmutter wie für meinen Vater selbstverständlich. Damit brachte man zwar nicht alle Fragen und Zweifel zum

Schweigen, doch man vertagte sie zumindest. Preußische Erziehung eben. Es gab Worte, die Großmutter wie etwas Heiliges aussprach. »Vaterland« gehörte dazu. Dem Vaterland zu dienen auf dem von Geburt her angestammten Platz war für sie wie auch für meinen Vater ein höherer Daseinszweck. Alexis de Toqueville hat diese idealistische und sicherlich auch blinde Vaterlandsliebe treffend beschrieben: »Es gibt eine Vaterlandsliebe, die ihren Ursprung hauptsächlich in einem unmittelbaren, selbstlosen und unbestimmten Gefühl hat, das den Menschen durch Herzensbande an den Ort seiner Geburt heftet. Diese instinkthafte Liebe verschmilzt mit dem Sinn für alte Bräuche, mit der Ehrfurcht für die Ahnen und mit der Erinnerung an die Vergangenheit; die davon Erfüllten lieben ihr Land, wie man sein Vaterhaus liebt ... Oft wird diese Vaterlandsliebe noch durch religiösen Eifer gesteigert, und dann erhebt sie sich zu Wundertaten. Sie ist selbst eine Art Religion; sie überlegt nicht, sie glaubt, fühlt, handelt.«

Wenn Toqueville recht hat, wird verständlich, weshalb das Wort Vaterland nach dem Zweiten Weltkrieg diffamiert wurde, und weshalb Historiker diese pathetische Vaterlandsverehrung, wie sie in meiner Familie vorherrschte, als eine Basis für Hitlers Aufstieg ansehen. Vor allem in Preußen war diese irrationale Einstellung zu Staat und Obrigkeit nicht selten. Gott, König und Vaterland bildeten eine heilige Dreieinigkeit. Sie blieb für viele auch dann noch bestehen, als es keinen König oder Kaiser von Gottes Gnaden mehr gab, der das Vaterland personifizierte. Die Weimarer Republik und die Männer an der Spitze waren kein Ersatz.

Mit dem Begriff Demokratie haben sich die wenigsten Mitglieder meiner Familie auseinandergesetzt, geschweige denn befreundet. Hitlers Drittes Reich versprach die Wiederherstellung von Größe und Macht, das war verlockend. Doch Hitler, der sich als »Führer« selbst zum Idol gemacht hatte, blieb preußischem Denken fremd. Er wurde von vielen, nicht zuletzt auch aus sozialem Dünkel, grundsätzlich abgelehnt. Er würde eine vorübergehende Erscheinung bleiben, nahm man an. Man arrangierte sich notgedrungen mit ihm und hoffte, ihn bald wieder loszuwerden.

Zwei Tage bevor ich am 1. Januar 1926 geboren wurde, war mein Vater Konrad von Loesch sechsundzwanzig Jahre alt geworden. Bei meiner Geburt war er nicht dabei. Meine Mutter Ingeborg, geborene Gräfin Zedlitz-Trützschler, hatte sich in den letzten Wochen, wie so oft, auf das Gut ihrer Eltern, nach Frauenhain im Kreis Schweidnitz, geflüchtet. Von dort aus war es nicht so weit bis in die Klinik in Breslau. Ich kam unter dem Silvesterfeuerwerk der Stadt, gleich nach Mitternacht, zur Welt. Das erste Enkelkind der Zedlitz-Großeltern. Außer meinem Rufnamen Maria erhielt ich auch noch die Vornamen meiner beiden Großmütter Helene und Amaly und die der beiden noch lebenden Urgroßmütter Editha und Agnes.

Auch mein Vater war der erste Enkel seiner Großeltern gewesen. Seine Zwillingsschwester starb schon wenige Tage nach der Geburt. Die beiden winzigen Siebenmonatskinder hatte Tante Martha, wie die Gemeindeschwester genannt wurde, kurzerhand in die Backröhre des Kachelofens geschoben. Es war bitter kalt gewesen. Der Landarzt sah sich außerstande, im Schlitten durch die Schneewehen zu kommen. Eine Hebamme gab es nicht. Konrad, das kleinere und schwächere Baby, überlebte, blieb aber ein zartes Kind. Auf Fotos sieht er großäugig und sehr zerbrechlich aus neben seiner nur ein Jahr jüngeren Schwester Sybille, die in den ersten Lebensjahren größer war als er und mit der er zeit seines Lebens besonders innig verbunden blieb.

Von seiner Kindheit erzählte Vater selten, wohl aber von seiner Soldatenzeit. Mit siebzehn trat er 1917 in das Achte

Dragonerregiment in Oels ein, in dem auch sein Vater im Ersten Weltkrieg als Reserveoffizier diente. Er wurde jedoch nicht als Kavallerist an der Westfront eingesetzt, vielmehr gehörte er zu den Tausenden, die in den schlammigen Schützengräben vor Verdun in einem mörderischen Stellungskrieg ohne Aussicht auf einen Sieg zu Opfern wurden. Ein Granateinschlag verschüttete ihn. Sein Wachtmeister suchte ihn in einer Feuerpause, und wunderbarerweise fand er ihn auch. »Er hat mich über die Schulter geworfen und allein zum Verbandsplatz geschleppt«, erzählte Vater immer.

Eine allzu schwere Last kann der Fahnenjunker Konrad von Loesch nicht gewesen sein. Vater wog nie mehr als ein Jockey. Kaum aus dem Lazarett entlassen, meldete er sich bei seinem Regiment in Rußland. Doch da war der Krieg schon fast zu Ende. Die ukrainischen Bauern waren keineswegs feindselig, vielmehr erhofften sie sich von den deutschen Truppen Schutz vor der roten Soldateska.

Vater brachte aus Rußland ein struppiges braunes Panjepferd mit, das Nickel hieß. Es hatte gelernt niederzuknien, um den Reiter bequem aufsitzen zu lassen, und sich hinzulegen, um ihn vor feindlichem Feuer zu schützen. Nickel starb hochbetagt nach einem unbeschwerten Leben auf den Lorzendorfer Koppeln; sein zottiger Kopf war ganz grau geworden. Er gehörte zu den Heldenlegenden aus dem Krieg, die wir Kinder lieber hörten als alle Märchen.

Daß Vater als Ältester einmal Lorzendorf erben würde, stand fest. Das Gut war Fideikomißbesitz, das heißt, der älteste männliche Namensträger wurde Eigentümer und mußte seine Geschwister je nach finanzieller Lage auszahlen oder für sie sorgen. Jeder bekam außerdem so etwas wie eine Aussteuer aus den vorhandenen Beständen. Die Zimmer im Schloß leerten sich deshalb allmählich, weil die Möbel für den jeweils neuen Haushalt der vier Brüder und der einzigen Schwester gebraucht wurden. Für Antiquitäten, wie sie die Großeltern gesammelt hatten, war kein Geld mehr da. So wurden die Zimmer nur mit dem Nötigsten ausgestattet: ziemlich scheußlichen Betten und Schränken für die zahlreichen Gäste.

Für Vater war der Krieg nach der Kapitulation 1918 noch nicht zu Ende: er nahm an den Spartakuskämpfen in Berlin teil, wurde mit einem Gewehrkolben zusammengeschlagen und besinnungslos liegengelassen. Wieder geschah ein Wunder: »Tante U«, seine geliebte Patentante Ursula von Loesch, bei der er wohnte, fand ihn nachts, als das Gewehrfeuer aufgehört hatte, im Tiergarten und pflegte ihn gesund. An heftigen, anfallartigen Kopfschmerzen, einer Folge des Schädelbruchs, litt er allerdings immer wieder.

Ob die Großeltern ihren Sohn vor weiteren kriegerischen Abenteuern bewahren wollten? Es gab schließlich noch andere Freikorps, die gegen Kommunisten im Baltikum kämpften oder die deutsch-polnische Grenze im unruhigen Oberschlesien zu sichern versuchten. Jedenfalls schickten die Großeltern ihren Ältesten zum Studium nach Heidelberg. Dort hatte schon der Großvater studiert, und bei den Saxo-Borussen – einer »schlagenden Verbindung« – konnte man auch fechten und sich bei Mensuren Schmisse, »ehrenvolle Verletzungen«, im Gesicht holen, die angeblich von Mut zeugten, was Vater mit seiner Fronterfahrung und dem Eisernen Kreuz Erster Klasse eigentlich nicht mehr nötig hatte.

Vater hat die Heidelberger Semester sehr genossen. Seine beiden Degen erinnerten ihn an die wohl einzige unbeschwerte Zeit seiner Jugend. Er hatte die eleganten Waffen, gekreuzt wie das Markenzeichen des Meißener Porzellans, an der einen Wand seines Arbeitszimmers zusammen mit dem seltsamen, schon etwas mottenzerfressenen weiß-grün-schwarzen Burschenschaftskäppchen angebracht.

In Heidelberg hatte er wissensdurstige und trinkfreudige Freunde gefunden, die wie er im Krieg gewesen waren und nun auch nach einem Lebenssinn oder dem Weg in einen Beruf suchten. Wegen seiner zierlichen Figur wurde Vater Perkeo genannt. Perkeo heißt der böse Zwerg, der die Weinfässer im Heidelberger Schloß bewacht. Da Vater wußte, daß er nur wenige Semester würde studieren können, schrieb er sich außer in Jura in seinem Lieblingsfach Geschichte ein.

Die Heidelberger Korpsbrüder schenkten ihm zur Hochzeit ein silbernes Tablett, auf dem kreisförmig ihre Namen und Wappen eingraviert waren. Auf einem ähnlichen, nur viel größeren, vom Großvater Arthur geerbten wurden die Weingläser gereicht, wenn Besuch da war. Großvater muß viel mehr Korpsbrüder gehabt haben, schlossen wir daraus. »Nein«, sagte Großmutter, »aber zu seiner Zeit war vieles besser. Man konnte ein größeres Silbertablett bezahlen.«

Jedenfalls waren Vaters Heidelberger Freunde treu: Jedes Jahr im Juni oder Juli kamen sie zu Besuch nach Lorzendorf, um jeweils einen Rehbock zu schießen. Nur wenige waren wieder aktiv bei den Achten Dragonern oder in anderen Regimentern. Sie waren froh, daß sie im Hunderttausend-Mann-Heer, das die Sieger den Deutschen im Versailler Vertrag zugestanden hatten, Verwendung gefunden hatten. Andere schlugen sich mühselig durch als Gutsinspektoren, Weinhändler oder Versicherungsagenten. Es ging ihnen nicht gut; das war ihnen anzusehen. Sie redeten sich mit den alten Spitznamen Pit oder Epikur an und bekamen glänzende Augen, wenn sie abends zusammen Rotwein tranken und auf ihre Heidelberger Studentenzeit anstießen.

Einer der alten Kommilitonen kam regelmäßig im Frühjahr mit dem Fahrrad von Berlin und blieb ein paar Monate. Er trug Knickerbocker und grasgrüne Kniestrümpfe. Wir Kinder bewunderten ihn, weil er auf dem Kopf stehen konnte. Aber niemand nahm ihn ernst. Er frühstückte stets so spät, daß unser Diener Hermann ärgerlich mit dem Geschirr klapperte, weil er abräumen und bis zum Mittagessen nach Hause gehen wollte. Die Marmeladenschälchen waren immer leer, wenn sich der Gast endlich erhob. Auch das registrierte Hermann mit vorwurfsvollem Räuspern. »Er hat es nicht geschafft«, sagte Vater, »aber unser Haus ist groß, er soll sich hier erholen.«

Der Familientradition entsprechend, wäre für Vater eigentlich ein abgeschlossenes Jurastudium erstrebenswert gewesen. Damit konnte man, wenn man Glück hatte, Landrat werden und weiterhin auf seinem Gut leben. Vater hatte in seinem Großvater Salice-Contessa und drei seiner Onkel Vorbilder. Doch ihm fehlten Zeit und Geld für weitere Studienjahre. Nach der Heidelberger Atempause begann er eine vielseitige praktische Ausbildung. Er bereitete sich gründlich auf seine späteren Aufgaben vor, lernte nacheinander in einer Bank, arbeitete bei einer Wirtschaftsprüfungsgesellschaft namens »Treuhand«, war Eleve auf verschiedenen Gütern und ging im Winter auf die Landwirtschaftsschule in Schweidnitz, wo er eines Abends meine Mutter bei einem Vortrag über Kants »Kritik der reinen Vernunft« kennenlernte.

Großvater Arthur hatte inzwischen das Gut Koselwitz in Oberschlesien gekauft. Es war ein kümmerlicher Ersatz für das viel größere und viel fruchtbarere Butschkau, das nach der umstrittenen Abstimmung von 1921, bei der die Einwohner der Grenzgebiete unter Aufsicht französischer Truppen für Deutschland oder Polen optieren sollten, an Polen abgetreten werden mußte. Das Abstimmungsergebnis im Reichthaler Ländchen sei gefälscht worden, hieß es in der Familie.

Meine Eltern haben 1924 geheiratet. In Koselwitz waren sie zum ersten Mal selbständig und auf sich angewiesen. Vielleicht halfen ihnen die tüchtigen Nachbarn Pratsch, beide erfahrene Praktiker, zu denen auch später die Verbindung nie abriß. Mit den Pratschs feierten wir jedes Jahr meinen Geburtstag. Das bedeutete, sie kamen mitten im Winter mit ihren drei Kindern zu uns und blieben zwei oder drei Tage. Eine Schlittenpartie, meist auch eine Hasenjagd, das Lotteriespiel am Silvesterabend und am 1. Januar Verstecken im dunklen Haus gehörten zum Programm, bei dem sich auch die Erwachsenen, sogar der Vikar, beteiligten.

Koselwitz rentierte sich nicht. Der Boden war zu leicht, das heißt zu sandig, die Ernten zu schlecht. Der Großvater verkaufte es an eine Siedlungsgesellschaft und holte den Sohn in das nur drei Kilometer von Lorzendorf entfernte Hennersdorf, das ihm bereits seit ein paar Jahren gehörte. Er fühlte sich immer öfter krank und zweifelte, ob sein Rentmeister und der Oberinspektor imstande seien, das große Gut durch die schwierigen Zeiten zu steuern.

Großvater Arthur war gütig und stets hilfsbereit; nicht nur seine Freunde, auch die Leute vom Gut und im Dorf liebten ihn. Wenn Vater nun die Zügel straffer führte, Mißstände aufdeckte und kleine oder größere Betrügereien nicht länger duldete, gab es oft ein tränenreiches Lamento: »Wenn das der alte gnädige Herr wüßte.« Vater zuckte jedesmal verärgert zusammen und zog seine Hand zurück, die die ertappten Sünder wie beim »alten Gnädigen« reuig und untertänig zu küssen versuchten.

Gelegentlich dachte Vater sich originelle Strafen aus. Einmal brachte er von einer Pirsch am Abend statt eines erlegten Rehbocks zwei braune Kühe mit, die er in seinem Kleefeld friedlich grasend vorgefunden hatte. Er band sie im Kuhstall fest, ließ sie melken und wartete, bis sich der Besitzer am nächsten Morgen verlegen und seine Unschuld beteuernd meldete. Vaters Donnerwetter war auf dem ganzen Hof zu hören.

Das Hennersdorfer Gutshaus mit der von wildem Wein umrankten Laube und der breiten Sandsteintreppe gehört zu meinen frühesten Erinnerungen. Erste Bilder scheinen ohne Bedeutung, zufällig erhalten, vielleicht auch zusammengesetzt und ergänzt aus fremden Erinnerungen. Das früheste Bild: ein blaßgelber Kachelofen und ein flauschiges Badetuch als feuchtwarme Hülle für das Kind. Und Klara, die es an sich drückt und auf die Nasenspitze küßt, sobald es aus seinem weißen Kokon herausschaut und gleich darauf wieder, vor Vergnügen kieksend, darin verschwindet.

Da kann ich höchstens zwei, drei Jahre alt gewesen sein. Denn später war es eine dunkelhaarige Emma, die immer nur das neue Baby auf dem Arm trug, den winzigen Bruder Hans-Friedrich, den ich nicht anfassen durfte, mit schmutzigen Händen schon gar nicht. Klara hatte den Gärtner geheiratet, und bald machte sie ihre zärtlichen Späße mit den eigenen Kindern. Ihre Hochzeit wurde übrigens im Schloß gefeiert. Meine Eltern saßen wie Brautmutter und Bräutigamsvater nicht nur beim Essen, sondern auch beim Gruppenfoto rechts und links des jungen Paars.

Zu meinem dritten Geburtstag bekam ich meinen ersten ständigen Begleiter mit seidenweichem Fell und einer immer kalten feuchten Schnauze. Er war der erste von einem halben Dutzend vielgeliebter Hunde, die ich besessen habe. Er hieß Fax; das ließ sich gut rufen und hörte sich auch dann noch lustig an, wenn es ärgerlich klingen sollte, weil schon wieder ein zerbissener Teddy im Hundekörbchen lag.

Fax, der schöne braun und weiß gefleckte Spaniel, war leider ein Eierdieb, und das auch noch in fremden Hühnerställen. Er wurde erwischt und nahm ein schreckliches Ende: Mit einem Ziegelstein wurde er beinahe totgeschlagen. Der Schläger, ein wütender betrunkener Ackerkutscher, blieb ohne Strafe, denn Fax hatte ja Verbotenes getan.

Der Hund schleppte sich mit letzter Kraft nach Haus und starb wenig später – Hermann hatte ihm den »Gnadenschuß« gegeben, so erklärte man uns. Er bekam einen

Grabstein, auf dem sein Name eingemeißelt war, auf dem Hundefriedhof im hinteren Teil des Parks, wo schon Feldmann und die anderen Hunde des Großvaters begraben worden waren.

Daß Tiere Menschen ersetzen können, hatte ich früh gelernt. Das warme Fell, die hingabebereiten Hundeaugen trösteten, wenn keiner der Erwachsenen Zeit hatte. »Fax versteht mich«, hatte ich behauptet und trotzig auf das amüsierte Gelächter der Erwachsenen reagiert. Tränen kamen erst, nachdem ich die Tür viel zu laut geschlossen hatte.

Wieder einmal allein und unverstanden. Das Wort Selbstmitleid kannte ich noch nicht. Wärme brauchte ich und wortlose Zärtlichkeit. Ich wollte geliebt werden und sicher sein, daß Liebe immer spürbar bleibt, niemals verlorengeht. Bei Vater fand ich, was ich brauchte, doch er hatte viel zu selten Zeit. Geduldig hockte ich unter seinem Schreibtisch und streichelte manchmal seine Schuhe, bis er sich endlich erinnerte, daß da ein Kind auf seinen Schoß klettern wollte.

Die vier Hennersdorfer Jahre bis zum Tod des Großvaters Arthur 1931 waren für meine Eltern eine glückliche Zeit. Die Verhältnisse dort waren überschaubar. Meine Mutter konnte den Haushalt und die beiden kleinen Kinder den zwei zuverlässigen Mädchen anvertrauen, die sie aus dem heimatlichen Frauenhain – gewissermaßen als lebendige Aussteuer – mitgenommen hatte.

Doch dann brach die Lungenkrankheit meiner Mutter aus und stellte alles in Frage: Würde sie ihrem Mann die Frau sein können, die er sich wünschte? Würde sie die vielfältigen Aufgaben einer Gutsfrau jemals übernehmen können? Und wie sollte sie mit uns Kindern zärtlich sein, wenn sie ständig Angst haben mußte, uns anzustecken? Ein Trost: Wenn es ihr schlecht ging, fand sie bei ihren Eltern in Frauenhain eine Zuflucht. Dort wurde sie wieder das geliebte, zarte Kind, das man behüten und schonen mußte. Sie schlüpfte gern unter die warmen, vertrauten Fittiche. Die Ansätze zur Selbständigkeit verkümmerten dabei schnell.

Die Loesch-Familie begegnete ihr mit Mitleid, manchmal auch herablassend. Allen war klar, sie paßte nicht in diese Sippe, die so viel praktischen Verstand, sportlichen Ehrgeiz, Temperament und überhaupt erstaunliche Kraftreserven besaß, alles Eigenschaften, die meiner Mutter eher fremd waren. Und »Pferdeverstand« hatte sie nun leider ganz und gar nicht. Wer den besaß, galt aber in der Familie mehr als jemand, der viel las und einfach nur klug und gebildet war. Doch für Pferde, die in Lorzendorf eine so große Rolle spielten, konnte sich Mutter, die nie geritten war, nicht begeistern.

Wegen ihrer Krankheit mußte sie täglich bis zu fünf Stunden bei Wind und Wetter draußen in der schattigen Löwenlaube liegen; im Winter packte Hermann sie dick ein in mehrere Decken und einen Fußsack aus Schaffell. Sie las ein Buch nach dem anderen. Wenn es kalt war, blätterte sie die Seiten mit Handschuhen um. Und da sie ein gutes Gedächtnis hatte, vergaß sie ihre Lektüre nicht so schnell. Sie hätte sich sicherlich gern mit jemandem über die Kaiserin Theophanu, die Völkerwanderung oder den »Untergang des Abendlands« unterhalten. Vater interessierte sich zwar auch für historische Romane und Abhandlungen, sicherlich auch für Oswald Spenglers düstere Zukunftsvisionen, das Abendland betreffend, aber wann hätte er Zeit finden sollen, sie zu lesen oder darüber zu diskutieren!

Wenn beim Mittagessen, nachdem der Inspektor und die Eleven von ihrer Arbeit auf den Feldern und in den Ställen berichtet hatten, eine Gesprächspause entstand, fing Mutter manchmal schüchtern an, von ihren Büchern zu erzählen. Sie waren schließlich ihre Welt. Aber nicht einmal Vater ging darauf ein. Nach einem verlegenen

Schweigen standen alle erleichtert auf; mein Bruder Hans-Friedrich sprach das Tischgebet, die große Runde reichte sich die Hände und ging danach wieder ihren vielfältigen Beschäftigungen nach.

Als wir größer wurden und auf das Namslauer Gymnasium kamen, wollte Mutter unsere Schulbücher sehen. Sie fragte besonders nach unserem Deutsch- und Geschichtsunterricht. Ihre Kenntnisse haben wir manchmal für Hausarbeiten brauchen können. Sie war glücklich, wenn wir dafür beste Zensuren erhielten. Vielleicht wäre sie eine gute Lehrerin geworden.

Als ich bei meiner Abiturfeier eine Rede halten sollte, hatte sie sofort eine Idee, sie brauchte nicht einmal in Büchern nachzuschlagen. Ihr Gedächtnis bewährte sich; sie konnte unzählige Balladen und Gedichte auswendig: »Den goldenen Ball warf jeder lächelnd weiter, doch keiner warf den goldenen Ball zurück«, das war das Motto, das sie vorschlug. Es stammt aus einer Ballade von Börries Freiherr von Münchhausen, einem ihrer Lieblingsdichter. Unsere Lehrer waren beglückt, daß ihre selbstlosen Bemühungen endlich einmal erkannt wurden.

Die Schule spielte bei uns keine große Rolle. Wir mußten allein damit fertig werden. Jeden Winter wurden wir beim ersten Husten wochenlang – ob wir Ferien hatten oder nicht – zu Tante Gathy von Heydebrandt nach Oberschreiberhau ins Riesengebirge geschickt. Sie wohnte in einem vollgekramten Holzhaus unmittelbar über dem sogenannten Idiotenhügel, wo Anfänger wie wir ihre ersten Stemmbogen versuchten. Stundenlang mußten wir uns auf diesem Hang tummeln. Lifts gab es noch nicht. Unsere Trainingsanzüge waren naß und später auch vereist von vielen Stürzen. Wir froren erbärmlich; doch erst in der Dämmerung durften wir wieder ins Haus und uns mit heißem Kakao aufwärmen. Tante Gathy sah aus wie ein runzliges Lebkuchenweiblein. Sie fütterte uns mit Pudding und Milchreis und ließ uns sonst in Frieden. Allerdings mußten wir ihr abends einen Gutenachtkuß geben, was wir wegen ihres stachligen Damenbarts nicht mochten.

Mit »Abhärtung« sollte unseren Erkältungen vorgebeugt werden, das war Gathys Auftrag. Schon ein Räuspern oder ein bißchen Schniefen war verdächtig. Jedesmal kam Angst auf, daß wir uns bei Mutter angesteckt haben könnten. Deshalb mußten wir uns regelmäßig von Mutters Lungenarzt untersuchen lassen. Doch außer Hans-Friedrichs schwärzlichem Hals, der unter Tante Gathys lässiger Obhut seit Wochen nicht mehr mit Wasser und Seife in Berührung gekommen war und einen mit Benzin getränkten Wattebausch dunkel färbte, stellte der Doktor bei uns nichts Auffälliges fest.

Mutter hatte sich mit Hansi Bölsche angefreundet, der Tochter des Naturwissenschaftlers Wilhelm Bölsche, dessen dreibändiges Werk »Das Liebesleben in der Natur« viel gelesen wurde. Sein Haus in Oberschreiberhau hatte er mit seinen Sammlungen gefüllt. Als wir ihn das erste Mal besuchen durften, reichte er uns statt seiner eigenen die schwarze Hand einer ägyptischen Mumie und lachte uns aus, als wir erschrocken zurückzuckten. Hansi, die auch Tuberkulose hatte wie unsere Mutter, machte ihrem Vater Vorwürfe. Sie sah mit ihren kurz geschnittenen Haaren wie ein zierlicher fröhlicher Junge aus. Wenige Jahre später starb sie an ihrer Krankheit.

In Oberschreiberhau besichtigten wir jedesmal die Josephinenhütte, die außer den schlesischen Magnaten, den Grafen Schaffgotsch, zu einem kleineren Teil auch den Loeschs gehörte. Wir bewunderten die geschliffenen Gläser und Karaffen und sahen zu, wie sie geblasen wurden. Wenn wir Glück hatten, tropfte etwas von der glühenden Materie herunter, und wir bekamen die erstarrten farbigen Glastropfen geschenkt.

Unsere Eltern hatten beide jahrelang bei wechselnden Hauslehrern oder Lehrerinnen Unterricht gehabt und nur zum Abschluß in der Stadt eine Schule besucht. Da es zuviel Umstände machte, mich allein zum Bahnhof Buchelsdorf zu bringen und abzuholen, damit ich mit dem Zug nach Namslau ins Gymnasium fahren konnte, unterrichtete mich ein Jahr lang die jüngste Schwester meiner Mutter. Sie hatte gerade ihr Abitur bestanden und nahm ihre Aufgabe ziemlich locker wahr. Vokabeln fragte sie mich beim Reiten ab. Die Schulbücher holten wir nur bei Regenwetter heraus. Erstaunlicherweise habe ich trotzdem die Aufnahmeprüfung für die Quinta bestanden.

Das Gymnasium in Namslau, das Hans-Friedrich und ich von 1937 bis 1939 besuchten, war für uns beide ein Schock. Wir waren absolute Außenseiter, und leider sahen wir auch so aus. Über unsere Matrosenanzüge oder die graugrünen »Reformkittel«, die wir von Vaters Brüdern geerbt hatten, lachte die ganze Klasse. Und das war längst nicht alles: Der Dorffriseur hatte uns die Haare nach dem Modell »Glatze mit Abreißkalender« geschoren, das heißt, über der Stirn waren am sonst mönchisch-kahlen Kopf ein paar Ponyfransen stehengeblieben. Dazu trugen wir Stahlbrillen, weil wir beide schielten. Es gehörte schon viel Mut dazu, sich mit solch wunderlichen Gestalten, wie wir es waren, sehen zu lassen oder gar anzufreunden.

Die Dorfschule hatten wir zwar auch in diesem unzeitgemäßen Aufzug besucht, zu dem auch noch die weißen, mit einer bunten Kreuzstichborte geschmückten Blusen von Mutters jüngeren Schwestern gehörten, aber dort waren wir die Kinder des Gutsherrn gewesen, niemand wagte uns zu verspotten. Jetzt riefen sie uns »Brillenschlange« oder »Stiftekopp« hinterher, »Ahoi« oder »Rußki«. Uns zu Hause zu beschweren hatte keinen Sinn, es machte nichts besser. Nach der Matrosenanzugszeit wurden wir in Lodenmäntel und graue Bayernjankerl mit Hirschhornknöpfen und grünen Kragen gesteckt, so etwas trug in der schlesischen Kleinstadt Namslau außer uns auch keiner. Daß wir unter unserer Kostümierung litten, interessierte niemanden. Auf Kleidung wurde in meiner Familie wenig Wert gelegt. Die Erbstücke aus haltbarem, nicht gerade kleidsamem Material haben uns die Anpassung an unsere Mitschüler nicht leicht gemacht.

Aber Außenseiter waren wir als fast einzige Adlige in der Schule ohnehin. Wir wurden oft – auch von den Lehrern – verspottet. Was blieb uns anderes übrig, als unsere Unsicherheit hinter gespielter Arroganz zu verstecken. Hans-Friedrich ertrug die Hänselei meist gelassen. Gelegentlich prügelte er sich wütend mit einem Mitschüler auf dem Schulhof, bis ein Lehrer Einhalt gebot. Ich dagegen wehrte mich nicht, sondern zog mich zurück. Ich hatte eine einzige Freundin in der Klasse.

Während Anfang der dreißiger Jahre, nach dem Tod des Großvaters, der Umzug der Großmutter vom Lorzendorfer Schloß ins kleine Hennersdorfer Haus stattfand, waren mein Bruder und ich zusammen mit Mutter wochenlang in Frauenhain bei den Großeltern Zedlitz. Zwei dicke blanke Pferde, das eine ein Apfelschimmel mit Namen Ritterfräulein, das andere Lilly, eine Dunkelbraune, holten uns vom Bahnhof Ingramsdorf ab, nachdem wir zuerst in Namslau, dann in Breslau umgestiegen waren. Es regnete in Strömen. Gustav mit Melone und in grauer Livree unter dem Regencape thronte stocksteif und stumm auf dem Bock des Coupés, einer schwarzlackierten Karosse, die nach Mottenkugeln roch und deren Sitze mit dunkelblauem feinen Tuch bespannt waren. Wir mochten die Türgriffe aus echtem Elfenbein. Vierzehn Jahre später flohen die Großeltern Zedlitz mit Mutter und unserer neun Jahre alten Schwester Christine sowie Mutters jüngster Schwester mit ihren drei kleinen Söhnen in diesem altehrwürdigen Gefährt über das Riesengebirge in die Tschechoslowakei, bis sie Pferde und Wagen stehenlassen mußten.

Mutter hatte Gustav schon gekannt, als sie so klein war wie wir. »Wie geht's?« fragte sie. Aber Gustav nickte nur und schnalzte mit der Zunge, damit die dicken Pferde anzogen. »Er wird alt«, sagte Mutter, »er hört schlecht, sprecht deutlich, wenn ihr etwas von ihm wollt.«

Aber was sollten wir von ihm wollen? Er hielt den Pferdestall sauber wie einen Tanzsaal, das Geschirr, das über einem Holzbock hing, fettete er mit einem Pinsel ein, nachdem er sich umständlich eine lange blaue Schürze über seinen blau-weiß gestreiften Kittel gebunden hatte. Die silbernen Wappen mit den neunzackigen Grafenkronen an den Scheuklappen polierte er mit Schlemmkreide und einem weichen Tuch. Sein ganzer Stolz waren der weiße Schweif von Ritterfräulein und der schwarze von Lilly; sie waren so lang, daß sie sich wie eine Schleppe auf dem Stroh ausbreiteten.

Auf den Pferden durften wir nicht reiten. Und Kinder, mit denen wir Räuber und Prinzessin spielen konnten, waren auch nicht vorhanden. Nicht einmal einen verwilderten Park gab es in Frauenhain, in dem solche und ähnliche Spiele möglich gewesen wären. Hier war alles übersichtlich: gestutzte Hecken, gepflegte Alleen und geharkte Wege um die von Buchsbaum eingefaßten Rosenrabatten. Nirgendwo gab es dunkle, geheimnisvolle Ecken wie in Lorzendorf, weder Teich noch Bach, auch keine Brennesseln oder unerwünschte Brombeerranken und schon gar keinen unterirdischen Gang, der vom Keller aus kilometerweit bis zu einem anderen Wasserschloß führte.

Auf einem schattigen Platz standen ein Rundlauf, an dem Mutter und ihre vier Schwestern sich schon in die Luft geschwungen hatten, ein Reck mit einer rostigen Stange, an der man nicht turnen konnte, ohne sich die Hände blutig zu schürfen. Und die Wippe war auch unbrauchbar, weil das grünbemooste Brett bei Regen glitschig wurde. Die altersgrauen Seile der Schaukel waren so morsch, daß wir nicht einmal dieses Gerät benutzen konnten.

Wir langweilten uns. Mit dem Spielzeug, das Mutter und ihre vier jüngeren Schwestern besessen hatten, konnten wir nichts anfangen. Was sollten wir mit weißen Schleiflackmöbeln für Puppen tun, den winzigen Betten, den kleinen weißen Korbstühlen, dem ovalen, drehbaren Spiegel des Toilettentischs? Wir packten die einzige Puppe, die wir fanden, schnell wieder in ihren Karton. Sie hatte einen Porzellankopf mit echtem Blondhaar und Schlafaugen, von denen eines uns halb geschlossen anblinzelte. »Sie hat den bösen Blick«, behauptete mein Bruder; er glaubte noch an Hexen und Gespenster.

Im Bücherschrank des Kinderzimmers fanden wir die »Abenteuer der Puppe Wunderhold«, »Schloß Schreckenstein« und ein Dutzend Bände »Nesthäkchen«. Dafür hatte ich mir das Lesen nicht selbst beigebracht. Aber hatte Mutter als Kind wirklich nichts anderes geschenkt bekommen, nicht einmal »Sigismund Rüstig« oder »Robinson Crusoe«, die wir vom Vorlesen kannten? Jedenfalls mußte sie ähnliche weiße Kleider mit Rüschen oder Spitzenvolants getragen haben wie die alberne Puppe mit den blonden Engelshaaren. Mutters Kinderkleider entdeckten wir in einem dunkelbraunen, rissigen Lederkoffer auf dem Boden, den wir ausdrücklich nicht betreten durften. Man hätte damit mehrere Prinzessinnen ausstatten können. Aber ich wollte keine Prinzessin sein und Hans-Friedrich natürlich erst recht nicht. Die wurden doch geraubt oder mußten wie Aschenputtel die Fliesen scheuern.

Wir erhofften uns von den riesigen offenen Kisten auf dem Boden, in welche täglich die Papierkörbe geleert wurden, aufregende Geheimnisse. Wir kletterten hinein und stöberten herum, fanden auch leere Konfektschachteln, die man vielleicht brauchen konnte. Aber dann knüllten wir Zeitungspapier und Briefumschläge zusammen und lieferten uns eine harmlose Papierkugelschlacht – bis wir erwischt wurden. Von da an war die Speichertür verschlossen und unser heimlicher Spielplatz verloren.

In Frauenhain war alles aufgeräumt, solide und wohlge-ordnet. Es gab nicht einmal Spinnweben, vor denen man sich ekeln konnte. Als Großvater Stephan sich ein Auto kaufte, war es kein klappriger DKW oder Opel wie in Lor-zendorf, sondern ein solider blauer Horch mit einer im-posanten Hupe, die wie ein mehrstimmiges Horn tönte. Der zum Chauffeur beförderte Diener August lenkte das Gefährt mit sichtlichem Stolz. Die vorschriftsmäßige graue Chauffeursmütze mit dem schwarzlackierten Schild nahm er ab, wenn er für die Großeltern den Schlag öff-nete.

Obwohl auch die Frauenhainer nicht verschwenderisch lebten, leisteten sie sich doch Reisen, wie eine Kreuzfahrt im Mittelmeer oder die alljährlichen Ferien auf Sylt, inklu-sive Hummer satt. Ihre fünf Töchter erhielten, ob verhei-ratet oder nicht, eine Aussteuer aus den besten Geschäf-ten in Breslau. Auch als Erwachsene bekamen sie von ihren Eltern weiterhin ein Taschengeld. Mutter kaufte sich von den monatlich fünfzig Mark Bücher.

Im behaglich warmen Schloß Frauenhain duftete es nach Bienenwachs, mit dem nicht nur das Parkett, son-dern auch der Linoleumfußboden gebohnert wurde. Der Gärtner brachte täglich einen Korb mit frischem Gemüse und Spalierobst. In den Gewächshäusern gediehen sogar Trauben, Pfirsiche und Melonen. Im Keller roch es köst-lich nach Äpfeln und Birnen, die in hölzernen Stiegen auf-bewahrt und regelmäßig von Großmutter Helene nach Faulstellen untersucht wurden. Weiße Eier waren in ein radförmiges Drahtgestell geklemmt, das gedreht werden mußte, damit sie nicht verdarben.

Auf das Sonntagsessen freuten wir uns jedesmal. Zuerst gab es eine Bouillon mit Fadennudeln, dann einen Braten, von dem wir nur ein dünnes Scheibchen zu essen brauch-ten, dazu eine wunderbare Soße, zweierlei Gemüse und vor allem schlesische Klöße aus gekochten Kartoffeln, Mehl und Eiern. Der Teig wurde zu langen Würsten gerollt, schräg wie Baguettes geschnitten und in Salzwasser gekocht. Das Schokoladeneis mit selbstgemachten Baisers war der Höhepunkt. So etwas Gutes hatten wir nicht einmal bei »Pedro Coll«, der Eisdiele in Breslau, gegessen, wo wir nach einem Besuch beim Augenarzt jedesmal zur Belohnung einen »Paradiesbecher« bestellen durften. Gern drehten wir die Kurbel, welche die Eisbombe, umgeben von rotem Viehsalz, bis zum Festwerden bewegte.

Die Frauenhainer Mittagsmahlzeit war im Vergleich zum Einerlei des Lorzendorfer Essens immer köstlich. Man saß an einem längst nicht so großen Tisch wie in Lorzendorf auf breiten, mit dickem Leder bespannten Stühlen, in die das Zedlitz- und das Trützschler-Wappen – die dreieckige silberne Schnalle eines Schwertgurts auf rotem Grund und der schwarze Schrägbalken auf gelbem Hintergrund – eingeprägt waren. Großvater Stephan rührte die Mayonnaise für den Salat stets selber in einer großen blauen Glasschüssel an. Alle Augen waren auf ihn gerichtet, wenn er Öl und Essig aus geschliffenen Glaskaraffen mit Eigelb und etwas Pfeffer, Salz und Senf mischte oder aus saurer Sahne und Zitrone mit einer Prise Zucker eine Sauce zubereitete. August servierte mit steinernem Gesicht, das er nur ein wenig verzog, wenn der Großvater seine gutmütigen Scherze machte.

Bevor August das Obst anbot, stellte er vor jeden ein ziseliertes silbernes Schälchen mit lauwarmem Wasser. Dahinein sollte man seine Fingerspitzen tauchen, nachdem man einen Pfirsich oder Apfel geschält hatte. In Lorzendorf besaßen wir solche feinen Schälchen nicht, vielleicht hatte Großmutter Amaly sie mit nach Hennersdorf genommen. Wir wußten zunächst gar nicht, was wir mit ihnen anstellen sollten.

Als wir hohes Fieber bekamen – vielleicht war es Scharlach? –, wurden wir im düsteren Schlafzimmer der Großeltern untergebracht. Auf keinen Fall sollten wir Mutters Nachtruhe stören. Der Wechsel von Prießnitzumschlägen um Waden und Hals war aber nun mal alle drei Stunden fällig, eine umständliche Prozedur, denn über das in kaltes Wasser getauchte Handtuch mußte ein gelbes Wachstuch und erst dann ein weiches Wolltuch gewickelt und mit Sicherheitsnadeln befestigt werden.

Großmutter stand wie ein Erzengel im langen, hochgeschlossenen Nachtgewand und mit aufgelösten grauen Haaren zwischen unseren Betten, tauchte die Umschläge ins Wasser, fühlte unseren Puls, wischte uns die verschwitzte Stirn trocken und flößte uns für alle Fälle ihr Allheilmittel ein: gallebitteren Rhabarberwein. Sie hatte die Nachttischlampe mit einem roten Schal abgedunkelt. Großvater schlief unterdessen friedlich schnaufend und rhythmisch schnarchend weiter. Hätten die geschnitzten Pfosten der Großeltern-Betten nicht so bedrohliche Schatten an die Decke geworfen, wir hätten beruhigt unsere Fieberträume weiterträumen können.

Frauenhain war seit dreihundert Jahren im Besitz der Zedlitz-Familie. Es hatte zum Glück kein protziges Schloß, sondern ein bequemes, gemütliches Gutshaus, das selbstverständlich auch Schloß genannt wurde, mit einer gut funktionierenden Zentralheizung. Am wichtigsten war aber: Es hatte besten Boden.

»Warm ist er«, sagte unser Vater, »und leicht zu bearbeiten im Gegensatz zum kalten, schweren Lorzendorfer Lehm.« Er bewunderte Großvater und dessen Lust, auf seinen fruchtbaren Äckern zu experimentieren. Bei jedem Besuch führte Großvater etwas Neues vor: Mohn, kombiniert mit Möhren zum Beispiel, Erbsen oder verschiedene Grassorten, deren Samen die höchsten Preise brachten. Die Ernte war allerdings äußerst schwierig: Ein paar Regentropfen – und schon war alles verdorben. Großvater züchtete Saatgut und probierte, unterstützt von der Landwirtschaftsschule in der Kreisstadt Schweidnitz oder der Breslauer Universität, neue Fruchtfolgen aus. Er war ein überaus erfolgreicher Landwirt und geschätzter Ratgeber in allen praktischen Fragen. Unter anderem beriet er regelmäßig das Damenstift Käntchen, zu dem ein großer landwirtschaftlicher Betrieb gehörte.

Seine beiden Güter, Frauenhain im Kreis Schweidnitz und Nieder-Pomsdorf am Ottmachauer Stausee, nicht weit von Neiße, hatte er geerbt, die großen Höfe in den Nachbardörfern Guhlau und Rungendorf dazugekauft. Der gesamte landwirtschaftliche Fideikommißbesitz wäre nach seinem Tod, weil die Großeltern nun einmal fünf Töchter und keinen Sohn hatten, einem männlichen Namensträger aus der weitereren Verwandtschaft zugefallen.

Doch Großvater haderte deshalb nicht. So war das nun einmal: Töchtern traute man nicht zu, daß sie den Familienbesitz erhalten würden. Dabei hatte aus der engsten Verwandtschaft die ebenso geliebte wie tüchtige »schwarze Gräfin« Valerie von Stosch, geborene Gräfin Zedlitz, die vorige Besitzerin von Frauenhain, nach zweimaliger Witwenschaft bewiesen, wie erfolgreich auch eine Frau einen Landbesitz verwalten kann. Ich habe sie nicht mehr erlebt, aber ihr Foto ist mir gut in Erinnerung geblieben: Eine große Frau mit einem breitkrempigen Hut auf den dunklen Haaren. In hohen Stiefeln unter dem weiten Hosenrock inspizierte sie täglich frühmorgens ihre Felder, begleitet von einem schwarzen Neufundländer. Von ihr sprach man in Frauenhain nur mit höchster Bewunderung.

Der Großvater Zedlitz liebte seine kräftigen Oldenburger Rappen. Wenn er pfiff, kamen sie auf der Koppel angetrabt und ließen sich mit altem Brot füttern. Die Pferde erinnerten ihn an seine aktive Militärzeit vor dem Ersten Weltkrieg beim Ersten Garde-Artillerie-Regiment in Berlin, das vor allem für seinen prächtigen Anblick bei Paraden berühmt war. Roß und Reiter waren ausgesucht groß und überaus stattlich. Schon der Urgroßvater Robert war zur Garde du Corps abkommandiert worden, eine Ehre, über die sein Vater keineswegs glücklich war: Bei der Garde zu dienen war kostspieliger als in anderen Regimentern, und die Paraden mit ihren zeitaufwendigen Vorbereitungen waren auch kein reines Vergnügen.

Großmutter Helene lebte übrigens nach dem Zweiten Weltkrieg von der Hauptmannspension, die sich der Großvater in jungen Jahren vor dem Ersten Weltkrieg als aktiver Offizier erworben hatte; den »Lastenausgleich« für die verlorenen Güter verteilte sie sofort an ihre Töchter oder Enkel. Für mich war das damals – wir waren gerade dabei, ein Haus zu bauen – ein unerwartetes, großzügiges Geschenk.

Außer den Pferden weideten Mastochsen auf den Frauenhainer Koppeln. Ochsen verdankt dieser Teil der Familie den Grafentitel, die anderen Zweige der Zedlitz-Familie, mit denen man sich nach wie vor verwandt fühlte, blieben Freiherrn und hängten sich, um sich zu unterscheiden, den Namen ihrer Güter an, Zedlitz-Wilkau oder Zedlitz-Neukirch. Friedrich der Große hatte sich mit der Grafenehrung für die prompte und reichliche Rindfleisch-Lieferung für seine Soldaten bedankt. Über den Spottitel »Ochsengraf« hat Großvater sich nie geärgert, er liebte Scherze.

Geadelt wurden die Zedlitze natürlich viel früher. Als Barbarossas fränkische oder thüringische Reichsritter waren sie spätestens im 12. und 13. Jahrhundert nach Schlesien gekommen und mit ihnen deutsche Bauern aus dem damals übervölkerten Thüringen, Sachsen und Franken. Unter der Führung des schlesischen Piasten-Herzogs Heinrich II., eines Sohns der heiligen Hedwig, hatten die deutschen Ritter zusammen mit ihren Bauern und dem polnischen Heer 1241 in der Schlacht bei Wahlstadt, nicht weit von Liegnitz, gegen die Mongolen gekämpft.

Angeblich war es ein deutsch-polnischer Sieg. Aber das stimmt nicht: Die Mongolen zogen nur ab, weil ihr Khan gestorben war und in Heimaterde bestattet werden sollte.

In der aus dem 18. Jahrhundert stammenden sorgfältig restaurierten Klosterkirche von Wahlstadt bei Liegnitz, die Kilian Ignaz Dientzenhofer gebaut hat, sind an der Decke hochdramatische Szenen dieser Schlacht zu besichtigen. Cosmas Damian Asam hat die Mongolen als gelbe Höllenteufel gemalt, besiegt vom tapferen deutsch-polnischen Heer, an dessen Spitze der Piastenherzog ohne Kopf reitet. Heinrich II. verlor bei Wahlstadt ebenso wie der größte Teil seiner Ritter das Leben; nach der Legende ritt er aber weiter und siegte, während sein abgeschlagener Kopf auf schlesische Erde kollerte.

Großvater ließ stets alle seine Ställe und Scheunen »wie in Franken« ockergelb mit weißen Simsen und dunkelgrünen Toren streichen. Auch die beiden neuen Höfe in den Nachbardörfern Guhlau und Rungendorf, die er dazu gekauft hatte, ließ er sofort in den fränkischen Farben tünchen.

Die Ahnenbilder in Frauenhain waren viel älter als die in Lorzendorf. Manche waren dunkel und rissig wie vielgetragene Lederschuhe. Uns Kindern gefiel am besten die Dame, die ihre kastanienbraunen Haare – wahrscheinlich mit Hilfe eines Drahtgestells – zu Hasenohren frisiert hatte, Sidonie von Beust hieß sie. Um den Hals trug sie die lange, dreireihige Perlenkette, die Großmutter später auf der Flucht, eingenäht in ihrem Mantelsaum, gerettet und unter ihren Töchtern und Enkelinnen aufgeteilt hat. Und dann Julius Ferdinand, der kleine friderizianische Reiter mit Perücke und Dreispitz, dessen Schimmel sich wie in der Wiener Reitschule auf der Hinterhand zur Levade erhob!

Im Eßzimmer hing ein Stammbaum mit all den Wappen der Kessels, Kröchers, Beusts, Levetzows, Trützschlers und immer wieder Rohrs, die mindestens fünfmal im Laufe der Jahrhunderte einen Zedlitz geheiratet haben oder umgekehrt. Ahnenschwund nennt man das oder Inzucht. Wir fanden es verwirrend, daß einige der Vorfahren gleich mehrmals auf verschiedenen Ästen des kolorierten Wappenbaums auftauchten. Da hatte dann meist wieder einmal ein Onkel seine Nichte geheiratet.

Am klangvollsten war der Name Mathieu Baron von Vernezobre de Laurieux. Doch ausgerechnet dieser Ahnherr soll keineswegs ein wegen seiner Religion geflüchteter Hugenotte gewesen sein, er soll vielmehr eine dubiose Vergangenheit in Paris gehabt haben. Vielleicht ein Spieler, der mit der Kasse durchbrannte? In Berlin lebte die Familie vorwiegend von den aus Frankreich mitgebrachten neuen industriellen Techniken des Stoffärbens. Vom beträchtlichen Reichtum Mathieus blieb jedenfalls schließlich wenig übrig.

Doch bevor es damit zu Ende ging, konnte Mathieu einer seiner Töchter die Heirat auf höchsten Befehl mit einem ungeliebten Mann ersparen, indem er dem preußischen König ein Palais in der Wilhelmstraße bauen ließ. Der Hohenzollern-Paladin mußte sich eine andere reiche Erbin suchen. Das Holz für das Prinz-Albrecht-Palais mußte Vernezobre übrigens teuer aus königlichen Forsten kaufen. Angeblich ruinierte er sich durch diesen Bau finanziell. Hohenfinow, seinen prächtigen Landsitz in der Mark, konnte er daraufhin nicht mehr halten.

Die Episode, wie ein Baron Vernezobre das Glück seiner Tochter mit dem Bau eines kostspieligen Palais vom König erkauft, ist später von der Schriftstellerin Charlotte Birch-Pfeiffer unter Nennung der Namen aller Beteiligten als Lustspiel verarbeitet und öfters auf Berliner Bühnen aufgeführt worden.

Mathieus Enkelin Ulrike (1804–1843), eine Schönheit mit dunklen, seelenvollen Augen, war die engste Freundin von Elisa Prinzessin Radziwill, der Jugendliebe des Prinzen Wilhelm, des späteren Kaisers. Von Ulrike in einem hauchdünnen schulterfreien Mousseline-Gewand und Perlen im dunklen Haar gab es in Frauenhain ein hinreißendes Porträt. Sie starb wie Elisa jung an Schwindsucht.

Schade, daß über die wenigen schönen Frauen der Familie in der Regel so wenig bekannt ist. Wann sie geboren wurden, wen sie heirateten, wie viele Kinder sie bekamen und wo sie begraben wurden, das ist meistens schon alles, was die Nachkommen erfahren. Schade ist auch, daß über die dunklen Flecke in der Biographie der Ahnen immer der Mantel des Schweigens gebreitet wird. Die Sehnsucht nach makellosen Helden in der Verwandtschaft ist stets stärker gewesen als das Verlangen nach wahren Geschichten.

Ein paar alte Geschichten gibt es aber doch: Ein Zedlitz wurde der Erzieher Wallensteins. Die Verbindung zu ihm ist allerdings auf dem Stammbaum nicht abzulesen. Ein weiterer Verwandter, ein Minister Friedrichs des Großen, Karl Abraham von Zedlitz, ist durch den Prozeß mit dem Potsdamer Müller bekannt geworden: Er hatte die vom König geforderte Bestrafung der Kammergerichtsräte abgelehnt, die nicht ihm, dem König, sondern dem Müller recht gegeben hatten. Außerdem hat er als preußischer Kultusminister Bürgerschulen gefördert und das Abitur eingeführt. Das ist jedoch schon alles, was Lexika und Familiensaga von ihm zu berichten haben.

Meine Großmutter Helene Gräfin Zedlitz-Trützschler stammte aus der altmärkischen Urpreußen-Familie der Rohrs. Ihre Vorfahren waren höhere Beamte – auch ein friderizianischer Minister war dabei – oder Offiziere, die sich erst nach ihrer Pensionierung auf ihre Güter zurückzogen. Allein im Siebenjährigen Krieg ließen sieben Rohrs ihr Leben. Ebenso viele Namensträger wurden in friderizianischen Kriegen mit dem Pour le Mérite ausgezeichnet. Helene war Großvater Stephans Nichte, ihre Mutter Editha, seine Cousine, war schon wieder eine geborene Gräfin Zedlitz.

Unsere Urgroßmutter Editha von Rohr bestieg jedes Jahr in den Sommerferien mit Hans-Friedrich und mir, ihren beiden ersten Urenkeln, den Zobten, den 718 Meter hohen schlesischen Hausberg. In Knopfstiefeletten, einem schwarzen knöchellangen Kleid, das um ihre hagere Gestalt schlotterte, und, auch bei strahlend blauem Himmel, einem Regenschirm lief sie uns mit großen Schritten voran. Sie sah seltsam aus mit dem schwarzen Spitzendeckchen, das sie auf dem bereits ein wenig kahl gewordenen Hinterkopf mit langen Nadeln festgesteckt hatte. Die Flügel ihrer dünnen Habichtsnase zitterten, wenn sie sich aufregte. Wir genierten uns und hielten bewußt Abstand zu ihr. Meist schlossen wir uns einer der Schulklassen an, die wie wir zum Gipfel trotteten. Doch oben angelangt, ließen wir uns dann doch von der Urgroßmutter einladen zu Wiener Würstchen, einer Semmel und einer viel zu kleinen Waffeltüte mit Vanilleeis.

Wir mußten schreien, um uns mit der Urgroßmutter Editha zu verständigen. Sie war fast taub, lächelte aber immer freundlich, auch wenn sie nicht das geringste verstanden hatte. Beim Abstieg waren wir dann die Schnelleren. Mit schlechtem Gewissen, weil wir sie nicht gerade höflich und liebevoll behandelt hatten, stiegen wir in die Kutsche. Gustav wartete mit den beiden Stuten Ritterfräulein und Lilly am Fuße des Berges, und auf dem Heimweg schliefen wir oft vom Schuckeln des Wagens ein.

Warum die Familien Zedlitz und Rohr sich so anzogen, weiß ich nicht. War es Bequemlichkeit, lernten sie außerhalb der Familie niemanden kennen? Oder sollte auf diese Weise der Besitz zusammengehalten werden? Auch ich habe in erster Ehe einen Vetter geheiratet. Um Vermehrung des Besitzes ging es da aber nicht.

Unser gemeinsamer Urgroßvater Carl Robert Graf von Zedlitz und Trützschler war nacheinander Regierungspräsident in Oppeln, in Posen und Hessen, danach Oberpräsident in Schlesien und kurze Zeit auch einmal preußischer Kultusminister. Er war die Familienberühmtheit schlechthin. Zweimal war er von allen Ämtern zurückgetreten, weil seine Gesetzesvorschläge abgelehnt worden waren. Er zog sich, nicht einmal sehr grollend, so lange auf sein schlesisches Gut Großenbohrau zurück, bis er wieder gerufen wurde. Schließlich war er gerne Landwirt und, vor allem in Schlesien, allseits hochgeschätzt. Endgültigen Abschied aus seinem Amt als Oberpräsident in Schlesien nahm er erst mit dreiundsiebzig Jahren.

In seiner höfischen Tracht als Ritter des Schwarzen Adlerordens mit langem Samtcape, Degen, Kniehosen und weißen Kniestrümpfen sah er würdig und eindrucksvoll aus. Der Frauenhainer Großvater Stephan mit seinem weißen Spitzbart und der massigen Gestalt war seinem Vater sehr ähnlich.

Der Urgroßvater Robert hatte als Regierungspräsident in Oppeln, später auch in Breslau, jedes Jahr im Frühling mit dem Hochwasser der Oder zu tun. Die Ursachen der Überschwemmungen waren ihm bekannt: Um die Oder schiffbar zu machen (für den Kohletransport aus Oberschlesien), war das Flußbett eingeengt und reguliert worden. Als er Oberpräsident von Schlesien wurde, setzte er gegen erheblichen Widerstand die Odergesetze durch. Das bedeutete, daß ganze Ortschaften weichen und Deiche umgebaut werden mußten, damit der Fluß sich bei Hochwasser wieder ausdehnen konnte. Ähnliche Wasserprobleme waren auch in der Provinz Posen zu lösen, wo die Warthe in jedem Frühjahr große Schäden anrichtete.

Schwieriger zu regeln war die Polenpolitik der Bismarck-Ära. Als Präsident der Ansiedlungskommission deutscher Bauern in Posen und Westpreußen sowie als Regierungspräsident in Posen muß der Urgroßvater Robert genau gewußt haben, daß Preußen sich mit diesen und anderen Maßnahmen die Polen zu Feinden machte. Im angeblich »freien Verkehr« kaufte seine Ansiedlungskommission trotzdem Güter aus polnischem Besitz, stückelte das Land und teilte es deutschen Bauern zu günstigen Bedingungen zu.

Ob der Urgroßvater von der Notwendigkeit eines »deutschen Schutzwalles« gegen die Slawen, wie es damals hieß, überzeugt war? Aus heutiger Sicht wirken die wilhelminischen Germanisierungsbestrebungen wie eine Vorstufe des späteren tödlichen Rassismus der Nationalsozialisten. Die Polen wurden in der Bismarck-Ära wie zweitklassige Untertanen behandelt.

Von der Einführung des Deutschen als Amtssprache in der Provinz Posen hielt der Urgroßvater Robert allerdings nichts, er bezweifelte, daß sie die Polen zu guten Preußen machen würde. Er war ein Mann des Ausgleichs. Auf jeden Fall kritisierte er den Bismarckschen Kulturkampf, der in den östlichen Provinzen die Fronten zwischen katholischen Polen und protestantischen Deutschen unversöhnlich und tief aufriß. Durch diese Politik machte Bismarck sich die katholische Kirche zum Feind. Der Urgroßvater Robert setzte sich für einen größeren Einfluß der Kirchen in den Schulen ein, doch als sein Gesetzentwurf vom Kaiser selbst zurückgewiesen wurde, trat er 1902 – nach nur einem Jahr im Amt – als Kultusminister zurück.

Von dem Großvater Robert, der trotz unterschiedlicher Ansichten mit Bismarck befreundet war – sie waren beide zur selben Zeit in Paris gewesen –, wurde in unserer Familie stets mit tiefer Verehrung gesprochen. Als er in Berlin krank wurde, besuchte ihn die Kaiserin Auguste-Viktoria wiederholt in seiner Charlottenburger Wohnung. Zu ihr unterhielt er auch nach seinem Rücktritt vertraute Verbindung, wurde uns erzählt. Wir Kinder konnten uns diese Besuche nicht vorstellen: eine Kaiserin in der Charlottenburger Wohnung am Bett unseres kranken Urgroßvaters? Aber später der holzhackende abgedankte Kaiser in Doorn, auf den der Großvater Zedlitz noch immer bei feierlichen Anlässen den ersten Toast ausbrachte, war für uns genauso seltsam. Carl Robert Graf Zedlitz-Trützschler starb am 22. Oktober 1914, unglücklich über den Krieg

und voller Ahnung von dessen verhängnisvollem Aus-
gang.

Ich habe mich mit der Zedlitz-Familie meiner Mutter stets
weniger identifiziert als mit den Loeschs. Vielleicht wur-
den uns die familiären Heldengeschichten in Lorzendorf
spannender und mit phantasievoller Übertreibung erzählt.
Sowohl die Zedlitze als auch die Rohrs, Großmutters
Familie, waren recht nüchterne Urpreußen. Großmutter
Helene wuchs mit ihren vier Brüdern sehr bescheiden auf
dem väterlichen Gut Hohenwulsch in der Altmark auf.
Was die Geschwister zum Beispiel jahrelang auf ihren
Weihnachtswunschzettel geschrieben hatten, einen Kahn,
um auf dem Schloßteich zu rudern, bekamen sie nie. Ihr
Vater fand, eine hölzerne Molle, wie sie beim Schweine-
schlachten gebraucht wurde, genüge zu diesem Zwecke
vollauf. Und natürlich liefen die Kinder im Sommer barfuß wie die anderen im Dorf auch, um Schuhsohlen zu
sparen. Auch der Haushalt in Hohenwulsch wurde nach
ehernen Sparprinzipien geführt. Wenn unverhofft Gäste
kamen, servierte man ihnen eine gepökelte Rinderzunge
als kulinarischen Höhepunkt.

Großmutter Helene mußte sich wie die Großmutter
Amaly ihre Bildung nebenbei beim Hausunterricht ihrer
Brüder, beim Pastor und bei wechselnden Gouvernanten
und Hauslehrern zusammensuchen. Drei Jahre war sie
aber dann doch in einem Stift bei Dresden und erhielt dort
auch Zeichenunterricht, von dem sie noch in ihren späten
Jahren nach dem Krieg profitiert hat: Sie malte die verlorenen Häuser und Schlösser ihrer östlichen Standesgenossen und ließ sich für ihre oft nur postkartengroßen
Aquarelle ein bescheidenes Honorar zahlen.

Kurt von Rohr, Großmutter Helenes Vater und der Mann
von Editha, geborene Gräfin Zedlitz, war Mitglied des
Preußischen Herrenhauses. Das 1870 von Bismarck

geschaffene Deutsche Reich war ihm »wenig sympathisch«, schreibt seine Tochter in ihren Erinnerungen, die sie nach dem Krieg für ihre Kinder und Enkel festgehalten hat. In Hohenwulsch, seinem Gut bei Stendal, gab es keine schwarzweißrote Fahne. Wenn überhaupt, wurde das preußische Schwarzweiß gehißt. Kurt von Rohr war ein entschiedener Gegner Bismarcks. Die Gründung des Deutschen Reiches hielt er für ein Unglück. Jahrzehntelang unterstützte er – zeitweise mit erheblichen Geldopfern – die ultrakonservative, um nicht zu sagen reaktionäre und demokratiefeindliche »Kreuzzeitung«. Das Königtum von Gottes Gnaden nahm er wortwörtlich. Den Nationalstaat, den Bismarck geprägt hatte, setzte er gleich mit dem sicheren Ende Preußens.

So spartanisch die Lebensverhältnisse in der Altmark auch waren – der Urgroßvater Rohr liebte es zu reisen. Mit Freunden und Verwandten, zusammen oft zwanzig Personen, organisierte er Bildungsreisen nach Rom und Neapel, in die Schweiz und nach Frankreich. Er ließ keine Säule, keinen Altar und vor allem keine Ausgrabungsstätte aus. Nicht alle seine Reisegenossen teilten seine archäologischen und kunsthistorischen Interessen. Die einzige Tochter – seine Frau und die Söhne wurden nie mitgenommen – durfte ihn oft begleiten.

Während unser Vater für uns auch in Zivil der Inbegriff eines Soldaten war, konnten wir uns unseren korpulenten Großvater Zedlitz nie als Hauptmann eines berittenen Garderegiments vorstellen, obwohl sein vergoldeter, blank polierter Adlerhelm auf einer der Kommoden im Frauenhainer Salon thronte und er selbst als schmucker, junger und noch schlanker Offizier in hellblauer Paradeuniform neben der Großmutter Helene im zartgrauen Ballkleid mit Schleppe lebensgroß und goldgerahmt die Stirnwand des Salons einnahm.

Wir kannten ihn ganz anders: Gemütlich und bedächtig

streckte er sich vor dem Mittagessen in einem abgewetz-
ten, ehemals roten Ledersessel aus, las die »Schlesische
Zeitung«, rauchte dabei seine Zigarre und nickte auch mal
leise schnarchend ein. Manchmal saß er seufzend an seinem Rollschreibtisch und überprüfte Rechnungen. Immer
wieder blickte er sehnsüchtig durchs Fenster auf den weitläufigen Gutshof hinaus. Er haßte Schreibtischarbeit. Zu
den Mahlzeiten ließ er sich gern stöhnend und ächzend
von zwei Enkeln aus seinem tiefen Sessel ziehen.

Ungeniert trug der Großvater Stephan seine weiten,
vielfach geflickten Pfeffer-und-Salz-Tweedhosen, dazu
tagaus, tagein eine erbsengrüne Lodenjoppe mit ausge-
beulten Taschen, die er mit Zuckerstücken und trockenem
Brot für die Pferde füllte. Nur wenn er nach Breslau in seinen Club, zu seiner Bridgerunde in der »Ressource« am
Tauentzienplatz, fuhr, zwängte er sich in einen seiner alten
Anzüge. Nie vergaß er, seine goldene Taschenuhr mit
einer Kette am Knopfloch der Weste zu befestigen. Zur
Hochzeit seiner Töchter zog er natürlich seinen Frack an,
obwohl sich die obersten Knöpfe der Hose längst nicht
mehr schließen ließen.

Regelmäßig im Frühjahr, nachdem die Felder bestellt
waren, versuchte Großvater in Doktor Lahmanns Sanatorium »Weißer Hirsch« bei Dresden einige Kilo loszuwerden. Das Foto von ihm und anderen sehr beleibten Herren in knielangen schwarzen Turnhosen beim
Spiel mit einem Medizinball zeigte er stolz herum und
freute sich, wenn wir laut lachten. Genutzt haben Ball-
spiel und Fasten wohl nicht viel, sein imposanter Bauch
wölbte sich bald darauf wieder wie zuvor. Einmal, bei der
Hochzeit seiner jüngsten Tochter, sahen wir ihn im Frack
erstaunlich leichtfüßig mit seiner kaum weniger korpulenten Schwester Ruth von Kleist Walzer tanzen. Die
anderen Paare blieben respektvoll im Halbkreis stehen
und klatschten.

Diese Schwester wurde in Frauenhain »die heilige Ruth«

genannt. Ihr hinterpommerscher Witwensitz Klein-Krössin wurde für Dietrich Bonhoeffer und seinen Freund Eberhard Bethke ein Refugium; hier konnten sie noch gleichgesinnte Christen um sich versammeln, Seminare halten und über die Zeitläufte diskutieren, als das andernorts schon viel zu gefährlich geworden war. Ruths Sohn Hans-Jürgen und der Nachbar Ewald von Kleist-Schmenzin, der nach dem 20. Juli hingerichtet wurde, beteiligten sich an ihren Überlegungen, wie Hitler beseitigt werden und eine neue politische Ordnung aussehen sollte. Ich bezweifle, daß die Frauenhainer Zedlitz-Familie davon auch nur das Geringste ahnte. Die fuhren zwar regelmäßig am Sonntag zur Kirche ins Nachbardorf Domanze, doch damit hatten sie ihrer Meinung nach ihre Christenpflicht erfüllt, und um aktive Gegner der Nazis zu werden, fühlten sie sich zu alt.

Jeden Nachmittag, nachdem die Großeltern sich ausgeruht hatten, war in Frauenhain eine Ausfahrt »um die Felder« angesagt. Gustav spannte Ritterfräulein und Lilly vor den offenen Pirschwagen, auf dem bis zu acht Personen auf harten, mit schilfgrünem Leder bespannten Sitzbänken Platz hatten. Tell, der Jagdhund, und Crusoe, der Schäferhund, wurden hinten am Wagen angebunden. Der Tierschutzverein hätte Großvater sicherlich verklagt. Auch wir fanden es grausam, daß die beiden Hunde nicht frei herumlaufen durften.

»Sie sind es gewöhnt«, bekamen wir zur Antwort. Als wir einmal die beiden bei einem längeren Halt befreiten, mußten wir zur Strafe zu Fuß nach Hause gehen. Der alte und schon ein wenig fette Crusoe hatte nach der Felderfahrt wenigstens Familienanschluß. Er lag in Großvaters Zimmer, setzte sich aber sofort auf, wenn man ihn fragte: »Wie spricht der Hund?« »Wau«, sagte er natürlich und erwartete ein Zuckerstückchen als Belohnung.

Tell mußte dagegen ein langweiliges Leben im Zwinger

ertragen. Keiner hatte ihm ein Kunststück beigebracht. Doch auf der Jagd war er gut zu gebrauchen. Vorschriftsmäßig blieb er stehen und hob eine Pfote, wenn er im Rübenfeld Rebhühner witterte. Er apportierte alles, was Großvater schoß, und ließ sich gerne loben. Er wußte genau, wann es zur Jagd ging. Dann wurde er nicht hinten am Wagen angebunden, sondern durfte zwischen den Knien der Schützen sitzen und vor Aufregung hecheln und sabbern.

Großvater Zedlitz inspizierte seine Äcker, sprach mit dem Inspektor oder den Arbeitern in breitem Schlesisch, stieg auch manchmal aus und prüfte mit seinem Knotenstock, mit dem man Disteln ausstechen konnte, ob der Boden trocken genug sei für die nächste Aussaat von Erbsen oder Wiesenschwengel oder ob die Bohnen schon zu keimen begannen. Bei den Ausfahrten über die Felder fuhren wir an schwer arbeitenden Menschen vorbei. Deshalb war Lachen, überhaupt Herumalbern, verboten.

Verboten war es aber auch, in Ställen und Scheunen herumzustreifen, wie wir es aus Lorzendorf gewohnt waren. In Frauenhain lernten wir den Vogt, den Schweinemeister oder Oberschweizer nie kennen, und die Werkstätten des Gutes, in denen Eggen, Pflüge und anderes Gerät ausgebessert wurden, sollten wir auch nicht betreten. »Ihr stört nur«, hieß es.

Gelegentlich fragte uns der Großvater nach dem Unterschied zwischen Klee und Luzerne. Wehe, wenn wir nicht wußten, ob Hafer, Gerste, Weizen oder Roggen »auf dem Halm stand«. Obwohl uns die nicht immer nur vergnüglichen Fahrten manchmal zu lang wurden, liebten wir das zufriedene Prusten der dicken Pferde, Großvaters freundliches »Moin« und die mehrstimmige Erwiederung »Moin, Herr Graf!« Geruhsam, friedlich und ein wenig behäbig war die Welt in Frauenhain, die die Großeltern geprägt hatten.

Friedlich war auch der Umgangston zwischen den

Großeltern. Lene nannte der Großvater Stephan seine Frau liebevoll, und stets klang es so, als sähe er noch immer seine siebzehn Jahre alte Nichte vor sich, in die er sich sofort verliebt hatte und die er zwei Jahre später, damals noch Hauptmann im Regiment Garde du Corps, heiratete. Zur Hochzeit bekam die Braut übrigens von ihrer frommen Mutter Editha ein Gebetbuch und eine dicke Zervelatwurst. Wurstpakete von Zuhaus waren auch später noch hochwillkommene Geschenke, die den kargen Offiziershaushalt in Berlin bereicherten.

Manchmal redete Großvater seine Frau auch mit Mutter an, was wir seltsam fanden, schließlich war sie siebzehn Jahre jünger als er. Doch mit der Zeit war sie ihm wohl überlegen geworden, was sie sich allerdings möglichst nicht anmerken ließ. »Ach, Stephanchen!« lächelte sie nachsichtig, wenn er wieder einmal einen seiner altbekannten, harmlosen Späße machte.

Beim Gutenachtsagen mußten wir Großvater rechts und links auf seine graustoppligen Wangen küssen. Dafür wurden wir jedoch belohnt: Er steckte uns jedesmal ein gelbes Feodora-Täfelchen zu. Die Schokolade lag, in dünnes Silberpapier eingepackt, in einem kleinen blaßgelben Briefumschlag. Jedes Jahr zu Weihnachten traf eine große Kiste mit diesen Köstlichkeiten aus der Zucker- und Schokoladenfabrik Tangermünde ein. Großvater war Miteigentümer, was uns mehr Eindruck machte als seine verschiedenen Vorstands- und Aufsichtsratposten bei landwirtschaftlichen Organisationen wie der Raiffeisengenossenschaft oder der Zuckerfabrik in Schottwitz.

Für die Großeltern in Frauenhain waren die Nationalsozialisten von Anfang an ohne Ausnahme Gesindel, mit dem man nichts zu tun haben wollte. Nie grüßte Großvater Zedlitz mit dem vorgeschriebenen Hitlergruß. Er blieb bei seinem gemütlichen »Moin«. Als er deshalb einmal angezeigt wurde, lachte er nur. Doch er litt darunter, daß sich im Dorf die »braune Pest«, wie er sie nannte, ausbreitete und die Stimmung zunehmend feindselig wurde.

Eines Tages erschien auch der Gärtner in Frauenhain mit dem Hakenkreuz-Abzeichen im Knopfloch, er hatte sich außerdem ein häßliches schwarzes Hitlerbärtchen wachsen lassen. Die Großeltern fühlten sich bespitzelt, obwohl sie von treuem Personal wie dem Diener August oder dem Kutscher Gustav umgeben waren. Sie erwogen ernsthaft, auf ihr zweites Gut am Ottmachauer Stausee umzuziehen. Dort seien die Dorfbewohner katholisch und weniger anfällig gegenüber der »braunen Pest«, meinte Großvater. Großmutter gab ihre soziale Arbeit im Dorf auf, die Besuche bei Kranken oder Wöchnerinnen. Sie behielt nur ihr Ehrenamt beim Roten Kreuz und organisierte Kurse für Erste Hilfe.

Frauenhain im Kreis Schweidnitz war ähnlich abgelegen wie Lorzendorf. Man konnte sich eine stille, passive Opposition leisten, wenn man sich zurückzog und nur mit wenigen Gleichgesinnten auf den umliegenden Gütern verkehrte. Beim Bridgespielen oder bei der Jagd schimpfte man dann gemeinsam über die braunen Proleten oder erzählte sich Witze über den eitlen dicken Reichsmarschall Göring und seinen Ordenfimmel. Wie die Freunde wartete man darauf, daß der Spuk bald vorüber sein werde.

Großvater hätte die Hohenzollern gern wieder an der Spitze des Reiches gesehen. »Es gibt nichts Besseres als eine Monarchie«, sagte er manchmal. Allerdings hielt er den Kronprinzen für schwächlich und einen seiner Brüder, der in einer SA-Uniform paradierte, für eine Schande. Dieser Prinz August Wilhelm, »Auwi« genannt, brächte das gesamte Haus Hohenzollern in Verruf. Wahrscheinlich war dem Großvater Zedlitz aber immer am wichtigsten, was für Preise der Zentner Weizen oder seine Mastochsen brachten. Sich politisch zu engagieren wäre ihm nicht in den Sinn gekommen.

Großvaters älterer Bruder, der nach seinem Vater Robert

hieß, war Hofmarschall des letzten Kaisers Wilhelm II. gewesen. »Zwölf Jahre am deutschen Kaiserhof« nannte er seine Aufzeichnungen. Sie erschienen 1923 und enthielten Interna, die kein günstiges Licht auf die Hohenzollern-Familie warfen. Großvater, aber auch der gesamte schlesische Adel waren empört, sie brachen die Kontakte zu dem Autor ab. Großvater verzieh seinem Bruder die Majestätsverunglimpfung nie. Er sah ihn erst mehr als zwei Jahrzehnte später wieder, als beide zufällig zur selben Zeit auf der Urologischen Station der Breslauer Universitätsklinik lagen. Kurz vor dem Tod seines Bruders ließ sich Großvater im Rollstuhl an dessen Sterbebett fahren. Die Ehefrauen der Brüder hatten die Verbindung nie abreißen lassen, sie trafen sich heimlich in Breslau.

Da wir 1931 nach dem Tod von Großvater Loesch monatelang mit unserer kranken Mutter in Frauenhain untergebracht worden waren, wurde ich dort in die einklassige Zwergschule eingeschult. Es war für mich eine Riesenenttäuschung: Meine Schultüte hatte eine der Tanten aus einem Stück blauer Pappe selbst gemacht; sie war nicht größer als mein Teddybär und enthielt nur Russisch Brot. Die Kinder lachten, als ich ihnen die harten Buchstaben anbot. Ihre riesigen, glitzernden Schultüten waren mit Lakritze, Sahnebonbons, Schokoladenplätzchen und anderen hochbegehrten Süßigkeiten gefüllt.

Auf den zerkratzten dunklen Holzbänken saßen vier Jahrgänge zusammen, zweiundfünfzig Kinder. Und alle betrachteten mich, als käme ich von einem anderen Stern. Der Lehrer Springer mußte mit den verschiedenen Altersstufen in einem Raum fertig werden. Er brüllte oft, wobei sein Gesicht puterrot wurde, und fuchtelte drohend mit seinem gelben Rohrstock.

Weil ich schon lesen konnte, überschlug ich die ersten Fibelseiten und schaute mir statt dessen die hinteren Bildseiten an. Aber da hatte ich den Lehrer Springer verkannt.

Er schlug mir mit dem gelben Stock auf die Finger und ließ mich die ganze Schiefertafel mit den Vokalen des ABC vollschreiben.

In Frauenhain und erst recht anderswo litten mein Bruder und ich immer an Heimweh nach Lorzendorf. Wir waren froh, als Vater uns endlich in seinem zweisitzigen grasgrünen DKW abholte. Er liebte es, mit zurückgerolltem Verdeck zu fahren. Hinter der Windschutzscheibe ließ sich das aushalten. Wer aber wie Hans-Friedrich und ich nur auf dem harten, ungefederten Notsitz im aufgeklappten Kofferraum Platz gefunden hatte – das Gepäck war vorne untergebracht –, dem pfiff der Wind auch bei geringer Geschwindigkeit durch Mark und Bein.

Kurz vor Lorzendorf ging ein Gewitter nieder. Vater fuhr unbeirrt weiter, obwohl auch er von den Regenfluten bis auf die Haut durchnäßt wurde. Als wir in die Lindenallee einbogen, leuchtete das Schloß im grellen Licht der ersten Sonnenstrahlen, die zwischen violettgrauen Wolken hervorbrachen. Das eiserne Gittertor mit den Speerspitzen war geöffnet, doch der Blitz hatte in eine der Eichen eingeschlagen und einen dicken Ast niedergerissen, so daß die Auffahrt bis zur Haustür unpassierbar war. Schlimmer aber noch fand Vater, daß dabei einem der eisernen Hirsche, die auf den Torpfosten Wache hielten, das Geweih abgeschlagen worden war.

Wir zogen also unter dramatischen Blitzen und Donnergrollen in die einstige Wasserburg ein, der der Urgroßvater einige Tudor-Elemente und ein bißchen Gründerzeit-Protz hinzugefügt hatte. Das Lorzendorfer Schloß, in dem Vater mit seinen Eltern, den vielen Geschwistern, Gästen und dem ganzen Hofstaat gewohnt hatte, schien uns jetzt, obwohl wir es ja kannten, unheimlich und viel zu groß.

An das hallende Treppenhaus konnten wir uns zuerst gar nicht gewöhnen. Jeder Schritt war über zwei Stockwerke zu hören, trotz der roten Teppichläufer, die, mit

Messingstangen festgehalten, über die steinernen Stufen gespannt waren. Alles schüchterte uns ein, die fast leer geräumten, saalgroßen Räume (Großmutter hatte die schönsten Möbel nach Hennersdorf, ihrem Witwensitz, mitgenommen), die düstere Küche mit den verschiedenen Kellern im Souterrain. Aber bald fanden wir heraus, daß es sich auf dem Treppengeländer blitzschnell bis zu den steinernen venezianischen Löwen hinunterrutschen ließ. Auf den langen, dunklen Fluren konnte man sich hinter Truhen und Schränken wunderbar verstecken, und durch das hintere staubige Treppenhaus war es nicht schwierig, unangenehmen Begegnungen mit den gestrengen Hausdamen auszuweichen.

Das Schloß war überhaupt ein ideales Gelände für abenteuerliche Entdeckungen. Im hinteren Treppenhaus hingen riesige dunkle Gemälde, auf denen das Metall von Lanzen oder Schwertern und hin und wieder das pralle Hinterteil eines Schimmels aufblitzten. Vermutlich waren es Szenen von berühmten Schlachten, die der Urgroßvater Julius auf einer seiner Reisen nach Italien von einem Historienmaler gekauft hatte. Auf den verschiedenen Dachböden hausten Fledermäuse und Hunderte von Spinnen zwischen zerbrochenen Stühlen und anderem Gerümpel.

Vor den Mäusen, die in den alten Balken über unserem Spielzimmer herumflitzten und vor allem nachts äußerst lebendig waren und laut knabberten, graulten wir uns. Bevor der Urgroßvater das Schloß umgebaut hatte, war dieser Teil des Gebäudes Getreidespeicher gewesen. Offenbar fanden die Nagetiere auch Generationen später noch genug Körner zum Überleben.

Weil Mutter so häufig krank war, führten oft wechselnde Hausdamen den großen Lorzendorfer Haushalt. Sie kamen meistens aus dem Baltikum, wo Großmutter Amalys Bruder vor dem Zweiten Weltkrieg in Riga Gesandter war. Es waren Töchter aus verarmten Adelsfamilien, die möglichst bald einen Heiratskandidaten finden wollten. Selten waren sie jung und hübsch; sie blieben auch meist nicht lange, denn eigentlich wollten sie Vaters Bruder Friedrich heiraten oder, wenn das nicht möglich war, vielleicht den noch ledigen Oberinspektor oder einen der älteren Eleven. Von Hauswirtschaft verstanden sie nichts, behauptete Hermann jedesmal, darin ausnahmsweise mal ganz einer Meinung mit der Köchin.

In Lorzendorf wohnten mit uns unter einem Dach der Oberinspektor, die zwei landwirtschaftlichen Eleven, die beiden Sekretärinnen, der Vikar, Christines Kinderfräulein, die Köchin mit den Lehrlingen, die beiden Stubenmädchen, sowie Gäste und Verwandte und meistens auch noch zwei oder drei Schulabgänger aus dem Waisenhaus, für die Großmutter Amaly vorerst noch keine Lehrstelle gefunden hatte.

Es gab ein »Leute-Eßzimmer« im Souterrain, mit einem verschlissenen und durchgesessenen braunen Sofa und einem »Volksempfänger« und ein paar zerlesenen bunten Zeitschriften auf einem Bord, und das dunkel getäfelte Eßzimmer im Hochparterre unter dem Kreuzgewölbe, wo dreißig Personen an der langen Tafel auf hochlehnigen Stühlen Platz fanden. Wir Kinder saßen weit entfernt von den Eltern am unteren Ende des Tisches und mußten schweigen. Das Essen war für »Oben« und »Unten«, die Herrschaft und das Personal, das gleiche: Kartoffeln und viel Gemüse in einer faden Mehlschwitze, fette Wurst, dicke Suppen mit Speck, denen dann aber immer süße Nachspeisen folgten, und, meist nur einmal wöchentlich, am Sonntag, Fleisch.

Hermann sorgte für Pünktlichkeit zu den Mahlzeiten. Zweimal im Abstand von fünf Minuten schlug er mit einem lederumwickelten Schlegel auf einen weithallenden Gong aus Messing, damit alle sich pünktlich versammeln konnten und auch noch Zeit hatten, sich die Hände in der Garderobe der unteren Halle zu waschen.

Der Gong jedoch erfüllte auch noch einen anderen Zweck: Sein Dröhnen war offenbar für den Marder ein unerträgliches Geräusch. Von Zeit zu Zeit richtete der nämlich ein Blutbad unter den weißen Pfauentauben oder den Leghorn-Küken an und wurde zum Feind Nummer eins. Er wohnte zusammen mit vielen wilden Kaninchen im Eishaus neben dem Teich, in welchem im Winter große Eisblöcke (elektrische Eisschränke gab es bei uns noch nicht) in viel Spreu verpackt wurden und bis in den Sommer hinein gestapelt lagen. Hermann wußte immer, wo der Marder, nachdem ihn der Lärm aufgescheucht hatte, sein Quartier verlassen und aus dem strohgedeckten Eishaus flitzen würde. Ein Schuß aus seiner Flinte machte ihm dann den Garaus. Marder sind Mörder, lernten wir; und außerdem stanken sie bestialisch.

Ein großer Schlüsselbund war das Zeichen für die Wichtigkeit der jeweiligen Hausdame. Ständig hatte sie etwas zum Auf- und Abschließen: die Speisekammer, den Futterkeller, in dem Mais, Weizen, Kleie und Gerste für das Federvieh aufbewahrt wurde und in dem sich gelegentlich auch Ratten satt fraßen, den Obst- oder Weinkeller, die Wäscheschränke oder die Wildkammer. Nur die Haustür blieb Tag und Nacht unverschlossen.

Die Hausdamen wollten uns natürlich erziehen, schon allein deshalb lehnten wir sie meistens ab. Abhärtung stand auf ihrem Programm. Das bedeutete, morgens scheuchten sie uns barfuß, auch wenn Schnee gefallen war, zum Dauerlauf ums Rondell; anschließend mußten wir kalt duschen. Nach dem Mittagessen verabreichten sie uns den obligaten Eßlöffel Lebertran und verdammten uns für eine halbe Stunde zum »Brettliegen« auf dem blanken Parkett in Mutters Zimmer, damit wir keinen krummen Rücken bekämen. Hans-Friedrich und ich seien »pimplich«, also verzärtelt, anfällig und mickrig, stellten sie fest. Das wollten sie ändern.

Christine, unserer kleinen Schwester, blieben später solche Torturen erspart. Sie hatte ein eigenes fröhliches und allseits beliebtes Kinderfräulein, das sich kokett vom Vikar wie von den Eleven den Hof machen ließ und, unbeirrt von der oft bedrückenden Atmosphäre im Schloß, den ganzen Tag die neuesten Schlager trällerte oder wie die Schauspielerin Ilse Werner pfiff.

Manchmal, wenn ihm die Arbeit zuviel wurde und der Tag, der für ihn schon um vier oder fünf Uhr früh begann, zu kurz, stöhnte der Vater. Am liebsten wäre er nach dem Krieg weiter Soldat geblieben, behauptete er. Er liebte die militärische Ordnung. Auf die jährlichen Manöverwochen im Herbst freute er sich jedesmal wie auf einen Luxusurlaub. Hätte er im achtzehnten Jahrhundert gelebt, wäre er ein treuer Offizier des Königs von Preußen geworden. Uniform stand ihm. Leider war sie jetzt feldgrau statt, wie früher, blau mit gelben Litzen.

Friedrich der Große war Vaters Idol. Mit seiner hohen Stirn, den klaren blaugrauen Augen, dem schmalen, asketischen Gesicht ähnelte Vater dem Preußenkönig sogar ein wenig; er hörte es gern, wenn jemand das feststellte. Die friderizianische Geschichte konnten wir von den Wänden den Schlosses ablesen. Ganze Serien von Menzel-Stichen hielten die preußischen Legenden und Schlachten fest, feierlich eingerahmt in Mahagoni.

Wie der König sich als erster Diener seines Staates bezeichnete, so sah sich Vater auch in seinem kleinen Königreich Lorzendorf. Die Hierarchie auf dem Gut war ähnlich ausgerichtet wie im Preußenstaat, die Pflichten festgelegt, die preußischen Tugenden wurden vorgelebt. Wer »gedient hatte« – möglichst noch in Vaters und Großvaters Regiment –, war von vornherein eine Vertrauensperson und besonderer Achtung wert.

Arbeitsam war dieses Leben. Wir Kinder sollten das von früh auf lernen. Wenn die gleichaltrigen Gutskinder ihren Müttern auf dem Feld beim Distelstechen, Rübenhacken,

Flachsraufen oder Garbenaufstellen halfen, mußten wir, mein Bruder und ich, am Nachmittag für einen Stundenlohn von elf Pfennigen mitarbeiten. Vorbild zu sein, das war manchmal nicht leicht. In den Sommerferien standen wir um vier Uhr morgens auf, um im Kuhstall melken zu lernen. Viel lieber hätten wir mit den jungen Katzen gespielt, die die beim Umfüllen der Eimer in die schweren Kannen verschüttete Milch aufleckten.

Während der Sommerferien gab es für uns auch im Garten viel zu tun. Wir pflückten Erdbeeren, rupften Bohnen ab und schnippelten sie anschließend für das »Einmachen« in hohen Weckgläsern. Oft saßen wir zusammen mit der Köchin und den Küchenmädchen unter dem Holunderstrauch am Hintereingang des Schlosses, Körbe mit Erbsen vor uns, die wir palten. Die Johannisbeeren mußten von ihren Rispen befreit und für Gelee vorbereitet werden, nur Himbeeren machten kaum Mühe und schmeckten auch ungezuckert vorzüglich.

Die Köchin liebte die Einmachzeit, diese Großaktion, wenn die Küche nach Früchten und geschmolzenem Zucker duftete und Dutzende gefüllter Gläser von Fleiß und Geschicklichkeit zeugten. Dann wurde die Köchin endlich auch einmal von der Hausdame gebührend gelobt.

Vater ritt oft schon um fünf Uhr zum ersten Mal auf die Felder, war dann um sechs, wenn beim »Appell« vor dem Rentamt die Arbeit eingeteilt wurde, wieder auf dem Hof, um die Anordnungen des Oberinspektors zu korrigieren. »Zu naß«, sagte er dann knapp, wenn der gerade die Kaltblüter-Gespanne zum Pflügen und Eggen hinausschicken wollte. Er hatte es ja gesehen: Der Acker war vom nächtlichen Regen aufgeweicht. Niemand kannte den Lorzendorfer Lehm, der zäh und glitschig sein konnte oder auch trocken und hart wie gebrannte Ziegel, so gut wie Vater.

Nur einmal in seinem Leben hat Vater eine Woche Urlaub gemacht. Er fuhr zum Skilaufen in die Dolomiten und kaufte auf dem Rückweg in Venedig eine Kette mit winzigen blauen Mosaiksteinen für Mutter. Sie trug sie wie einen Reif über der Stirn. Wir fanden, sie sah damit wie eine Königin aus. Nie – außer als Soldat im Krieg – war Vater in Frankreich gewesen, das er bewunderte und dessen Sprache er dank einer tüchtigen Gouvernante leidlich sprach. England, wo sein Bruder Arthur und andere Verwandte lebten, war erst recht zu weit entfernt. Vater fühlte sich unabkömmlich, außerdem wollte er kein Geld für solche Reisen ausgeben. Mit uns Kindern fuhr er ein einziges Mal übers Wochenende im Riesengebirge Ski. Urlaub war in Lorzendorf ein unbekanntes Wort.

Für Vater war Lorzendorf die beste aller Welten. Das Verhältnis der »Herrschaft« zu den »Leuten«, die Rangordnung auf dem Hof, die Arbeit auf den Feldern, in den Ställen und Werkstätten waren von einem komplizierten System menschlicher Beziehungen, Empfindlichkeiten und Rücksichtnahmen bestimmt. Man war voneinander abhängig. Kaum etwas blieb verborgen in dieser übersichtlichen Gutsgemeinschaft. Jeder kannte die Schwächen des anderen und stellte sich darauf ein. Jeder hatte seinen Platz; auch die Untüchtigen, »Krüpplichen« wurden mitversorgt, auch sie konnten schließlich den Hof fegen, die Ochsen antreiben oder sonst etwas Nützliches tun.

Christliche Nächstenliebe und Fürsorge waren Prinzip und zugleich eiserne Pflicht. Sie waren hauptsächlich an die Gutsfrau und an »Tante Martha«, später an »Tante Emmi« delegiert, die den Kindergarten leiteten und außerdem für Verbände und Krankenpflege zuständig waren. Verantwortung zu tragen für eine überschaubare Lebens- und Arbeitsgemeinschaft war für Vater selbstverständ-lich.

Die einzige ohne Frage asoziale Familie auf dem Hof mit ihren insgesamt einundzwanzig Kindern – die jüngeren hatte der ständig betrunkene Vater mit seinen Töchtern gezeugt – mußte ihr geräumiges Haus erst verlassen, nachdem nachweislich drei ihrer Söhne kriminell geworden waren. Die drei hatten den Geldschrank im Rentamt aufgebrochen und wenig später die beiden letzten noch strohgedeckten Scheunen angezündet und damit die nahe gelegenen Stallungen gefährdet. Der größere Teil der Kinderschar – es waren vor allem die älteren – blieb wohlgelitten auf dem Gut.

Vaters Autorität war stets unangefochten. Die meisten Familien auf dem Hof hatten schon bei unserem Urgroßvater gearbeitet. Privilegien wie das Wohnrecht in dem großen Gesindehaus oder in den neueren Ein- oder Zweifamilienhäusern oder gar in den kleinen Höfen wurden vererbt. Selten brach einer der Jungen aus dieser festgefügten patriarchalischen Ordnung aus. Die Chance, auf dem Gut eine gehobene Stellung zu erreichen, zum Beispiel Maschinist oder Oberschweizer zu werden, wurde stets von Angehörigen der alteingesessenen Familien wahrgenommen.

Auf die Idee, begabten Kindern den Besuch weiterführender Schulen zu ermöglichen, war Vater offenbar nie gekommen. Er hielt eben wirklich Lorzendorf für die beste aller Welten. Wer ihr entfloh, war fahnenflüchtig. Von unseren gleichaltrigen Mitschülern in der Volksschule wechselte – außer dem Sohn des Lehrers – keiner mit uns ins Namslauer Gymnasium, dabei waren mein Bruder und ich keineswegs die Besten in der Klasse. Wieviel Intelligenz blieb da unentwickelt!

Bei den Dorffesten nach dem Krieg, zu denen Vaters jüngster Bruder Christian regelmäßig nach Dorfmark in der Südheide lud – eine Tradition, die nach seinem Tod auch heute noch von seiner Witwe und seinen Kindern fortgesetzt wird –, treffen sich außer den Alten auch die Kinder und Enkel der Lorzendorfer und Hennersdorfer. Einige haben es weit gebracht: Ein Sohn des Maschinisten wurde Chefarzt, ein anderer Diplomingenieur, und von den Enkeln der Lorzendorfer fanden gleich mehrere als Lehrer oder Bankbeamte ihr Auskommen.

Wir Kinder versorgten unsere Tiere – Pferde, Hunde, Kaninchen, Tauben und Zwerghühner – selbst. Ich hatte außerdem ein Lazarett für verletzte Kleintiere und versuchte – meist vergeblich –, kranke Küken, aus dem Nest gefallene Vögel oder die von den Dackeln zerbissenen Wildkaninchen gesund zu pflegen. In meinem Zimmer roch es deshalb oft merkwürdig, um nicht zu sagen: »Es stank!« Da ich so selten Erfolg hatte, mußte ich sehr oft bewegende Begräbnisse veranstalten. In blumengeschmückten Kartons und Zigarrenkisten wurden meine verstorbenen Patienten unter hohen Fichten zu Grabe getragen, je nach Art auf dem Vogel- oder auf dem Karnickelfriedhof. Nachdem einer unserer Feriengäste mich heimlich beobachtet und laut gelacht hatte, als ich, vor dem offenen Grab hockend, »Jesu, meine Zuversicht« sang, beschränkte ich mich auf eine Kurzfassung der Beerdigungszeremonie. Doch ein kleines Kreuz aus zwei zusammengebundenen Ästen pflanzte ich auf jeden Grabhügel.

Reiten war für uns Kinder stets ein Privileg, wir empfanden es als Strafe, wenn es uns verboten wurde. Die Reitkommandos glichen militärischen Befehlen. Wir mußten »parieren« und »tapfer« sein. Mit dem Zusatz »Marsch« wurde das Tempo angegeben: »Schritt Marsch!« oder »Galopp Marsch!« Oft ritten wir als erste unsere selbstgezüchteten jungen Pferde. Mit übermütigen Bocksprüngen setzten sie uns dann mehrmals hintereinander ab. Fallen haben wir dabei gut gelernt, aber weder Hans-Friedrich noch ich haben uns jemals etwas bei einem Sturz gebrochen. Bis zum zwölften Lebensjahr ritten wir ohne Steigbügel, da rutschte man schnell in den Sand.

Schwierig war es allerdings, ohne Bügel wieder in den Sattel zu kommen. Denn selbstverständlich durften wir nicht aufgeben und schon gar nicht heulen. »Stell dich nicht an!« oder »Nimm dich zusammen!«, das waren ebenfalls Befehle, denen man selbstverständlich ohne Widerspruch mit zusammengebissenen Zähnen folgen mußte. Vater sah manchmal ungerührt aus seinem Arbeitszimmer zu, wie wir uns vergeblich mühten, von einem weiß getünchten Stein beim Reitplatz allein wieder auf den hohen Pferderücken zu gelangen, bis uns endlich ein Erwachsener half.

Mit Vater zusammen auszureiten war eine Belohnung für die »Tapferkeit«, mit der wir unsere unfreiwilligen Bodenberührungen einschließlich der blauen Flecke ertrugen. Je nachdem welche Pferde wir ritten, hielt uns Vater rechts und links an langen Lederriemen fest. Sobald aber zum Beispiel die Lokomotive des Dampfpflugs zischend weiße Wolken ausstieß und eins der Dreijährigen in Panik geriet, oder die braune Stute mit Namen Sorge heftig zurück zu ihrem Fohlen strebte, ließ er den Riemen los und vertraute darauf, daß ich auch im Renngalopp über Katzenkopfpflaster bis in die Stallgasse hinein im Sattel bleiben würde. Das erste, was ihn interessierte, wenn er wenig später in gemächlichem Tempo auf den Hof ritt, waren Sorges Beine. »Warum hast du sie noch nicht in den Teich gestellt?« fauchte er mich dann an.

Der Pferdeteich voller Blutegel war das Allheilmittel für überanstrengte Sehnen und alle Lahmheiten. Weniger angenehm war es, daß wir nachher mit rosa Viehsalz die ekligen, nun vollgesogenen Blutegel dazu bringen mußten, ihre Saugnäpfe einzuziehen und sich absammeln zu lassen.

Die geliebten Reitpferde trugen meist schöne Namen: Olympia, Pepita, Geranie, Othello oder Nympha. Die dicken Ackerpferde dagegen wurden nicht selten nach ungeliebten Tanten genannt, was manchmal zu boshaft beabsichtigten Verwechslungen führte. Nicht nur »Pferdeverstand« mußte man in Lorzendorf haben, man mußte auch die endlosen Geschichten von Wunderpferden spannend wie nichts anderes finden. Sie waren offenbar ein harmloser Ausgleich für alles, was nicht zur Sprache kam. Politische Diskussionen etwa fanden bei uns nie im größeren Kreis oder in Anwesenheit von uns Kindern statt.

Vater trug jahraus, jahrein seine alten, knapp sitzenden Uniformröcke aus dem Ersten Weltkrieg, dazu ein weißes oder graublau gemustertes Plastron, das den durchgescheuerten Hemdkragen ersetzte. Kunstvoll geknotet, wurde es mit einer goldenen Nadel festgesteckt. Vater sah nicht nur aus wie ein Rittmeister, er fühlte sich auch in Zivil so. Der »Stahlhelm«, der Bund ehemaliger Frontsoldaten, war ihm allerdings ein schwacher Ersatz für seine Schwadron. Wenn »Stahlhelm«-Trupps im Park mit Holzgewehren exerzierten – meist in der Dämmerung, denn das war Anfang der dreißiger Jahre verboten –, glichen sie eher einem verlotterten Haufen verlorener Krieger als einem heimlichen Heer in Reserve, wie der Vater sie gewiß gern gesehen hätte.

Der Übergang vom »Stahlhelm« (1935 wurde der Bund ehemaliger Frontsoldaten aufgelöst) zu den Braunhemden vollzog sich im Namslauer Landkreis nahtlos. Vater blieb an der Spitze. Einmal führte er uns zu Pferde seine SA-Uniform vor. Wir fanden sie scheußlich. Nie wieder habe ich ihn später in dieser braunen Verkleidung gesehen.

Den Versailler Vertrag – in Lorzendorf wurde immer nur vom »Versailler Diktat« gesprochen – hat Vater nie akzeptiert. Für ihn war es ein schändlicher Friedensschluß, der das Ziel hatte, Deutschland auf Dauer zu knechten und zu demütigen. Die neue Grenze zu Polen, identisch mit der Gutsgrenze, war wie eine offene Wunde, die ständig schmerzte. Für die Familie bedeutete sie den Verlust des zweiten Gutes Butschkau, das zu dem nach 1921 an Polen abgetretenen Reichthaler Ländchen gehörte. Versailles sei ein Unglück, eine Schmach, die wiedergutgemacht werden müsse. Das hörten wir immer wieder. Was allerdings die Stahlhelmer im Park damit zu tun hatten, verstanden wir nicht.

Vaters jüngerer Bruder Friedrich hätte Butschkau erben sollen. Das waldreiche Gut, dreitausendzweihundert Morgen groß, war nicht weit entfernt von Lorzendorf. Der Großvater Arthur hatte dort nicht nur in die Kartoffelbrennerei und Flockenfabrik viel investiert. Er war zuletzt auch nach Butschkau gezogen, um den Besitz für die Familie zu retten. Erst als die Polen ihn ins Gefängnis sperrten, mußte er aufgeben.

Einer von Großvater Arthurs Vettern hatte die polnische Staatsangehörigkeit angenommen, um sein Gut in der Provinz Posen zu behalten. Sein Sohn trat sogar in die polnische Armee ein und wurde Reserveoffizier. Er sprach perfekt Polnisch. Als 1939 der Krieg ausbrach, ritt er in seiner polnischen Uniform, eine weiße Fahne schwenkend, auf die deutschen Truppen zu. Man glaubte ihm und brauchte ihn. Er wechselte die Uniform und wurde Dolmetscher an vorderster Front.

Doch das schlimmste für die Lorzendorfer Loesch-Familie war nicht der Verlust des Gutes. Schlimmer noch war für sie wie für Millionen Deutsche die Kränkung des Ehrgefühls. Versailles hatte die Deutschen und offenbar insbesondere die Loeschs in ihrem Stolz tief getroffen. Die unerfüllbaren Reparationsleistungen ruinierten zudem die Wirtschaft und machten die angestrebten Erfolge der jungen Republik zunichte. Kein Wunder, daß viele der Vorkriegsgesellschaft nachtrauerten.

Vater gehörte nicht zu denen, die den nach Holland geflohenen Kaiser (in seinen Augen war das Fahnenflucht) wieder auf dem Thron sehen wollten, aber die Weimarer Republik konnte ihn nicht überzeugen. Und eine auf hunderttausend Mann beschränkte Reichswehr bedeutete seiner Ansicht nach einen unzumutbaren Verzicht auf Selbstverteidigung.

Daß Vater wie so viele anfangs Hitlers Versprechungen, Deutschland wieder zu Macht und Ehre zu führen, traute, ist wohl vor diesem Hintergrund zu verstehen. Es gab durchaus Gemeinsames zwischen Vaters nostalgischem Nationalismus und den großdeutschen Zielen der Nationalsozialisten. So wurde zwar der Germanenkult der Nazis bespöttelt, zumal die meisten Oberen – von Hitler angefangen – nicht gerade dem postulierten Idealbild eines Germanen entsprachen, doch daß die »nordische Herrenrasse« den östlichen Völkern haushoch überlegen sei, wollte man gerne glauben. Und die Behauptung, Juden seien Fremdlinge im »deutschen Volkskörper«, blieb in Lorzendorf unwidersprochen. Den »Rassengünther«, Hans F. K. Günthers »Rassenkunde Europas«, hatte zumindest der Vater gelesen.

Mein Vater, ein idealistischer Deutschnationaler, geprägt von militärischer Tradition und Preußentum, ebenso wie die Großmutter und Vaters Schwester Sybille, die Frau des Feldmarschalls Erich von Manstein, waren Parteimitglieder. Vater trat allerdings wieder aus der Partei aus. Er gab auch vor dem Krieg alle Ehrenämter ab, sogar das des Bürgermeisters, das ihm wichtig war. Doch ein paar Jahre hat er »mitgemacht, um Schlimmeres zu verhindern«, wie er sagte.

Mit Hilfe seiner Schwester Sybille erreichte er, daß Lorzendorf als »Erbhof« anerkannt wurde. Es war eine Ausnahmegenehmigung des NS-Landwirtschaftsministers Richard Walter Darré, der im Reichserbhofgesetz eine Höchstgrenze von hundertfünfundzwanzig Hektar für leistungsfähige Betriebe festgelegt hatte. Vater hoffte mit dieser Anerkennung den Besitz von Lorzendorf zu sichern. Um schuldenfrei zu werden – das war eine Bedingung – mußte Vater Ackerland verkaufen. Viele Gutsbesitzer fühlten sich in ihrer Existenz bedroht, weil im Programm der Nationalsozialisten der »Bauernstaat« als Ideal gepriesen wurde.

Den Überfall auf Polen hat Vater nicht abgelehnt, obwohl er die Gefahr wohl sah, daß dieser Krieg sich zu einem Weltbrand ausweiten könnte. Er hoffte auf eine

Revision der Ostgrenze. Die letzten Monate vor Kriegsbeginn »übte« er, das heißt, er war als Reserveoffizier eingezogen, hatte zwei Pferde mitgenommen und befand sich bis auf wenige Urlaubstage ständig im Manöver an der Grenze zu Polen. Wir sahen ihn immer nur kurz und immer in Uniform.

Ich bezweifle, daß sich mein Vater jemals ernsthaft mit der tragischen Geschichte Polens, seiner Literatur oder Kunst auseinandergesetzt hat. Ich muß leider überhaupt zugeben, daß in meiner Familie Vorurteile, Überheblichkeiten und Unkenntnis gegenüber dem nächsten Nachbarn vorherrschten. Mit den Spannungen eines Grenzlandes allein ist das nicht zu erklären. Mit dem Geschichtsbild, angefangen von der Ostkolonisation im Mittelalter bis zu den friderizianischen Eroberungskriegen, den drei Teilungen Polens und schließlich bis zum Kulturkampf der Bismarck-Zeit schon eher. Stets war da das angenehm schmeichelnde Überlegenheitsgefühl den Polen gegenüber: Man war ja so viel tüchtiger, fleißiger, ordentlicher und erfolgreicher als die Nachbarn, deren Sprache zu lernen sich niemand bemühte.

Konservativ, nationalistisch und – nicht zu leugnen – auch rassistisch, ja auch antisemitisch, so war Vaters Geisteshaltung und auch die der Großmutter Amaly wie überhaupt eines Teils der weiteren Loesch-Familie. In Lorzendorf wurden, außer erzwungenermaßen im Krieg, niemals polnische Arbeiter beschäftigt, obwohl sie weit niedrigere Löhne verlangten als die deutschen. Aber auch Katholiken wurden auf dem Gut prinzipiell nicht eingestellt (die Gegenreformation unter Habsburger Herrschaft war noch in Erinnerung). Schon durch ihre Konfession waren Katholiken den Polen näher als die Protestanten.

Manchmal habe ich mich gefragt, ob ich dieses verzerrte, eingeengte und erschreckend feindselige Weltbild übernommen hätte, wenn die Lebensverhältnisse sich nicht so grundlegend geändert hätten. Zu zweifeln und kritisch zu überlegen lernten wir als Kinder und Jugendliche überhaupt nicht. Demokratie blieb für uns ein Fremdwort und hatte nichts mit der Wirklichkeit zu tun. Die Familie hatte sich weitgehend abgekapselt von der übrigen Welt. Vom Fortschritt und vom zunehmenden Gewicht der Städte und der Industrie fühlte man sich verunsichert. Die Geschichte war in Lorzendorf stehengeblieben.

Selbst der Erste Weltkrieg hatte das Wertesystem nicht ernsthaft erschüttert. Autoritäten wurden nicht angefochten. Wie im Ersten so versuchten die Frauen auch im Zweiten Weltkrieg, so gut es ging, die alte Ordnung zusammenzuhalten und zu bewahren. Was nach dem Krieg kommen würde, wußte niemand. Je länger er dauerte, desto bedrohlicher zeichnete sich eine Niederlage ab. Für die Lorzendorfer Lebensform würde das den Untergang bedeuten. Vielleicht ahnten wir es.

Ich vermute, daß Vaters Kontakte zur Bekennenden Kirche, seine Freundschaft mit Pfarrer Noth, dem späteren Bischof in Sachsen, dann in Nordrhein-Westfalen, ihm die Augen geöffnet haben. Ernst Noth war mehrmals von der Kanzel der Breslauer Elisabethkirche verhaftet worden, ihm wurde verboten zu predigen. Als ich Ende 1939 nach Breslau zu meiner Tante Asta von Oppen kam und dort zur Schule ging, hatte er sich auf das Gut seiner Frau zurückgezogen; er durfte seine Kirche nicht mehr betreten. Ich wurde von Pastor Gottschewski konfirmiert, dem Breslauer Studentenpfarrer. Der war zwar vorsichtiger, aber genauso ein Gegner der Nazionalsozialisten wie sein Amtsbruder Noth.

Ich kann mich erinnern, daß Vater meinen Bruder und mich lange vor dem Krieg einmal zu den Moltkes nach Kreisau mitnahm und uns dort im Kinderzimmer fast vergaß. Wir müssen noch sehr klein gewesen sein, sonst hätte uns wohl eine kniehohe grinsende Clownsfigur, die schaukelte, sobald man sie anstieß, nicht so erschreckt. Die Kinder des Hauses waren gar nicht da. Wir waren allein mit ihrem unheimlichen Spielzeug. Als wir müde wurden, legten wir uns einfach auf den Fußboden und schliefen ein.

Feste Gruppierungen von Gegnern des Naziregimes – außer den Kommunisten und Sozialdemokraten, die von Anfang an verfolgt und oft auch inhaftiert wurden – gab es vor dem Krieg kaum, wohl aber geheime Informationen und Gespräche mit Gleichgesinnten. Nächtelang diskutierte Vater mit seinem Freund und Nachbarn Georg Graf Henckel-Donnersmarck aus Grambschütz, der durch seine Verbindungen ins Ausland vermutlich besser orientiert war als die meisten. Die Henckels hatten sich übrigens rechtzeitig, bevor im Januar 1945 die Ostfront zusammenbrach, mit ihren vielen Kindern in den Westen abgesetzt.

Die tiefe Depression, unter der Vater in den Monaten vor Kriegsbeginn litt, hatte sicherlich nicht nur ihre Ursache in seiner glücklosen Ehe, sondern auch in den politischen Verhältnissen. Er sah eine Katastrophe voraus. Wir erschraken jedesmal, wenn er davon sprach, er wünsche sich einen raschen Tod durch eine feindliche Kugel oder einen Sturz vom Pferd.

Tatsächlich wurde er in den ersten Tagen des Krieges, am 9. September 1939, auf einem Patrouillenritt in Polen (ausgerechnet die Lipizzaner-Schimmelstute Fatme hatte er für diese Erkundung gesattelt) von einer Kugel getroffen und stürzte. Doch die Kugel tötete ihn nicht, sie blieb in seinem Rückenmark stecken. Er war nun querschnittsgelähmt und mußte monatelang Qualen erdulden, bis er am 17. März 1940, nachdem ihn Professor Sauerbruch zum zweiten Mal operiert hatte, in der Berliner Charité starb. Er war erst vierzig Jahre alt.

Sein Zinksarg kam zwei Tage später in Lorzendorf an.

Das große Wohnzimmer war leer geräumt und mit jungen Fichten geschmückt worden, die ihren Duft im ganzen Haus verbreiteten. Mein Bruder und ich hatten Vater ein letztes Mal eine Woche vor seinem Tod in Berlin besucht. Er lag, fast bis zur Unkenntlichkeit abgemagert, in einem halbdunklen Zimmer, nahm uns aber nicht wahr. Ohne Morphium konnte er die Schmerzen nicht mehr ertragen.

Sein Begräbnis auf dem Lorzendorfer Friedhof war eine militärische Feier und ein trauriges Fest. Den mit der schwarzweißroten Kriegsflagge bedeckten und mit dem Eisernen Kreuz geschmückten Sarg trugen sechs Soldaten aus Vaters Regiment. Als erstes folgte ihm die gesattelte Schimmelstute Fatme. So war es nun einmal Brauch bei Kavalleristen. Als die Salven über dem offenen Grab donnerten, stieg das Pferd und riß sich los; es galoppierte zurück auf den Hof.

Vater gehörte in unserer Gegend zu den ersten Toten des Krieges; der dunkle Zug der Trauergemeinde war länger als die Lindenallee. Auf dem Hinweg marschierte die Militärkapelle am Schluß des Zuges, langsam wie alle anderen, auf dem Rückweg setzte sie sich an die Spitze und gab das Tempo mit Reitermärschen an.

Im Schloß versammelten sich so viele Menschen, daß nur die Alten einen Sitzplatz fanden. Hans-Friedrich und ich gingen herum und boten Schnittchen an; Hermann und der Frauenhainer Diener August waren für die Getränke zuständig. Sobald wir uns einer Gruppe näherten, verstummte das Gespräch. Nie zuvor hatten wir uns zu Hause so verloren und fremd gefühlt.

Bald nach Beginn des Krieges wurde der Zugverkehr auf der Nebenstrecke nach Buchelsdorf eingestellt. Wir konnten deshalb nicht mehr in Namslau zur Schule gehen. Mich nahm Tante Asta von Oppen in Breslau als Pensionärin auf, und Hans-Friedrich wurde nach Liegnitz geschickt, wo ihn die Schwester unseres Vaters, Sybille von Manstein, die Frau des Feldmarschalls, liebevoll umsorgte. Wir sahen uns, außer in den Ferien, nur noch selten. Mein Bruder vermißte unseren Vater wahrscheinlich genauso wie ich. Doch wir konnten uns gegenseitig nicht trösten, wir verschlossen unseren Kummer – auch voreinander.

Sehr mitteilsam war Hans-Friedrich nie gewesen, nur mit Mutter diskutierte er stundenlang. Sie lasen dieselben Bücher, und Mutter interessierte sich brennend für den Geschichtsunterricht an der Liegnitzer Ritterakademie, die mein Bruder nun besuchte. Als Besserwisser nicht nur in Geschichte war er bei seinen Lehrern nicht gerade beliebt. Dafür genoß er die Achtung seiner Mitschüler. Er lernte mühelos, hatte aber Schwierigkeiten, sich anzupassen, und besaß nur wenige Freunde.

In Liegnitz fühlte er sich wohl. Zwischen ihm und seinem zwei Jahre jüngeren Vetter Rüdiger von Manstein entstand eine schöne brüderliche Verbundenheit. Die beiden schliefen in einem großen Zimmer zusammen, in dessen Mitte eine Tischtennisplatte auf Böcken ruhte. Dort fanden historische Schlachten statt. Sorgfältig nach Regimentern geordnet, in puppenkleinen Kommoden mit vielen schmalen Schubfächern wurden die von den Vorfahren geerbten Zinnsoldaten – zweitausend insgesamt – aufbewahrt. Stundenlang beugten sich die beiden »Feldherren« über die kriegerischen Szenarien auf echtem Sand und viel unechtem Landschaftsersatz. Für diese Spiele interessierte ich mich nicht im geringsten. Hier gab es nicht einmal die kleinen Holzfigürchen aus dem Erzgebirge, mit denen ich in Lorzendorf bei ähnlich martialischen Aufmärschen der bemalten Miniatursoldaten auf dem Lorzendorfer Billardtisch meine dörfliche Gegenwelt aufgebaut hatte.

Liegnitz war natürlich, auch wenn der Feldmarschall an der Front war, bestimmt von seiner dominierenden Figur. Ich weiß nicht, ob mein Bruder jemals gewagt hat, mit ihm ein Gespräch zu führen, oder ob er es wie ich vorzog zu schweigen, eingeschüchtert von der Nervosität, die der Onkel verbreitete, und der Distanz, die er uns gegenüber stets behielt. Die militärische Sicht der Welt im Haus des Feldmarschalls prägte jedenfalls auch meinen Bruder. Sie war ihm nicht fremd, er hatte sie schon bei unserem Vater erfahren.

Wenn ich mich von Breslau aus zu einem Wochenendbesuch in Liegnitz anmeldete, bestellte meine Tante Sybille immer ihre Hausschneiderin, denn ich war aus allen Kleidern herausgewachsen. Aus der eleganten Garderobe einer anderen Tante, der Witwe von Vaters 1940 gefallenem Bruder Egbert, die bei Mansteins lebte und nur noch Schwarz trug, wurde für mich das herausgesucht, was für eine Vierzehnjährige tragbar war. Zum ersten Mal in meinem Leben war ich gut angezogen.

Egbert war der stets Strahlende unter Vaters Brüdern gewesen. Als jungem Militärattaché in Rom stand ihm eine glänzende Karriere offen. Doch er meldete sich als Sturzkampfflieger freiwillig zum Fronteinsatz und wurde nach wenigen Flügen über Belgien abgeschossen. Statt einen Sarg, den man in heimatlicher Erde hätte versenken können, schickte sein Geschwader einen Propeller seines Flugzeugs. Er wurde neben der Grabtafel unseres Vaters niedergelegt.

Schwarz war in Liegnitz wie in Lorzendorf, in Hennersdorf oder bei Tante Asta in Breslau die Farbe der Erwachsenen. Die Zeitungen füllten sich immer mehr mit schwarzumrandeten Anzeigen. »In stolzer Trauer« stand manchmal über den Namen der Hinterbliebenen. Trauer und Stolz? Das war wieder einmal diese Opferhaltung, die ich nicht verstehen konnte. Ich hatte beim Tod meines Vaters nicht die geringste Spur von Stolz empfunden, nur Schmerz und Verzweiflung.

Gero, der älteste Manstein-Sohn, fiel 1942 als neunzehnjähriger Leutnant am Ilmensee. Er war nun schon der

Dritte aus der engeren Familie. Als Kinder hatten wir in den Ferien oft Hochzeit gespielt. Christian, Vaters jüngster Bruder, verkleidete sich als Pastor und traute uns mit viel Pathos; meine etwas ältere Cousine Gisela von Manstein war die Brautmutter, und anschließend gab es zum Festmahl Eierschnittchen. Jetzt hörten wir die Musik, die der Vetter geliebt hatte, und keiner schämte sich seiner Tränen.

Ich kann mich nicht erinnern, daß ich mit Hans-Friedrich in Liegnitz viel allein war. Wir hörten Schallplatten und spielten oft Bridge mit den Tanten, die manchmal lebhaft darüber diskutierten, ob Furtwängler oder Karajan, der aufsteigende Stern in der Musikwelt, der bessere Dirigent der Berliner Philharmoniker sei. Und jedesmal hörte ich die jubelnde Stimme von Schlusnus: »Auf hebet die funkelnden Schalen, gefüllt mit Wein!« Seltsam fand ich, daß gerade dieses überschwengliche Lied voller Lebensfreude das Lieblingslied des toten Vetters gewesen sein sollte. Ob er überhaupt jemals während seines kurzen Lebens dieses rauschhafte Gefühl erlebt hatte?

Bei uns in Lorzendorf war es tabu, über Politik zu reden. Allenfalls gab es kurze Bemerkungen eines Besuchers, aus denen man Spott oder Verachtung gegenüber den braunen Bonzen heraushören konnte. Doch als die Lehrerstochter zwei Jahre vor dem Krieg wegen des Wechsels ihrer Eltern an eine größere Schule wegzog und nicht mehr länger Fähnleinführerin der Jungmädel im Dorf sein konnte, wurde ich mit knapp zwölf Jahren ihre Nachfolgerin. Vater fand das offenbar richtig im Sinne von Verantwortungtragen und Vorbildsein. Hans-Friedrich weigerte sich dagegen erfolgreich, zum Jungvolk zu gehen. Ich aber wollte immer das liebe Kind sein und erfüllte möglichst die Erwartungen der Erwachsenen, obwohl ich große Hemmungen hatte, mit einem Dutzend Mädchen singend im Gänsemarsch hinter einem schwarzen Wimpel, mit einer symbolträchtigen weißen Rune verziert, durch das Dorf zu ziehen.

Gelegentlich erkundigte sich Vater, was ich den Mädchen während der vorgeschriebenen wöchentlichen Heimabende erzählt hätte. Die Schulungshefte habe ich selten studiert, meist versuchte ich mit einer Kurzfassung des Geschichtsunterrichts im Namslauer Gymnasium den Horizont meiner Gefolgschaft zu erweitern. Wir trafen uns in einem der beiden Klassenräume im alten Schulhaus, da paßte die Geschichte der Staufer oder von Heinrich dem Löwen gut hin, und außerdem hatte ich damit auch gleich meine Schularbeiten gemacht.

Wir haben viel gesungen, die alten Lieder der Wandervogel-Bewegung aus dem »Zupfgeigenhansl«, aber auch ohne nachzudenken: »Es zittern die morschen Knochen der Welt vor dem großen Krieg« mit der drohenden Strophe: »Wir werden weitermarschieren, wenn alles in Scherben fällt, denn heute gehört uns Deutschland und morgen die ganze Welt!« Ich überspielte auf meiner Ziehharmonika, daß kaum jemand die Verse, auch nicht die des Horst-Wessel-Lieds, auswendig konnte. Bei gutem Wetter trieben wir Sport oder versuchten neue Geländespiele im Park, gingen aber dann meist zu Räuber und Prinzessin über. Wir bastelten auch Spielzeug für die Winterhilfe. Ich spezialisierte mich auf Kasperlepuppen aus alten Strümpfen, mit einer Klopapierrolle als Hals. Ich hatte berechtigte Angst, nicht ernst genommen zu werden. Tatsächlich schmolz die Schar der Jungmädchen – die meisten waren ja älter als ich – bei Regenwetter auf ein halbes Dutzend zusammen. Eine vorschriftsmäßige »Kluft« – dunkelblauer Rock, weiße Bluse und schwarzes Dreieckstuch mit einem geflochtenen Lederknoten – trugen die wenigsten von uns.

Ein einziges Mal nahm ich an einem verregneten Pfingsttreffen für Jungmädchenführerinnen teil. Ich war bei weitem die jüngste und die einzige, die in einem

Bleyle-Rock und einer bayerischen Lodenjacke antrat. Zwei Tage lang versuchte ich mich zu verstecken oder zumindest bei den zahlreichen Appellen im Hintergrund zu halten. Da ich keinen Schlafsack besaß und in dem Zelt, das ich mit zwanzig anderen teilte, jämmerlich fror, war eine schwere Erkältung die Folge meines ersten Massenerlebnisses. Nach diesem unwirtlichen Zeltlager wünschte ich mir eine braune Kletterweste. Ich wollte wenigstens nicht mehr auffallen.

Die einzige sinnvolle Aufgabe als Jungmädelführerin übernahm ich zu Beginn des Krieges: Ich teilte die älteren Mädchen zu Hilfsdiensten auf den Höfen ein, wo die Männer zum Militär eingezogen worden waren. Ich selbst ging zum schmutzigsten Bauern des Dorfes. Zum ersten Mal lernte ich dort Ungeziefer – von Kellerasseln bis zu Läusen und Flöhen – und unbeschreibliche Verwahrlosung kennen. Doch meine Einladung an die vier Kinder zu einem Vollbad im Schloß mit anschließender Entlausung mit Hilfe von Sabadill-Essig wurde verlegen abgelehnt. Ein engzinkiger Läusekamm, den ich mitbrachte, war das einzige, was sie akzeptierten. Ich durfte den Kindern außerdem die verfilzten Haare kurz schneiden, damit die Kammprozedur weniger schmerzhaft war. Das Saubermachen gab ich bald auf, aber ich hatte ja gelernt, Kühe zu melken, und bei der Kartoffelernte konnte ich mich auch nützlich machen.

Der Erntehilfsdienst in Lorzendorf war mein letzter Einsatz. Kurze Zeit später – ich war dreizehn – kam ich nach Breslau, wo mein schwerverwundeter Vater anfangs, bevor er nach Berlin in die Charité transportiert wurde, in der Universitätsklinik lag. Ich besuchte ihn täglich. Niemand verlangte von mir, daß ich zu Heimabenden oder Aufmärschen des BDM ging.

Das Zawadzky-Oberlyzeum im Süden Breslaus, ehemals ein Privatgymnasium mit einem angegliederten Internat für Mädchen, war kurz zuvor von der Stadt übernommen worden; es hieß nun nach dem Nazi-Dichter »Dietrich-Eckart-Schule«. Es hatte einen neuen Schulleiter bekommen, der das Parteiabzeichen ständig trug und uns in Geschichte unterrichtete. Besonders lange hielt er sich bei den Germanen auf, den »Edelmenschen« schlechthin. Wir machten uns über ihn wie über die drei oder vier Lehrerinnen lustig, die mit dem Hakenkreuz-Abzeichen ihre flatternden Hals- oder Schultertücher feststeckten.

Ernst zu nehmen waren andere Lehrkräfte wie die Religions- und Kunstgeschichtslehrerin Frau Dr. Ziemer, Frau Dr. Kaboth, unsere Französisch-Lehrerin, oder Frau Dr. Dlugosch, die uns Chemie und Mathematik beibrachte. Sie hatten schon unter dem alten Schulleiter Schumacher unterrichtet, wurden respektiert und sogar verehrt. Durch ihre Mimik verrieten sie eher als durch Worte, daß sie die Nazi-Ideologie ablehnten.

Seltsamerweise war ich stolz, als mich die Biologielehrerin, eine der Trägerinnen des Parteiabzeichens, zu den nordischen Langschädeln zählte. Hatte ich die rassistischen Kategorien der Nazis übernommen? Ganz unberührt davon kann ich nicht gewesen sein. Unsere Sportlehrerin, die aussah wie eine martialische griechische Amazone, trimmte uns im Sinne von »ein gesunder Geist in einem gesunden Körper«. Auch da machte ich immer ehrgeizig mit, einmal sogar bei den Landesmeisterschaften für Leichtathletik.

Ich kann mich nicht erinnern, daß es in unserer Klasse auch nur eine gab, die sich an den Gesinnungs-Pflichtübungen, den Gedenkfeiern ebenso wie den Morgenappellen montags in der Aula oder auf dem Schulhof, wo eine Hakenkreuz-Fahne gehißt und das Deutschland- und das Horst-Wessel-Lied gesungen wurden, begeistert beteiligt hätte. Wir drückten uns, wo wir konnten.

Außer mir waren es auch einige andere, die sich weigerten, im letzten Jahr vor dem Abitur die Pflichtlektüre »Mein Kampf« zu lesen. Ich kam über die ersten zehn

Seiten nicht hinweg, weil der Stil so abstoßend verquast war. Wir bekamen schlechte Zensuren, das war schon alles; es gab deshalb weder Auseinandersetzungen noch weitere Sanktionen.

Wenn wir in der Straßenbahn einem Mann oder einer Frau mit dem gelben Judenstern auf dem Mantel begegneten, erstarb unser unbefangenes Gespräch. Wir schauten verlegen weg. Ende 1939, als ich nach Breslau kam, waren drei Viertel der jüdischen Bevölkerung bereits geflohen oder deportiert. Unser hochgeachteter und beliebter Augenarzt Professor Bielschowsky war schon 1936 emigriert. Er war der einzige Jude, den ich kannte.

»Was haben wir gewußt, was hätten wir wissen können?« In unserem Klassenrundbrief, den wir 1944 nach unserem Abitur anfingen und bis jetzt, rund sechzig Jahre lang, weitergeführt haben, griffen wir dieses bedrückende Thema erst sehr spät auf.* Ich bin nicht die einzige, die so erstaunlich wenig gewußt hat oder wissen wollte, was um uns herum vor sich ging. Zumindest geahnt haben wir sicherlich manches.

Die meisten Eltern, die die Nazis entschieden ablehnten und das »Tausendjährige Reich« als Verhängnis ansahen, hüteten sich, mit ihren Kindern über ihre Einstellung zu sprechen. Jeder Mitwisser war eine Gefahr; und Kinder wollte man selbstverständlich schützen und möglichst heraushalten. Einige von uns erlebten zu Hause, daß Gespräche abbrachen oder daß das Radio hastig ausgeschaltet wurde, wenn sie ins Zimmer traten. Die »Feindsender« BBC oder Radio Beromünster wurden nur unter größtmöglichen Sicherheitsvorkehrungen hinter verschlossenen Türen gehört. Wer ertappte wurde, mußte mit hohen Strafen rechnen. Also behielten Erwachsene die gefährlichen Hiobsbotschaften für sich.

* Eine Auswahl der Briefe ist 2002 unter dem Titel »Ein Teil Heimat seid Ihr für mich« im Aufbau-Verlag erschienen.

Die wenigsten Kinder oder Jugendlichen wagten zu fragen. Es gab Tabus zum Selbstschutz. Und es gab das Schweigen aus Bequemlichkeit oder Vorsicht. Aber natürlich hätten wir mehr wissen können, wenn wir nicht weggeschaut und weggehört hätten. Es gibt viele Einzelbeispiele für mutige Hilfsaktionen und tätigen Widerstand.

»Wart ihr denn alle verängstigt oder feige?« fragen uns heute junge Leute. Sie können sich nicht vorstellen, daß nur so wenige gegen das Naziregime protestiert und so viele – überzeugt oder nicht – mitgemacht haben. Ich bin jedesmal beschämt, wenn ich zugeben muß, wie wenig ich damals nachgedacht und wie oft ich die unübersehbaren Zeichen von Unrecht und Willkür ohne Protest hingenommen habe.

Einmal sah ich auf dem Bahnhof Namslau einen Güterzug, aus dem verhungerte Gestalten in gestreiften Sträflingsanzügen ihre Arme flehend herausstreckten. Es seien russische Kriegsgefangene, die eine Seuche überstanden hätten und in ein anderes Lager gebracht würden, erklärte man mir. Der Auskunft habe ich zwar nicht getraut, doch ich habe auch nicht weiter gefragt.

Meine kluge Tante Asta von Oppen, die mich und drei andere Nichten, die wie ich auch auf abgelegenen Gütern zu Hause waren, während des Krieges in ihrem Breslauer Haus liebevoll aufgenommen hatte, las die Berliner »Deutsche Allgemeine Zeitung«. Sie reichte uns das Blatt weiter, doch diskutiert haben wir selten und schon gar nicht über Politik. Tante Astas fünf Kinder waren alle verheiratet, drei Söhne und zwei Schwiegersöhne waren an der Front. Daß die Tante und ihre Kinder die Nazis ähnlich konsequent ablehnten wie die Zedlitz-Großeltern oder gar die Kleist-Verwandten in Hinterpommern ahnte ich; aber niemals haben wir darüber gesprochen.

Gelegentlich machte uns Tante Asta auf Glossen oder längere Zeitungsbeiträge aufmerksam, in denen sie ihre eigene Meinung versteckt wiederfand. Doch wir hatten noch nicht gelernt, zwischen den Zeilen zu lesen. Auch die Tante hatte wie die Großeltern Zedlitz Freunde, mit denen sie sich regelmäßig zum Bridge traf, Gleichgesinnte, denen sie vertrauen und mit denen sie offen sprechen konnte. Uns hat sie von solchen Gesprächen nie etwas erzählt.

In unserer Klasse war ich bald nicht mehr die einzige, die im Krieg ihren Vater verloren hatte. Von den Lehrern waren zwei gefallen. Überall auf der Straße begegnete man schwarzgekleideten Frauen. Auch Tante Asta erhielt die Nachricht, daß ihr jüngster Sohn gefallen war; gerade erst, während seines letzten Heimaturlaubs, hatte er geheiratet. Ein Schwiegersohn war vermißt. Trauer war in so viele Häuser eingezogen, daß manchmal schon ein unbefangenes Lachen verletzen konnte.

Tante Astas zweiter Sohn, Forstmeister von Beruf, war schwer verwundet worden. Ein Bein mußte amputiert werden. Als er, nach wie vor in Uniform, auf Urlaub kam und sich mühsam auf Krücken stützte, verriet sein ernstes, abgezehrtes Gesicht, was er in Rußland durchgemacht hatte. Die Hälfte seiner Einheit war tot. Er hatte aber auch erlebt, wie in Berlin in einer einzigen Nacht ganze Stadtteile den Brand- und Sprengbomben zum Opfer fielen und viele tausend Menschen obdachlos oder getötet wurden. In Breslau hatten wir bis dahin nicht einmal Fliegeralarm gehabt.

Es ist erstaunlich, daß meine Klassenkameradinnen und ich uns so selten Gedanken über die Zukunft gemacht haben. Wir lebten in den Tag hinein, waren auch albern und manchmal lustig, wenn wir unter uns waren. Doch Stalingrad im Januar 1943 war auch für uns ein bedrückendes Menetekel. So viele Tote, Erfrorene, Verwundete und schließlich Gefangene in der eingekesselten Ruinenstadt – wir konnten es uns kaum vorstellen. Und die Parolen vom totalen Krieg, die Goebbels unerträglich laut verkündete, klangen in unseren Ohren hohl und zynisch.

Doch wir verdrängten Angst und düstere Ahnung; wir fügten uns in das, was wir nicht ändern konnten. Ein paarmal haben wir sogar mitten im Krieg noch ausgelassene Feste gefeiert. 1944, kurz vor dem Abitur im Frühjahr, waren die Tänzer Fahnenjunker oder jüngste Offiziere. Wenig später mußten sie an die Front. »Zum letzten Mal tanzen, feiern, trinken und ein Mädchen umarmen«, sagte einer. Es war eine seltsame schmerzliche Stimmung, die umschlug in gierige Lebenslust und wieder zurückfiel in düstere Melancholie. »Haben Sie schon mal im Dunkeln geküßt?«, »Kann denn Liebe Sünde sein?« und »Ich tanze mit dir in den Himmel hinein« waren die beliebtesten Schlager.

Zwei aus meiner Klasse heirateten, noch bevor sie das Abitur bestanden hatten. Die eine mußte sich bald darauf ganz auf ihren Mann, ihre Tanzstundenliebe, einstellen, der schwerverwundet und blind geworden von der Front zurückkam und mit ihrer Hilfe ein Jurastudium begann. Die andere wurde Witwe, bevor ihr erstes Kind geboren war.

Den Unterricht in der Zawadzky-Schule – immerhin waren es für mich bis zum Abitur viereinhalb Jahre – habe ich nie besonders wichtig genommen. Am Wochenende fuhr ich regelmäßig nach Hause. Ich blieb ein Außenseiter in der Klasse. Ich habe mich durchgemogelt und mich möglichst nur in den Fächern engagiert, für die ich mich interessierte. Mit meiner Klasse hatte ich Glück; sie war etwas Besonderes. Vor jeder Arbeit boten sich die besten im jeweiligen Fach an, mit den unsicheren Kandidaten zu pauken. Ich habe diese Nachhilfe in den Fächern Mathematik und Physik oft genutzt. Eine seltene Solidarität verband uns. Einig waren wir uns in der Verachtung und Ablehnung unserer Klassenlehrerin, die eine fanatische »Nazisse« war. Wir ließen sie auflaufen und gingen einfach nicht darauf ein, wenn sie uns mit Nazipropaganda überzeugen wollte. Sie hat uns leider in der Oberstufe den Deutschunterricht gründlich verdorben. Daß ich mir Rilke als Abitur-Wahlthema aussuchte, lehnte sie ab. »Dekadenz brauchen wir nicht«, entschied sie. Ich durfte mich statt dessen mit dem jungen Goethe beschäftigen.

Viele Schulstunden habe ich geschwänzt, ohne daß man mir auf die Schliche kam. Da ich oft sehr blaß aussah, glaubte man mir, daß mir übel war. Breslau war für ein Landkind wie mich ein kulturelles Schlaraffenland. Museen, Theater, Buchhandlungen, die schöne Innenstadt mit den vielen Kirchen – ich machte auf eigene Faust Entdeckungen, die mich mehr beeindruckten als der Schulunterricht. Bei meinen Streifzügen drückte ich mir den breitkrempigen, braunen Ententeichhut, den mein Vater getragen hatte, in die Stirn. Kein Lehrer würde mich in diesem Aufzug erkennen, hoffte ich.

In den Bücherschränken im Haus meiner Tante fand ich alles, was ihre nun erwachsenen Kinder früher gelesen hatten, von Erich Kästner bis Lisa Tetzner, von Thomas Mann bis Gertrud von le Fort. Ich wußte nicht einmal, daß diese Schriftsteller verboten waren. Tagelang blieb ich mit angeblich schlimmen Halsschmerzen im Bett und las und las. Tante Asta durchschaute mich; aber sie hatte Verständnis für meine Leselust und schrieb mir eine Entschuldigung.

Nach dem Abendbrot spielten wir öfter Bridge oder Mah-Jongg mit kunstvoll bemalten Elfenbein-Steinen oder lasen mit verteilten Rollen »Don Carlos« und andere Klassiker, bevor wir die Stücke auf der Bühne sahen. Breslau hatte während des Krieges ein ausgezeichnetes Programm im Opern- wie im Schauspielhaus. Bis in die letzten Kriegsmonate hinein blieb die Stadt von Luftangriffen verschont. Sie galt als Lazarettstadt. Berühmte Musiker gaben hier gern – vor Fliegeralarm sicher – ihre Konzerte. Tante Asta freute sich, wenn ich ins Theater gehen oder Konzerte besuchen wollte. So karg mein Taschengeld auch war, Karten für die hinteren Plätze wurden immer aus einem Sonderfonds bezahlt.

Musik war für mich Neuland, eine andere Welt, auch eine tröstliche Zuflucht. Mein gleichaltriger Freund Christof Heyduck lud mich zu Kammerkonzerten bei Kerzenlicht im Breslauer Schloß ein. Wir gingen auch zusammen in die Oper. Und manchmal spielte er Bach auf der Orgel einer kleinen Kirche, zu der er sich Zugang verschafft hatte. Ich hörte zu, ließ mich gern belehren, schämte mich aber auch wegen meiner Bildungslücken auf musikalischem Gebiet.

Wir verloren uns nach dem Krieg aus den Augen und trafen uns erst viele Jahre später zufällig in Bologna wieder. Christof war nicht Musiker geworden, wie ich angenommen hatte, sondern Bühnenbildner und Maler. Erst kürzlich hat er in Breslau eine Ausstellung eigener Werke im Architekturmuseum eröffnet und zuvor Bilder seines Vaters in unserem Breslauer Familienhaus »Zur goldenen Sonne« gezeigt. Sein Vater Georg Paul Heyduck gehörte in den zwanziger und dreißiger Jahren zur Avantgarde der Breslauer Kunstakademie. Er wurde wie Georg Muche, Oskar Schlemmer, Otto Mueller und andere »Brücke«-Maler von den Nazis verfemt und durfte weder lehren noch ausstellen.

Unmittelbar nach dem Abitur mußten wir zum Arbeitsdienst. Ich kam in ein gottverlassenes oberschlesisches Nest, wo ich Schulanfänger unterrichten sollte, ein Privileg, das ich meinem Abitur verdankte. Doch zuvor mußte ich mich im Außendienst bewähren: Eine Kriegerwitwe mit acht Kindern hatte Hilfe nötig. Gleich am ersten Abend nach meiner Ankunft gebar sie ihr neuntes Kind. Ich konnte gerade noch rechtzeitig die Hebamme holen und ausreichend heißes Wasser bereitstellen.

Hilfslehrerin war ich gern, die ABC-Schützen waren erstaunlich brav. Einige hatten Schwierigkeiten mit der deutschen Sprache. Zu Hause wurde Polnisch gesprochen. Ich bedauerte, daß ich diese Sprache nie gelernt hatte. Ich gab nur ein kurzes Gastspiel im Arbeitsdienst. Nach wenigen Wochen wurde ich schwer krank. Eine Allergie gegen Wanzenstiche, vermutete der Arzt. Ich lag tagelang apathisch mit hohem Fieber und geschwollenen Beinen im Krankenzimmer, bis mich Onkel Friedrich, Vaters Bruder, während seines kurzen Urlaubs von der Front besuchte und sofort einen Krankenwagen organisierte, der mich nach Breslau ins Krankenhaus brachte. Noch in der Nacht wurden mir die vereiterten Mandeln entfernt, die Sepsis hatte bereits die Nieren angegriffen. Die roten Beulen an Armen und Beinen rührten nicht von Wanzenstichen her, sie waren Symptome für Gelenkrheumatismus, dessen Folgen ich noch monatelang spüren sollte.

Im Krankenhaus lernte ich Ende April 1944 meinen Vetter Hans-Conrad Stahlberg kennen. Er lag zusammen mit meinem Bruder Hans-Friedrich in der Universitätsaugenklinik. Beide hatten Kopfverbände. Mein siebzehn Jahre alter Bruder mußte sich, bevor er zu einem Lehrgang als Panzerschütze abkommandiert wurde, einer Augenoperation unterziehen, er konnte überhaupt nichts sehen. Hans-Conrad führte ihn. Er hatte zwar durch einen Kopfschuß ein Auge verloren, aber das andere war erhalten und nicht verbunden. Jeden Nachmittag besuchten sie mich in meinem Krankenzimmer: Zwei großgewachsene Männer in Uniform, die zusammen nur ein einziges Auge hatten – es war überhaupt nicht zum Lachen.

Ich weiß nicht mehr, worüber wir uns unterhalten haben, vermutlich über die Bücher, die sich auf meinem Nachttisch stapelten. Doch an mein erstes Symphoniekonzert, zu dem Hans-Conrad mich einlud, als es mir besser ging, kann ich mich erinnern: Richard Strauss' »Till Eulenspiegels lustige Streiche« und die vierte Symphonie von Brahms standen auf dem Programm. Ich kannte beide

Stücke nicht. Hans-Conrad pfiff mir auf dem Weg zum Konzertsaal die wichtigsten Motive vor. Brahms war sein Lieblingskomponist; den »Eulenspiegel« kannte er ebenfalls fast auswendig. Er hatte sich ein silbergraues Cape über die Schultern geworfen, unter dem ich, als es auf dem Rückweg zu regnen begann, auch noch Platz fand. Der Pförtner im Krankenhaus drückte beide Augen zu, als ich mich heimlich wieder in mein Krankenzimmer schlich. Wir verlobten uns Pfingsten 1944, nachdem wir uns nur wenige Male gesehen hatten. Mit dem nahenden Ende des Krieges schien die Zeit immer knapper zu werden.

Ich mußte nicht mehr zurück zum Arbeitsdienst, weil mein Herz durch die Infektion geschädigt worden war. Sport und jede Anstrengung waren mir verboten. Außerdem war ich so dünn geworden, daß ich zwischen den Stäben des Krankenbetts hindurchklettern konnte. Ich sollte mich zu Hause erholen. Ohne jede Verpflichtung trödelte ich durch die Tage, schrieb lange Briefe – Hans-Conrad war nach seiner Augenoperation in das Vorzimmer des Generals Helmuth Stieff, Chef der Organisationsabteilung im Oberkommando des Heeres und später am Attentat vom 20. Juli beteiligt, zurückgekehrt – und erhielt kurze, nichtssagende Antworten.

Im Lorzendorfer Schloß war der lange Eßtisch zusammengeschoben worden. Es fehlte nicht nur der Vater. Der Oberinspektor, die beiden Eleven, sogar der Vikar waren eingezogen worden. Nur wenn einer der Onkel Urlaub von der Front hatte oder der Milchkontrolleur seine regelmäßige Inspektion machte, saß ein Mann am Tisch. Die Männerarbeit auf dem Hof leisteten, außer ein paar Rentnern, polnische Zwangsarbeiter. Sie waren im letzten Haus des Dorfes untergebracht und verpflegten sich selbst. Anfangs hatte der pensionierte Polizist die Männer abends eingeschlossen. Doch nachdem er gesehen hatte, daß sich die Fenster ohne Schwierigkeit öffnen ließen, ignorierte er diese unsinnige Vorschrift und begnügte sich mit gelegentlichen Kontrollgängen.

Ohne die polnischen Zwangsarbeiter wäre der Gutsbetrieb längst zusammengebrochen. Sie brachten die Trecker in Gang, beschlugen die Pferde und konnten mit dem schweren Dampfpflug umgehen. Nach Feierabend, wenn das Dorf in erschöpfter Stille versank, begann ihr Leben. Auf dem festgetretenen lehmigen Platz, der einmal ein Vorgarten gewesen war, hatten sie sich aus Backsteinen und einem Eisenrost eine Feuerstelle gebaut. Fast täglich brieten sie sich dort am Spieß ihre Beute: Wildkaninchen, die sie verbotenerweise am Rand der Schonung mit Drahtschlingen gefangen hatten, Hühner, die zwar von ihren Besitzern vermißt, deren Fehlen aber auch leidlich verschmerzt wurde. Schließlich brach manchmal auch der Fuchs in den Hühnerstall ein. Zum Spießbraten gab es große Pellkartoffeln mit Schmalz oder Dickmilch. Und niemals fehlte die Wodkaflasche.

»Den Polen geht es gut«, sagte der alte Polizist. »Niemand kann Fallen stellen wie sie, und Hühner fangen ist für sie auch kein Kunststück. Was sie brauchen, holen sie sich, ohne zu fragen.« Woher sie den Wodka hatten, der sie zum Singen brachte, wußte keiner. Die Mädchen, die Samstag zum Tanzen kamen, kannte auch niemand. Aber an ihrer Arbeit hatte keiner etwas auszusetzen.

Tadeusz hieß der hochgewachsene, gut aussehende Schmied, der von allen seinen Landsleuten respektiert wurde. Mit ihm ließ sich verhandeln. Er sprach etwas Deutsch und außerdem ein sehr gutes Französisch. Gelegentlich war er für ein paar Tage verschwunden. Öfter lehnten auch fremde Polen neben dem Amboß und redeten in den Pausen zwischen den Hammerschlägen halblaut auf Tadeusz ein. Niemand beschwerte sich. Die Polen waren unentbehrlich.

Tadeusz fehlten nur die Kokarde an der Mütze und silberne Schulterstücke, um als polnischer Offizier wieder in der Armee zu dienen, meinte Vaters Bruder Friedrich, der in seinem kurzen Heimaturlaub in Lorzendorf nach dem Rechten sah. »So weit ist es gekommen, wir sind auf disziplinierte Partisanen angewiesen. Seid froh, daß ihr Tadeusz habt. Er hält die anderen in Schach, weiter östlich haben sie schon mit dem Plündern begonnen.«

Gespart wurde nun nicht mehr aus Prinzip, sondern weil es verlangt wurde. Nur die erlaubten Rationen wurden zugeteilt. Die Hausdame hatte für das ganze Dorf die Ausgabe der Lebensmittelmarken übernommen. In der Küche stand eine Briefwaage, auf der sie Tag für Tag die Butterration für jeden abwog. Auch die Leberwurst bekam jeder scheibchenweise auf kleinen Schälchen zugeteilt.

Wenn nach dem Mittag- oder Abendessen im Radio die Nachrichten von den Kriegsschauplätzen übertragen wurden, versammelte sich die Hausgemeinschaft im Musikzimmer. Es herrschte fast immer ein bedrücktes Schweigen. Mutter hatte es aufgegeben, die Morgenandachten wieder einzuführen, keinem stand der Sinn danach. Die frommen Lieder ohne Klavierbegleitung – der Vikar war ja an der Front – klangen zu kläglich. Mit verlegenen Ausreden machten sich die meisten gleich nach dem Frühstück wieder an die Arbeit.

Gegen die lähmende Stille und Traurigkeit konnte Mutter sich nicht wehren. Das Haus wirkte leer, manchmal sgar verlassen, obwohl fast alle Zimmer von Bombenflüchtlingen aus Berlin und dem Ruhrgebiet besetzt waren. Im großen Wohnzimmer und in zwei weiteren Räumen sowie in mehreren Kellern lagerten zudem Kisten mit Museumsschätzen aus Berlin.

Keiner sprach über seine Angst und Sorge. Dabei hatte jeder Angehörige oder Freunde, deren Leben in Gefahr war. Die Siegesfanfaren der selten gewordenen Sondermeldungen lösten nicht mehr, wie am Anfang des Krieges, Jubel aus. Die triumphierende Stimme des Ansagers, der

Rekordabschüsse von Flugzeugen oder erfolgreiche Torpedierungen von Kriegsschiffen bekanntgab, fanden wir unerträglich.

Christian, Vaters Bruder und Großmutter Amalys vielgeliebter jüngster Sohn, hatte lange schwerverwundet im Lazarett gelegen. Als er sich etwas erholt hatte, verlobte er sich. Das Leben ging weiter. Zur Hochzeit mit seiner Braut Sigrid waren nur wenige Freunde und Verwandte da. Nicht einmal der Brautvater hatte Urlaub bekommen. Ich trug mein erstes Abendkleid aus knittrigem rosa Kunststoff. Christian hatte mir die Felle seiner weißen Kaninchen geschenkt und einen Kürschner ausfindig gemacht, der daraus ein Cape anfertigte. Die Hälfte der jungen Männer in Uniform, die sich zum Hochzeitsfoto aufgestellt hatten, war wenige Monate später gefallen.

»Nach dem Krieg«, kündigte Christian an, »werden wir mit den braunen Bonzen aufräumen.« Ob er noch an einen Sieg glaubte? Zu den aktiven Widerstandskämpfern hat er nicht gehört. Als Frontoffizier hatte er keinen Kontakt zu dieser Gruppe von Offizieren, die ihr Leben riskierten, um Hitler zu beseitigen. An einem Putsch in Kriegszeiten oder an einem Tyrannenmord hätte er sich wohl als engagierter Christ nicht beteiligt. Ich habe später leider nie mit ihm über den 20. Juli gesprochen. Aber ich erinnere mich an sein negatives Urteil nach dem Krieg über Hans Oster und Wilhelm Canaris (sie hätten dem Feind strategische Pläne verraten – den Zeitpunkt der Westoffensive). Christian vertrat die Haltung vieler Truppenoffiziere, die keinerlei Sympathien für das NS-Regime hatten, sich durch ihren Eid auf Hitler aber zur Treue verpflichtet fühlten oder vielleicht einfach auch keinen anderen Ausweg wußten, als auf verlorenem Posten auszuhalten.

Von den verheerenden Luftangriffen auf Lübeck, Hamburg, später Berlin und die anderen deutschen Städte konnten wir uns kein Bild machen. Ich bekam die ersten Eindrücke von der Zerstörung ganzer Stadtteile erst im

Januar 1945 in Stettin. Schlesien blieb bis in die letzten Kriegsmonate hinein verschont.

Während meiner Verlobungszeit war ich öfter bei Großmutter Amaly in Hennersdorf. Sie hatte es übernommen, mich aufzuklären, da ich nun doch bald heiraten würde. Ihr war das so peinlich, daß ich behauptete, ich wüßte schon alles, schließlich hätte ich als Kind schon Tiere bei der Paarung beobachtet. »Ja«, sagte sie, »der tierische Akt – er hat nichts mit Liebe zu tun.« Erleichtert ging sie sofort zu einem weniger heiklen Thema über. Und ich verschwand in die Küche zu Elsbeth, die mir beibringen wollte, wie eine Mehlschwitze anzurühren sei.

Ein paar Wochen war ich in Hagenberg bei Linz, dem Gut von Vaters Bruder Friedrich. Friedel, wie er genannt wurde, war ständig auf der Suche nach einer Frau. Nicht nur seine Mutter und sämtliche Tanten hatten vergeblich versucht, ihn zu verkuppeln. Viel später, nach dem Krieg, besuchte er als grauhaariger Hagestolz immer noch Bälle und andere Festivitäten, um die ideale Familienmutter zu finden. Dabei hatte er längst eine illegitime Familie, was allerdings nur wenige wußten; ich zum Beispiel gehörte nicht zu den Eingeweihten. Zu seinem Kummer ließ sich die Mutter seiner Kinder aber nicht von ihrem Ehemann scheiden. Friedel, der Schwerenöter, der allseits beliebte, etwas wunderliche Außenseiter, behielt bis zu seinem Tod 1973 etwas Jungenhaftes, Verwegenes. Er war zweifellos der originellste von Vaters Brüdern.

Sein rotes Motorrad war berühmt. Damit erschien er knatternd und stets unverhofft, erwartete aber mit größter Selbstverständlichkeit, daß ihm zu Ehren so schnell wie möglich aufgetischt wurde, was Küche und Keller hergaben. Eigentlich sei er Vegetarier, beteuerte er immer, während er ein dickes Schweinefilet oder einen Hasenrücken allein verspeiste. Seine rheumatischen Leiden linderte er mit Heilerde, die er innerlich und äußerlich anwendete. Gern benutzte er aber auch alle Mittel, die im Medizinschrank für die Pferde aufbewahrt wurden.

Wir Kinder liebten und bewunderten unseren Onkel Friedrich. Als eines Tages ein einmotoriges Flugzeug verwegene Loopings über dem Lorzendorfer Park, dem Hof und rund um den Schloßturm machte, wußten wir sofort, das konnte nur Friedel sein, der gerade seine Pilotenprüfung bestanden hatte.

Er war ein ausgezeichneter Schütze. Nach dem Krieg machte er seine Verwandtenbesuche wie eh und je auf dem Motorrad, nur war es jetzt eine gewöhnliche schwarze und ziemlich PS-arme, knatternde Maschine, eher ein Moped. In seinen Rucksack hatte er einen Rehbock gepackt, den er portionsweise als Gastgeschenk verteilte. Sein letzter Gastgeber erhielt nur noch einen übelriechenden Vorderlauf. Er sei gerade richtig abgehangen, beteuerte Friedel; Wild müsse »Hautgout« haben; ein wenig Buttermilch würde den strengen Geruch mildern und das Wildbret noch zarter machen. Da er längst kein eigenes Jagdrevier mehr besaß – er war nach dem Krieg im russisch besetzten Österreich enteignet worden –, vermuteten wir, daß er seiner Jagdpassion illegal in fremden Revieren nachging.

Auf sein Schloß in der Nähe von Linz hatten sich während des Krieges Verwandte und Bekannte aus Berlin und Düsseldorf vor den Bombenangriffen gerettet. Keiner glaubte mehr an den »Endsieg«, den Propagandaminister Goebbels noch immer in seinen Reden beschwor. Alle rechneten damit, daß der Krieg bald zu Ende sein würde. Am Abend kam nicht selten eine fiebrig-heitere Stimmung auf. Man feierte, »weil es bald nichts mehr zu feiern« geben würde. Die letzten Flaschen wurden aus dem Weinkeller geholt. Eine Berliner Innenarchitektin, die ihre wertvollsten Möbel und Teppiche in einem fast leeren Flügel des Schlosses gestapelt hatte, pries bei jedem neuen Luftangriff auf die Hauptstadt die rechtzeitige Rettungsaktion ihrer Schätze (die Antiquitäten wurden später von den russischen Siegern verbrannt oder zerschlagen). Ein zuckerkranker Professor jammerte, weil für ihn auch hier auf dem Lande die Ernährung schwierig war. Einige der jungen Frauen zitterten um ihre Männer an der Front.

Unbeschwert waren nur die kleinen Kinder. Mit ihnen ging ich in den Wald, um wilde Erdbeeren und Himbeeren zu pflücken. Manchmal half ich in der Käserei beim Abpacken. Und dann war da auch ein großer Garten, in dem es immer etwas zu tun gab. Aber ich sollte mich ja schonen, keinesfalls anstrengen. Ich lebte wie unter einer Glasglocke, unter künstlichen Bedingungen. Einmal war ich in Linz, einmal in Salzburg, um meinen Verlobten Hans-Conrad zu treffen. Er blieb mir fremd wie am Anfang.

Am 19. Juli 1944 fuhr ich nach Berchtesgaden. Frau Stieff, die Frau von Hans-Conrads Chef, General Helmuth Stieff, besaß dort ein Haus und hatte mich eingeladen, doch als Hans-Conrad mich am Bahnhof abholte, brachte er mich im Hotel unter. Frau Stieff hatte ihre Einladung ohne Begründung rückgängig gemacht (vielleicht war sie über den Zeitunkt des geplanten Attentats orientiert). Der General war bereits wieder im Hauptquartier Zossen. Er hatte Hans-Conrad als Nachhut zurückgelassen, weil er wußte, daß ich kommen würde. Wir saßen am nächsten Tag im Casino, als das Radio überlaut gestellt wurde und ein Sprecher die Nachricht vom mißlungenen Attentat im Führerhauptquartier »Wolfsschanze« verlas.

Hans-Conrad ließ sich sofort unter dem Vorwand dringender Familienangelegenheiten beurlauben. Wir fuhren zuerst zu seiner Mutter in die Nähe von Berlin, die dort in einer Zentrale des Roten Kreuzes arbeitete. Fast stündlich hörten wir im Rundfunk die Schreckensmeldungen über Verhaftungen und Erschießungen: viele bekannte Namen aus der Verwandtschaft, dem Freundeskreis und auch aus dem Stab der Organisationsabteilung, zu dem Hans-Conrad nach seiner schweren Kopfverwundung abkommandiert war. General Stieff wurde am 8. August vom Volksgerichtshof im ersten Prozeß gegen die Verschwörer des 20. Juli zum Tode verurteilt und noch am selben Tag in Plötzensee hingerichtet.

Hans-Conrad ahnte, in welcher Gefahr er war. Er meldete sich nicht vorschriftsmäßig bei seinem Stab in Zossen, sondern reiste zunächst mit mir nach Pätzig, dem abgelegenen Gut seiner Verwandten Wedemeyer in der Neumark. Daß er als enger Mitarbeiter Stieffs seine Tante Ruth, geborene von Kleist, eine Schwester seiner Mutter, und ihre Kinder durch seine Anwesenheit gefährdete, wurde ihm erst nach einigen Tagen bewußt. Unsere Cousine Maria, die zweitälteste Tochter des Hauses, war mit Dietrich Bonhoeffer verlobt, der bereits seit April 1943 wegen »Wehrkraftzersetzung« im Gefängnis saß.

Wie ernst die Lage war, konnte ich nicht durchschauen. Hans-Conrad weihte mich nicht ein; er sprach mit seiner Tante erst, nachdem ich mit den jüngeren Vettern und Cousinen in den Garten zum Blumenpflücken geschickt worden war. Ein Gedenk- und Fürbittgottesdienst in der gerade umgebauten Kirche, die wir jetzt schmückten, sollte für die Gefallenen und Inhaftierten gehalten werden. Der Gutsherr, Onkel Hans von Wedemeyer, sein ältester Sohn Max und mehrere Männer aus dem Dorf waren gefallen. Tante Ruth hielt selber den Gottesdienst, ein Pastor war nicht gekommen.

Onkel Hans von Wedemeyer war ein enger Freund von Franz von Papen und von Anfang an ein entschiedener Gegner der Nationalsozialisten gewesen. Er hatte Papens Büro in der Wilhelmstraße geleitet und vergeblich den Reichskanzler und Hindenburg vor Hitler gewarnt. Aus nächster Nähe erlebte er, wie Hitler eine Machtposition nach der anderen an sich riß und sein Unrechtsregime durchsetzte. Er befürchtete das Schlimmste. Im Mai 1933 gab Hans seine Position auf und zog sich auf sein Gut Pätzig zurück. Sein Nachfolger in der Kanzlei Papens,

Herbert von Bose, wurde 1934 in Zusammenhang mit der Röhm-Affäre ebenso von der SS ermordet wie der Reichsminister General Kurt von Schleicher.

Die Wedemeyers in Pätzig standen auf der schwarzen Liste der Nazionalsozialisten. Ein Verleumdungsprozeß »wegen unsozialen Verhaltens« konnte erst in der letzten Instanz als Lügengebäude entlarvt werden. Verteidiger war Fabian von Schlabrendorff. Sie waren zudem als entschiedene Anhänger der Bekenntniskirche verdächtig und standen allein deshalb schon unter Beobachtung.

Als wir auf dem Rückweg nach Berlin in Bansin, im Ferienquartier meines Onkels Erich von Manstein, anklopften, um Neues zu erfahren, konnte ich nicht begreifen, daß uns Hans-Conrads Bruder Alexander, Mansteins Adjutant, gar nicht erst ins Haus hineinließ, sondern uns entsetzt sofort wieder zum Bahnhof zurückbrachte. Wir hätten den Feldmarschall gefährden können, warf er uns vor.

Gute Freunde im Hauptquartier verhalfen Hans-Conrad zu einem befristeten Kommando in Rumänien und später zu einer unauffälligen Stabsstelle in Stettin. Dort würde er, so hoffte er, so schnell nicht auffindbar sein und einem Verhör entgehen. Er hatte zwar nie zum inneren Kreis der Verschwörer gehört. Aber Henning von Tresckow und Fabian von Schlabrendorff waren nächste Verwandte von ihm. Hans-Conrad war ihnen nicht nur bei Familienfesten, sondern auch im Hauptquartier in Zossen oft begegnet. Ohne es zu ahnen, hatte er längere Zeit im Schrank seines Büros die mit Sprengstoff präparierte Uniform aufbewahrt, die Axel von dem Bussche Hitler vorführen und dabei ihn und sich selbst in die Luft sprengen wollte. Einer von vielen erst gar nicht in die Tat umgesetzten Versuchen, den »Führer« zu ermorden.

Als gemeldet wurde, Henning von Tresckow sei am 21. Juli in Rußland »auf dem Felde der Ehre« gefallen, kamen Hans-Conrad sofort Zweifel: Er kannte Hennings Einstellung und ahnte, daß er der Kopf und die Zentrale des militärischen Widerstands gewesen war. Doch zunächst fand Hennings Begräbnis mit militärischem Prunk auf dem väterlichen Gut statt. Erst Tage später wurde bekannt, daß er sich selbst mit einer Handgranate umgebracht und daß er zusammen mit Stauffenberg und anderen den Staatsstreich geplant hatte. Nachträglich wurde er aus der Armee ausgestoßen, sein Sarg wurde Monate später nach Sachsenhausen gebracht. Dort mußte sein Neffe und engster Vertrauter, Fabian von Schlabrendorff, den Toten identifizieren und bei der anschließenden Verbrennung anwesend sein, bevor man ihn wieder ins Gefängnis zurückbrachte. Nach einem Gerücht, das die BBC verbreitet hatte, war Henning am 21. Juli angeblich zu den russischen Truppen übergelaufen, deshalb die Exhumierung.

Fabian mußte mehrfach schwerste Folterungen ertragen, bevor er ohnmächtig wurde. Die Namen von Mitwissern hat er nicht preisgegeben. Nur durch einen Zufall oder ein gütiges Geschick blieb er am Leben: Bei einem Bombenangriff der Alliierten auf Berlin im Februar 1945 tötete ein herunterstürzender Balken den Präsidenten des Volksgerichtshofes, Roland Freisler. Er hatte die Akte Schlabrendorff unter dem Arm und war auf dem Weg in die Hauptverhandlung, wo Fabians Todesurteil verkündet werden sollte. In dem anschließenden Durcheinander gingen die Unterlagen verloren, und nach Stationen in verschiedenen Konzentrationslagern wurde Fabian Anfang Mai 1945 von amerikanischen Truppen befreit.

Hans-Conrads mütterliche Familie, die Kleists und Bismarcks in Hinterpommern wie die Wedemeyers in der Neumark, die ja, zwar nicht ganz so nah, auch meine Verwandten waren, hatte Hitler von Anfang an konsequent abgelehnt. Der größte Teil der Familie bekannte sich zur christlichen Reformbewegung der Berneuchener, unterstützte die Michaelsbruderschaft und die Bekenntniskirche, der Dietrich Bonhoeffer angehörte. Ruth von Kleist, Hans-Conrads Großmutter, war eine Schwester meines Großvaters Zedlitz (eine andere Schwester war die Mutter von Henning von Tresckow). In ihrem Witwensitz Klein-Krössin konnten Bonhoeffer und sein Freund Eberhard Bethke verbotene Seminare halten. Dort trafen sich auch Hans-Jürgen von Kleist, der Sohn von Ruth, der Nachbar Ewald von Kleist-Schmenzin und andere entschiedene Gegner der Nationalsozialisten zu konspirativen Gesprächen. Die amerikanische Autorin Jane Pejsa hat ihr Buch über Ruth von Kleist und ihre Beteiligung im Hintergrund des 20. Juli 1944 »Matriarch of Conspiracy« genannt.

Pommern oder die Neumark waren für uns Kinder von Schlesien zu weit entfernt, als daß sich verwandtschaftliche Verbindungen – außer bei Hochzeiten und anderen großen Familienfesten – pflegen ließen. Ich haben nur einmal in den Ferien eine Schwester meiner Mutter besucht, die in Pommern verheiratet war. Die Kleist-Verwandten lernte ich erst nach dem Krieg kennen. Und selbstverständlich wußte ich im Sommer 1944 nicht, daß Hans-Conrads Großmutter in ihrem Stettiner Haus, in dem sie im Winter wohnte, damit die zahlreichen Enkel zur Schule gehen konnten, Juden und andere Verfolgte des Naziregimes versteckte, bis diese einigermaßen sicher nach Schweden flüchten konnten. Sie muß eine sehr mutige Frau gewesen sein. In Klein-Krössin ist sie 1945, nachdem sie zuerst geflohen, dann aber wieder in ihr Dorf und zu ihren Leuten zurückgekehrt war, mit achtundsiebzig Jahren gestorben.

Verlobt bedeutet noch nicht ganz und gar Festgelegtsein. Natürlich kamen mir Bedenken. Worauf ließ ich mich da eigentlich ein? Ich war unsicher geworden. Warten, hinausschieben schlug ich in einem meiner Briefe vor. Aber gerade das wollte Hans-Conrad überhaupt nicht. Er würde sich sofort wieder an die Front melden, falls ich meine Entscheidung rückgängig machen sollte. Das war eine Drohung oder vielmehr schon eine Erpressung. Ich wollte nicht daran schuld sein, daß ihm etwas zustieße.

In einem kurzen Urlaub fuhr Hans-Conrad mit mir noch einmal zu seiner Mutter, danach zu seiner Schwester Ruth-Roberta Ripke, die mit einem Arzt in Oberschreiberhau im Riesengebirge verheiratet war. Beide nahmen mich mit offenen Armen auf. Wir hatten sofort einen besonders herzlichen Kontakt, der auch bestehen blieb, als ich mich zwölf Jahre später von Hans-Conrad trennte.

Wieder zurück in Lorzendorf, begann ich mein angeknackstes Herz zu trainieren: Dauerlauf um das Rondell, jeden Tag eine halbe Runde mehr. Wenn die Schimmelstute mal nicht gebraucht wurde, ritt ich auch bald wieder. Mir ging es zunehmend besser. Meine Gesundheit war also kein Grund mehr, eine Heirat hinauszuschieben. Der Hochzeitstermin wurde schließlich auf den 18. Januar 1945 festgelegt, wenige Tage nach meinem neunzehnten Geburtstag.

Niemand sagte laut, daß wir in Gefahr waren. Wir schlossen die Augen vor der Gewißheit, daß dieser Krieg verloren war und wir uns in die Flüchtlingskarawane Richtung Westen würden einordnen müssen, die nun täglich vorbeizog oder bei uns Station machte. Wir wollten es nicht wahrhaben. Gab es überhaupt noch Hoffnung – auf die angekündigte Wunderwaffe vielleicht? Sollte man das Verbot zu trecken ignorieren und alles für einen Aufbruch vorbereiten? Trecken, das Wort kannten wir aus dem Film »Ohm Krüger«. Wieviel Zeit würde uns noch bleiben?

Die großen Kisten mit den Kostbarkeiten aus Preußischem Kulturbesitz, die bei uns vor den Bomben auf

Berlin ausgelagert waren, hatte ein umsichtiger Museumsmann bereits mit einem Konvoi von Wehrmachtsfahrzeugen abholen lassen. Wenigstens die Bibelsammlung der Ururgroßmutter, die Menzel-Stiche und ein paar Gemälde hätte er auch mitnehmen können, dachte ich. Doch dafür fehlte ihm die Anweisung. Ich fragte nach dem Ziel des Transports: »Harz« war die einsilbige Antwort.

Man mußte vorsichtig sein. Vorbereitungen zur Flucht wurden schwer bestraft. Auch bei uns gab es einen Ortsgruppenleiter, der mit einer Pistole bewaffnet war. Würde er den Befehl von höchster Stelle, also vom Gauleiter – er hieß ausharren –, befolgen und jeden Fluchtversuch gewaltsam verhindern? Und wie sollten wir überhaupt fortkommen, zu Fuß? Es fuhren nur noch wenige überfüllte Züge. Die Pferde, auch unsere geliebten Reitpferde, waren beschlagnahmt, sie mußten von früh bis spät Erde karren für Panzergräben und Wälle, die die russische Armee aufhalten sollten. Was konnten, was durften wir überhaupt tun, ohne uns selbst oder andere zu gefährden? Ich wurde in solche Überlegungen kaum einbezogen. Ob man mich schonen wollte, weil ich zu jung war, verträumt und im Begriff zu heiraten? Ich zählte noch nicht ganz zu den Erwachsenen.

Wir, das waren meine kränkelnde Mutter, ihre Vertraute, die baltische Hausdame Tante Mausi, mit ihrer Mama und die Großmutter Amaly, die Mutter meines Vaters, die von ihrem Witwensitz in Hennersdorf aus auch bei uns in Lorzendorf noch immer die Zügel in der Hand hielt, sowie meine neun Jahre alte Schwester Christine. Es gab keine Männer mehr, die Entscheidungen fällen konnten. Außer den polnischen Zwangsarbeitern und ein paar Rentnern war kein Mann auf dem Gut.

Den neuen Mitbewohnern im Schloß konnte man nicht trauen, man kannte sie zuwenig. Sie waren nach den Luftangriffen auf ihre schon halbzerstörte Heimatstädte evakuiert und bei uns einquartiert worden. Die alten Männer vom Volkssturm, von denen auch einige bei uns wohnten und in ihren schäbigen Uniformen Panzergräben aushoben, zählten nicht; sie waren genauso ahnungslos wie wir. Unbeholfen hantierten und übten sie, wenn sie nicht zum Schippen und Schanzen eingeteilt waren, mit Panzerabwehrfäusten, den klobigen Handwaffen, mit denen sie uns bei einem feindlichen Angriff verteidigen sollten. Die Gutsleute und die übrigen Dorfbewohner warteten vergeblich auf Entscheidungen. Sie hielten wie wir die Luft an, waren wie gelähmt.

Die Hausdame Tante Mausi, vielmehr ihre Mama versorgte uns fast täglich mit schlimmen Nachrichten aus England. Aber entweder war sie überaus vorsichtig damit, oder sie drückte sich so vage aus, daß ihre BBC-Botschaft aus dem krächzenden Volksempfänger, den sie unter einem Plumeau versteckte, nicht mehr war als eines der vielen Gerüchte, die uns nur so lange beunruhigten, bis eine neue Meldung das Gegenteil verkündete. Die Landkarte, auf der wir zu Beginn des Krieges mit bunten Stecknadeln den Vormarsch der Wehrmacht im Osten gekennzeichnet hatten, schaute niemand mehr an. Den Rückzug hatten wir nicht markiert. Dem Wehrmachtsbericht trauten wir längst nicht mehr.

Mausis Mutter war die einzige, die grauenhafte Erfahrungen mit den Russen hatte. Sie erzählte immer wieder, wie 1919 ihr Mann und andere Balten vor den Augen ihrer Angehörigen in Riga erschossen worden waren. Nur mit dem Nötigsten war die Baronin mit ihren Kindern ins »Reich« geflohen, zu Verwandten in Westfalen, zu denen die baltische Familie über die Jahrhunderte hinweg Kontakte gepflegt hatte, ohne daß man sich jemals begegnet wäre. Es genügte, daß es da im Westen ein Wasserschloß mit einem Besitzer gleichen Namens gab, den der baltische Zweig der Familie Vetter nannte.

Wir hatten solche Kontakte nicht. Oder sollten sich möglicherweise Beziehungen zu den Nachkommen der fränkischen oder thüringischen Reichsritter aus Mutters Familie herstellen lassen? Fünfhundert Jahre und mehr lag die Hunnenschlacht bei Wahlstadt zurück, an der gemeinsame Ahnen beteiligt waren, nicht eben das, was man enge Familienbande nennen konnte ...

Hochzeit, Untergang der alten Welt
und Flüchtlingsjahre

Und nun meine Hochzeit am 18. Januar 1945: wahnwitzig und absurd, aber auch typisch für die Endzeitstimmung, in der etwas, was nun einmal geplant war, ablief, als gebe es nichts Wichtigeres, egal, ob ringsherum die Welt unterging.

Nur wenige Gäste waren gekommen, die Großeltern aus Frauenhain, Hans-Conrads Mutter Spes, seine Schwester Ruth-Roberta mit ihrem Mann und sein Bruder Alexander, der Feldmarschall-Onkel im vorläufigen Ruhestand mit Frau und Sohn, der verwitweten Schwägerin und meinem siebzehn Jahre alten Bruder in schwarzer Panzerschützen-Uniform, außerdem meine Freundin Gudrun und Ruth von Kleist, eine gleichaltrige Cousine. Das waren schon alle, nein, die beiden ältesten Kinder meiner Schwägerin waren auch da und freuten sich auf das versprochene Vanilleeis – so etwas hatten sie noch nie gegessen.

Mit meinem Schwiegervater Walter Stahlberg hatten wir gar nicht gerechnet. Nach seiner Scheidung in den zwanziger Jahren hatte er sich ganz und gar von der Familie zurückgezogen. Er lebte auch nicht mehr in Stettin, wo die große Ölmühle stand, die ihm gehörte, sondern in Berlin. Zu seinen Kindern hatte er sehr wenig Kontakt.

Vormittags waren wir ahnungslos im Einspänner zum Standesamt in Buchelsdorf gefahren. Auf dem Rückweg wollten wir den Breslauer Pastor abholen, der mich konfirmiert hatte. Aus Breslau seien keine Züge mehr zu erwarten, sagte uns der Bahnhofsvorsteher in der Kreisstadt, mehr wisse er auch nicht. Aus dem Osten rollten Züge mit Verwundeten in dichter Folge, ohne zu halten, nach Westen. Breslau galt als Lazarettstadt.

Wir mußten also versuchen, einen kirchlichen Amtsbruder aus Namslau zu bitten. Das schien jetzt das dring-

lichste Problem. Die Hochzeit war angesagt, jetzt sollte
sie auch wie geplant stattfinden, inklusive Kirchgang und
festlichem Menü mit dem obligaten Rehrücken samt Prei-
selbeeren und dem Eis als Dessert.

Während wir auf dem Standesamt gewesen waren, hatte
Onkel Erich von Manstein im BMW eine Spazierfahrt in
Richtung Osten gemacht. Gab es in Reichthal nicht dieses
Geschäft mit Stoffen in Vorkriegsqualität für besondere
Kunden? Jetzt, da der Feldmarschall wegen seiner Kritik
an der obersten Wehrmachtsführung in den vorläufigen
Ruhestand (»Führerreserve« nannte man das) versetzt
worden war, konnte er so etwas brauchen. Hans-Conrads
Bruder Alexander, Adjutant bei Manstein, war wie immer
findig im Aufspüren solcher Raritäten.

Auf der Landstraße kam es zu einer Begegnung zweier
Generäle. Der eine, noch amtierende, im offenen Gelän-
dewagen mit Stander meldete dem Ranghöheren, sie seien
weit und breit nahezu die einzigen deutschen Soldaten,
zehn Kilomter entfernt von einer russischen Panzerspitze,
die wahrscheinlich noch gegen Abend bis an die Oder vor-
stoßen würde.

Diese Meldung gab der Onkel jetzt unterm Kreuzgewölbe in Vaters Zimmer, wo sich die Gäste, schon festlich
gekleidet, versammelt hatten, mit heiserer, fast emotions-
loser Stimme weiter; es hätte auch einer der trockenen
Scherze sein können, die er liebte. Eines stand jedoch fest,
er würde mit den Seinen sofort nach dem Essen aufbrechen. Das fehlte noch: ein Feldmarschall in russischer Gefangenschaft!

Hermann deckte unterdessen scheinbar ungerührt die
lange Tafel mit dem besten Proskau-Service für das Festessen. Das Hochzeitsprogramm lief weiter. Vorerst fehlte
zwar noch der Ersatzpastor. Doch es gab genug zu tun.
Der arme Bruder mußte mit einer Packung aus heißem
Kartoffelbrei von einem Furunkel am Hals erlöst werden.
Vor allem aber mußte für alle Gäste Proviant vorbereitet

werden, falls es doch noch eine Gelegenheit geben sollte wegzukommen. Wer konnte wissen, wie lange die Reise unter diesen Umständen dauern würde. Ich holte mir eine Schürze, um mein elegantes Brautkleid beim Schmieren von Käse-, Wurst- und Schinkenbroten zu schützen.

Das Telefon bekam die Bedeutung eines Orakels. Vielleicht würde unser Freund, der Bahnhofsvorsteher, in Erinnerung an den Hasen, den er jedes Jahr zu Weihnachten erhalten hatte, doch noch einen Zug für uns anhalten. Vielleicht würde noch an diesem Nachmittag der Befehl zu trecken erteilt werden. Vielleicht würde überhaupt ein Wunder geschehen. Statt erstarrt darauf zu warten, was geschehen würde, konnten wir ebensogut Hochzeit feiern und dem Dorf ein Beispiel geben für Nervenstärke, Gottvertrauen oder Todesmut.

Ein kleines Wunder geschah immerhin: Der mutige Ersatzpastor aus der Kreisstadt erschien bei Eiseskälte auf dem Fahrrad. Seinen Talar hatte er in einer Tasche zusammengefaltet und auf dem Gepäckträger festgeklemmt. Nun konnten die Glocken geläutet werden. Ich band mir die Schürze ab, die das cremefarbene Crêpe-Georgette-Kleid vor Fettflecken bewahrt hatte. Großmutter Helene legte mir fürsorglich ihr goldbraunes Zobelcape um die Schultern. Zu Fuß ging es in bodenlangen Gewändern auf dem vereisten Weg, entlang des Bachs, durch den Park zum Betsaal über der Gärtnerei.

Vater hatte zu seinem Kummer nie genug Geld gehabt, eine Kirche zu bauen. Die schöne bemalte Stabholzkirche im Dorf, die er als Patron vorbildlich restaurieren ließ, war seit der Gegenreformation unter den Habsburgern fest in katholischer Hand. So fand der sonntägliche evangelische Gottesdienst wie eh und je in einem Provisorium statt. Über dem Altar hing als einziger Schmuck ein Gemälde vom kindlichen Jesus bei den Schriftgelehrten im Tempel. Ein Onkel hatte es gemalt. Wahrscheinlich war es eine Kopie nach einem unbekannten italienischen Künstler.

Nie haben wir den Zusammenhang zwischen diesem klugen Kind und den oft sehr langweiligen Predigten des Vikars, die unter den leuchtenden dunklen Kinderaugen gehalten wurden, begriffen.

Die Gemeinde hatte sich schon versammelt. Viele standen oder saßen auf den mit Schmierseife gescheuerten, noch feuchten Stufen der Holztreppe. Meine hochmusikalische Schwiegermutter Spes versuchte vergeblich, dem ächzenden Harmonium Orgelklänge zu entlocken. Ob überhaupt jemand dem Predigttext folgte? Korinther 12, Vers 13: »Nun aber bleibet Glaube, Liebe, Hoffnung, diese drei; die Liebe aber ist die größte unter ihnen.« Man war noch einmal zusammen, das war die Hauptsache. Die Lieder kannten die meisten auswendig. »Großer Gott, wir loben dich, Herr, wir preisen deine Stärke.« Wer wollte diesen Gott verstehen!

Der Rehrücken war inzwischen auf silbernem Tablett angerichtet, innen rosa und vollkommen gelungen. Der Feldmarschall drängte. Draußen brach die Dämmerung herein, und noch immer war, wenn man die Luft anhielt, in der Ferne das Klirren der Panzerketten auf gefrorenem Boden zu hören. Ich nahm meine Serviette und wickelte sechs dicke Scheiben vom rosigen Rehrücken für meinen Bruder ein. Es war sein Lieblingsbraten. Wer wußte schon, wann er so etwas wieder zu essen bekommen würde. Für Reden blieb keine Zeit. Aber der Feldmarschall hob doch sein Glas: »Auch in dieser Stunde gedenken wir unserer kämpfenden Truppe und unseres Führers!« Eisiges Schweigen. Dann erhob sich schwerfällig und mühsam der Großvater aus Frauenhain: »Ein Toast auf den Kaiser, hoch sollen sie leben, die Hohenzollern!« Niemand verzog das Gesicht. Großvater Stephan liefen die Tränen in seinen weißen Spitzbart.

Die Tischordnung löste sich auf, denn nun rief der Bahnhofsvorsteher an: Es sei ein Zug angekündigt, den er vielleicht würde aufhalten können. Wir, das heißt die

Hochzeitsgesellschaft, sollten so schnell wie möglich kommen. »Wenn die Pferde das nach der Schinderei am Panzergraben aushalten«, entfuhr es mir. Aber an Schonung der Tiere dachte keiner mehr.

Alexander versprach, sofort, nachdem er den Feldmarschall und die Seinen, einschließlich meinen Bruder, zurück nach Liegnitz gebracht hatte, umzukehren und Mutter und wer sonst noch in den beiden von Polen kutschierten Wagen nach Namslau keinen Platz gefunden hatte, in Sicherheit auf das linke Oderufer zu bringen. Großmutter Amaly würde bleiben. Sie wollte, auch wenn es dafür keine Erlaubnis gab, Vorbereitungen für die Flucht treffen und als letzte die beiden Güter Lorzendorf und Hennersdorf verlassen.

Ein eisiger Wind pfiff über den Bahnsteig. Ich fror in dem dünnen blauen Tuchmantel, der eigens aus einem Erbstück für mich gewendet, mehr oder weniger elegant umgeändert und mit einem kleinen grauen Kaninchenpelzkragen verbrämt worden war. Das passende Käppchen dazu wärmte nicht einmal meine Ohren. Meinem angetrauten Ehemann ging es in seiner besten Hauptmannsuniform nicht anders. Wir liefen im bläulichen Funzellicht der Notbeleuchtung eilig hin und her, in der Hoffnung, daß wir uns in den ersten Verwundetenzug, der hier hielt, würden hineinquetschen können. Als Offizier in russische Gefangenschaft zu geraten war keine schöne Aussicht.

Plötzlich winselte es hinter uns jämmerlich: ein brauner langhaariger Zwergdackel wedelte uns hoffnungsvoll an. Er irre schon den ganzen Tag hier herum, erfuhren wir. Wahrscheinlich seien seine Leute längst ohne ihn in Richtung Westen unterwegs. Ich nahm den zitternden kleinen Kerl auf den Arm. »Doch noch ein Hochzeitsgeschenk«, scherzte mein Ehemann.

Der Hund hat mich ein Jahr lang ständig begleitet, bis er in Schleswig-Holstein unter die Räder eines englischen

Militärfahrzeugs geriet. Ich habe geheult, als sei mir da erst bewußt geworden, was ich alles unwiederbringlich verloren hatte.

Wir zwängten uns mit aller Kraft in den ersten haltenden Zug hinein. Schwerverwundete lagen stöhnend in den Gängen, auf Sitzbänken und auf dem Boden der Abteile. Es roch nach Blut, Eiter, Schweiß und Urin. Einige der verletzten Soldaten konnten noch sprechen, sie nannten Orte mit deutschen Namen, wo die Rückzugskämpfe stattgefunden hatten. So nah war die Front herangerückt! Wir hatten einen Stehplatz dicht an der Tür. Ich drückte den kleinen Hund an mich. Immer wieder hielt der Zug und brachte unser Gleichgewicht in Gefahr. »Dem Kameraden macht es nichts, wenn Sie auf ihn treten«, sagte ein Landser neben uns, »er ist tot.«

Der Breslauer Bahnhof glich einem Massenlager für Flüchtlinge. Mit ihren Säcken und Koffern versuchten sie die wenigen eintreffenden Züge zu stürmen. Bald gab es für Zivilisten keine Fahrgelegenheit mehr.

Drei Tage später, am 22. Januar, kam der Befehl zur Räumung der Stadt, in der sich eine Million Menschen, doppelt so viele wie sonst, aufhielten. Zu Fuß bei minus zwanzig Grad machten sie sich in Panik auf den Weg nach Südwesten in Richtung Zobten. »Frauen und Kinder verlassen sofort die Stadt!« stand in dem Aufruf, den der Reichsverteidigungskommissar und Gauleiter von Schlesien, Karl Hanke, unterzeichnet hatte (er selbst setzte sich kurz vor Kriegsende mit einem Fieseler Storch aus der eingeschlossenen, total zerstörten Stadt ab).

Als »Todesmarsch nach Kanth« wurde dieser Exodus bezeichnet, bei dem achtzehntausend Menschen starben. Insgesamt kamen in Breslau neunzigtausend Menschen ums Leben. Die Belagerung der Stadt, die zur Festung erklärt wurde, endete erst am 7. Mai, einen Tag vor Kriegsschluß.

Am 18. Januar 1945 gab es noch seltsame Inseln der Normalität, auch für unsere Hochzeitsnacht: Für uns war ein Zimmer im Hotel Monopol, nicht weit vom Breslauer Bahnhof, reserviert. Wir hatten ein Bad und reichlich heißes Wasser. Der Hund durfte mit ins breite Bett, und ich fiel sofort in Tiefschlaf.

Am nächsten Morgen versuchten wir meist vergeblich zu telefonieren. Nur die Wehrmachtsleitung nach Stettin, wo Hans-Conrad so schnell wie möglich von seiner Dienststelle zurückerwartet wurde, funktionierte. Und aus Liegnitz erfuhren wir von meinem Schwager Alexander Stahlberg, daß er wie verabredet meine Mutter herausgebracht habe, daß die Großeltern aus Frauenhain mit meiner kleinen Schwester und den anderen Hochzeitsgästen kurz nach uns von Namslau mit einem der letzten Züge fortgekommen seien. Meine Freundin Gudrun und die Cousine Ruth hatten sie mit aller Kraft in die überfüllten Abteile geschoben, hatten sich allerdings selbst nicht mehr hineindrängen können. Vergeblich warteten sie auf dem Bahnsteig auf eine weitere Gelegenheit, bis endlich Alexander, der sie gesucht hatte, sie entdeckte und, weil die Hauptstraßen bereits alle verstopft waren, in seinem Kübelwagen auf abenteuerlichen Feldwegen nach Brieg brachte. Auf dem linken Oderufer fuhren noch Züge nach Breslau.

Großmutter Amaly wolle die Trecks der beiden Dörfer Lorzendorf und Hennersdorf nicht im Stich lassen, meldete der Schwager, sie hätten sich in Richtung Brieg in Bewegung gesetzt und hofften, noch rechtzeitig über die Oderbrücke zu gelangen.

Die russische Panzerspitze hatte wider Erwarten vor den Panzergräben bei Lorzendorf haltgemacht, in der Annahme, daß diese kümmerlichen Hindernisse von deutschen Truppen verteidigt würden. Außerdem mußte auf Nachschub von Munition und Treibstoff gewartet werden. Erst ein paar Tage später stießen russische Panzer, ungehindert und ohne Gegenwehr, bis an die Oder bei Brieg vor und bildeten dort einen Brückenkopf.

Wir brauchten auf Nebenstrecken zwei Tage bis Stettin, wo Hans-Conrads Stab lag. Inzwischen wurden auch hier Frauen und Kinder aus der Stadt evakuiert. Auch Stettin sollte Festung werden. Ich durfte mich also nicht zeigen. Erst bei Dunkelheit streifte ich mit dem Hund über das von Bombenkratern in eine Mondlandschaft verwandelte Gelände der Ölfabrik, die meinem Schwiegervater gehörte. Das Pförtnerhaus, dessen Dachgeschoß wir jetzt provisorisch bewohnten, war als eines der wenigen Gebäude fast intakt geblieben.

Am ersten gemeinsamen Abend in Stettin holte Hans-Conrad ein zufällig gerettetes Album hervor. Er hatte die meisten Fotos seiner früheren Freundinnen und Verlobten selbst geknipst und sorgfältig eingeklebt. Sichtlich stolz führte er sie mir vor. Eine Schöne auf Schlittschuhen glitt dem Fotografen mit ausgebreiteten Armen entgegen. Hübsch waren sie alle. Ich blieb stumm und verwirrt, mit solchen Erinnerungen und mit so viel Anmut konnte ich nicht konkurrieren.

Weil ich nichts zu tun hatte, packte ich Hochzeitsgeschenke aus, die trotz des allgemeinen Chaos angekommen waren. Weißes KPM-Porzellan hatte beispielsweise, sorgfältig in Seidenpapier gewickelt und in Kisten voller Holzwolle gebettet, unversehrt sein Ziel erreicht. Gelegentlich funktionierten Bahn und Post noch vorschriftsmäßig. Einmal haben wir sogar in der Küche feierlich von den edlen Tellern gegessen. Hans-Conrad hatte einen Hasen mitgebracht, den ich ungeschickt aus seinem Balg befreite und mühsam schnippelnd aus mehreren Hautschichten pellte. Ich hatte ihn zwar mit Speck gespickt, aber leider zu lange gebraten. Ohne die Hilfe des nun arbeits- und residenzlosen Direktors der Ölfabrik, unserem ersten Gast, hätte ich den Hasenbraten wohl ganz und gar verdorben. Ich hatte nicht die geringste Ahnung vom Kochen.

Unter Hans-Conrads Büchern, die sich auf dem Fußboden einer der Dachkammern stapelten, fand ich den dicken Schmöker »Vom Winde verweht«. Ich las, bis mir die Augen brannten. Der Untergang der O'Haras, einer Familie mit Privilegien, ähnlich jenen, wie auch wir sie genossen hatten, die Zerstörung einer scheinbar so festen Ordnung – es gab viele Parallelen zwischen dem Zusammenbruch der Südstaaten-Gesellschaft und dem Ende unserer schlesischen Gutsherrschaft.

Zweimal täglich erschien Hans-Conrads Bursche, ein blonder, baumlanger Pommer. Er brachte Verpflegung aus Wehrmachtsbeständen und wollte unbedingt Schuhe putzen oder sich sonstwie in der Zweizimmerwohnung nützlich machen. Für Nachrichten war er nicht zuständig. Seine eigene Familie hatte er bereits in einen Zug in Richtung Westen verfrachtet, wohin genau, wußte er nicht.

Ohne Radio, Telefon oder Zeitung war ich abgeschnitten von jeder aktuellen Information und wartete auf den Abend, wenn Hans-Conrad von seiner Stabsstelle zurückkam. Oft wurde es spät, weil er seine Position und den Fahrzeugpark dazu nutzte, Freunde und Verwandte auf den umliegenden Gütern vor den heranrückenden russischen Truppen zu warnen oder herauszuholen. Jedesmal kam er mit Horrornachrichten zurück. Der Besitzer von X. hatte sich, als die ersten Russen den Gutshof betraten, erschossen. In Z. brannten sämtliche Ställe mit dem eingesperrten brüllenden Vieh, die Dorfbewohner hatten sich im Wald versteckt.

Als Rächer für die »verbrannte Erde«, die deutsche Truppen in Rußland hinterlassen hatten, fielen nun die Soldaten der Roten Armee – oft alkoholisiert – über Frauen her, plünderten und zerstörten, töteten, vergewaltigten und verwüsteten, was ihnen in die Hände fiel. Überall auf den

Landstraßen zogen Flüchtlingstrecks in endlosen Kolonnen westwärts in eine ungewisse Zukunft.

Am 1. Februar 1945 brachte Hans-Conrad seine Cousine Ali von Doetinchem und ihre beiden Spaniels in seinem Dienstwagen mit. Alis sieben Kinder, den Gutstreck und die wertvollsten Zuchtstuten hatte sie bereits über die Oder geschickt. Es wurde nun auch für sie höchste Zeit, denn die Front rückte immer näher heran. Hans-Conrad hatte ihr sagen müssen, daß ihr Vater und alle Männer des Dorfes wenige Stunden zuvor auf seinem Gutshof von Russen erschossen worden waren.

Ich kannte Ali noch nicht. Doch ich hatte von ihr gehört. Alle sprachen voller Bewunderung über sie. Besonders die gleichaltrigen Vettern verehrten sie. Sie hatte einen Witwer mit sechs Kindern geheiratet und selbst einen kleinen Sohn geboren, bevor ihr Mann zur Wehrmacht eingezogen wurde und ihr die Verwaltung des pommerschen Gutes übertrug. Wenig später fiel er an der Ostfront. Mit fester Hand übernahm Ali nun die Führung. Vor ihrer Ehe war sie eine erfolgreiche Turnierreiterin gewesen, meist hatte sie die selbstgezogenen Pferde ihres Vaters, der ein bekannter Züchter war, unter dem Sattel gehabt.

Am nächsten Morgen sollte ich zusammen mit Ali und den drei Hunden in Hans-Conrads Sportwagen über die Autobahn nach Berlin fahren. Der Lancia – hechtgrauer Fischlack mit roten Ledersitzen und roten Speichenrädern – hätte unzeitgemäßer nicht sein können, aber er war Hans-Conrads ganzer Stolz. Er hatte ihn während des Krieges in einer Scheune versteckt, was dem flotten Flitzer nicht bekommen war: Er sprang nicht an. Man mußte ihn also anschieben oder auf abschüssiger Straße ins Rollen bringen. Außerdem funktionierte die Heizung nicht, und der Wind pfiff durch das brüchig gewordene Kabriodach.

Doch zunächst gab es am 2. Februar ein üppiges Frühstück. Hans-Conrad hatte Geburtstag. Ich hatte nach einem Sparrezept eine Möhrentorte gebacken, die grauenhaft schmeckte. Aber Ali hatte mitgebracht, was die pommersche kalte Küche zu bieten hatte: Spickgans, Rügenwalder Rauchwurst, Honig, Eier, Speck und Schwarzbrot. Wir aßen auf Vorrat. Ich hatte sogar eine Geburtstagskerze gefunden.

Außer den drei Hunden und ein paar kleinen Koffern und Taschen brachten wir griffbereit mehrere Flaschen Cognac sowie Zigarren und Zigaretten unter. Ich kam mir selbst wie ein Gepäckstück vor, das Hans-Conrad der erfahrenen Ali anvertraute. Es schneite, und auf der rechten Spur der Autobahn quälte sich ein endloser Zug von hochbeladenen Pferdefuhrwerken vorwärts – manchmal waren auch Kühe oder Ochsen eingespannt. Planen und Teppiche schützten nur notdürftig vor dem scharfen Ostwind. Viele Flüchtlinge gingen zu Fuß, schoben Kinderwagen oder zogen Handkarren. Rechts von der Fahrbahn auf der dünnen Schneedecke lag alle paar Kilomter ein längliches Bündel. Ob es kleine Kinder waren, die die Strapazen und die Kälte nicht überstanden hatten?

Ich dachte an Zuhause, an die Menschen, die ich kannte, die sich jetzt ähnlich elend auf den Straßen in Richtung Westen fortbewegten. Jeder in Pommern, Schlesien, Ostpreußen hatte die gleichen Gedanken. Ali war ein Beispiel dafür, daß man sich von seinen Sorgen und seinem Kummer nicht beherrschen lassen durfte. Man mußte das Nächstliegende tun, nichts anderes. Ich bewunderte sie, aber sie schüchterte mich auch ein. So ruhig, sicher und tatkräftig wie Ali würde ich nie sein.

Wir kamen schneller voran als die Flüchtlingskarawane, weil wir uns links zwischen die Wehrmachtsfahrzeuge einreihen konnten. Zuerst ging es nach Berlin, genauer nach Zossen, dem Hauptquartier der Wehrmacht, wo möglicherweise ein Vetter weiterhelfen würde. Wir brauchten

Benzin, aber, was genau so wichtig war, auch Wagenpapiere für den Lancia.

Sprit erhielten wir und zusätzlich den deprimierenden aktuellen Lagebericht, doch gültige Papiere für einen so auffälligen Sportwagen – das war dann doch zuviel verlangt. So mußten wir die zahlreichen Kontrollen weiter wie bisher mit Hilfe von Cognac, Zigarren oder Zigaretten passieren und auf die Tierliebe setzen, die unsere drei Hunde mit freundlichem Schwanzwedeln weckten. Vielleicht war es ja auch Alis Überzeugungskraft, die unsere Kontrolleure beide Augen zudrücken ließ. Sie sei auf der Suche nach ihren sieben Kindern, sagte sie jedesmal mit mitleiderregend tonloser Stimme. Es stimmte ja.

Alis erstes Ziel in der Mark Brandenburg war das Stift Heiligengrabe. Sie wollte sich vergewissern, daß zwei ihrer Töchter, die dort im Internat waren, rechtzeitig, wie sie es angeordnet hatte, in Richtung Württemberg zu einer Tante aufgebrochen waren.

Im mittelalterlichen Heiligengrabe wäre ich nach dem Tod meines Vaters auch beinahe gelandet. Es gab Familienbeziehungen zu diesem Stift. Eine der Äbtissinnen war Mathilde von Rohr, Fontanes vertraute Briefpartnerin und seine ergiebigste Auskunftsquelle für Details aus der preußischen Adelswelt. Sie war die Tante meiner Frauenhainer Großmutter Helene, die sie sogar noch gekannt hatte.

Ich blieb meist im Auto sitzen und hielt den Motor am Laufen. Es war zu schwierig, den Lancia wieder in Gang zu bekommen. Nicht immer fanden sich Helfer, die ihn schwungvoll anschoben, oder Pferde, die ihn ein paar hundert Meter weit schleppten, bis er endlich ansprang.

Als nächstes brauchten wir ein Quartier für die Nacht und Futter für die Hunde. Ali kannte sich als Pferdezüchterin und Turnierreiterin gut aus. Sie wußte, wo es Gutshäuser gab, die so abseits lagen, daß sie vermutlich noch nicht mit Flüchtlingen überfüllt waren. Wie Unglücksboten schreckten wir unsere Gastgeber mit den zuverlässigen Nachrichten vom Zossener Hauptquartier auf: die Russen an der Oder, deutsche Truppen fast überall auf dem Rückzug, der auf einigen Frontabschnitten einer heillosen Flucht glich. Niemand hatte damit gerechnet, daß es bereits so schlimm stand.

Unsere Gastgeber reagierten unterschiedlich: Die einen waren gelähmt vor Entsetzen, die anderen begannen hastig ihr Silber und andere Wertgegenstände zu verpacken. Haltbare Lebensmittel wurden in Kartons verstaut, Schinken, Speck und Würste aus der Räucherkammer geholt. Einige rollten gleich ihre Teppiche ein. Die würden sie als Schutzdach für die Treckwagen brauchen können. Die Ahnenbilder sollten auf jeden Fall gerettet werden, also schnitt man sie vorsichtig aus ihren kostbaren Goldrahmen. Hätte man uns doch in Lorzendorf auch rechtzeitig gewarnt! dachte ich.

Wie weit man in den Westen gehen müßte, das war die Frage. Auf jeden Fall ans westliche Ufer der Elbe. Verwandte, Freunde – wer würde helfen? Es gab erregte, tränenreiche Telefongespräche, noch funktionierten ja die meisten Leitungen. Erleichterung machte sich für einen Augenblick breit, wenn zumindest vorübergehend eine Notunterkunft zugesichert wurde. Aber oft gab es auch Enttäuschungen, wenn der Hilferuf auf taube Ohren stieß. Zu bitten und zu betteln hatte man nicht gelernt.

Wir kamen langsam voran, weil wir nur kurz nach Mitternacht in der Dunkelheit ein paar Stunden fahren konnten; bei Tageslicht waren die Kontrollen schärfer. Wo immer wir übernachteten, ich suchte nach »Vom Winde verweht« und las mich in den Schlaf. Es war tatsächlich eine zeitgemäße Lektüre und in den Bücherschränken der jeweiligen Gastgeber fast ausnahmslos zu finden.

An der Elbe, nicht weit von der damals noch unzerstörten Dönitzer Brücke, trafen wir den schnellsten von Alis Treckwagen. Elisabeth, Alis Freundin und Bereiterin ihrer Remonten, hatte ihn und den jüngsten Sohn Jan bis hierher gebracht. Die sechs Pferde sollten sich ein paar Tage erholen. Das Quartier war Wochen vorher verabredet worden. Elisabeth sollte später mit dem Treck nach Eldagsen in der Nähe von Hannover nachkommen, wo Alis Vater einen verpachteten Hof besaß. Was Ali auch immer anpackte, es klappte alles.

Wir setzten unsere Reise zusammen mit dem kleinen Jan und den drei Hunden in unserem stotternden Sportwagen fort. In Achterberg auf dem Truppenübungsplatz Munster in der Lüneburger Heide hatte mein Onkel Erich von Manstein auf dem Gut seines vor Warschau gefallenen Freundes Generaloberst Werner von Fritzsch ein geradezu behagliches Quartier gefunden (Fritzsch war 1935 nach dem Röhm-Putsch und der Ermordung auch von Wehrmachtsangehörigen, gegen die er protestiert hatte, als Oberbefehlshaber des Heeres abgelöst worden und mußte sich ehrenrühriger Verdächtigungen erwehren). Hier in der Heide ließ sich vorerst die Ungewißheit über das weitere Schicksal der übrigen Manstein-Familie ertragen. Ein Güterwaggon mit den vertrauten schönen Möbeln aus Liegnitz war eingetroffen, mit Bildern, Teppichen, Hausrat und den wichtigsten Sachen. Mein Schwager Alexander war da und vermutlich auch der Grund für unseren Umweg, denn ein paar Monate später heirateten Ali und Alexander in Eldagsen.

Natürlich hoffte ich, Nachrichten von meiner Familie zu erhalten. Daß mein Bruder zu einem Fahnenjunker-Lehrgang in die Nähe von Nürnberg abkommandiert worden war, klang einigermaßen beruhigend. Wenigstens wird er nicht als letztes Aufgebot im Osten eingesetzt, dachte ich.

Achterberg schien mir damals wie eine Oase, in der alles so wohlgeordnet zuging, als ob Mansteins schon immer hier gelebt hätten. Daß das Konzentrationslager Bergen-Belsen nur ein paar Kilometer entfernt war, ahnte ich nicht, geschweige denn, was wenig später in den letzten Wochen vor Kriegsende dort geschehen würde: Hunderte starben täglich und blieben liegen, wo sie entkräftet hingefallen waren. Die berüchtigten Todesmärsche von Auschwitz und anderen weiter im Osten gelegenen Konzentrationslagern endeten hier. Es gab nichts mehr zu essen, es fehlten Unterkünfte, nicht einmal genügend Zelte waren vorhanden, sogar Wasser wurde knapp. Die Häftlinge waren zu schwach, um die Leichen fortzuschaffen. Typhus und andere Krankheiten breiteten sich aus. Und täglich wurden noch neue Opfer in dieses Inferno hineingetrieben.

Anita Lasker-Wallfisch, eine der Überlebenden von Auschwitz und Bergen-Belsen, hat in ihrem Buch »Ihr sollt die Wahrheit erben« geschrieben: »Auschwitz war ein Lager, in dem man Menschen systematisch ermordete. In Belsen krepierte man einfach.« Als englische Panzer endlich am 15. April durch die Tore des Lagers rollten, befanden sich dort etwa fünfzigtausend Menschen in Baracken, Zelten oder unter freiem Himmel. Zehntausend waren tot. Der Film, den ein englischer Kameramann drehte (»A Painful Reminder«), hat die entsetzlichen Bilder festgehalten: Berge von nackten Leichen und halbtote Menschen in Lumpen, abgemagert bis aufs Skelett. Niemand, der den Film gesehen hat, wird dieses Dokument einer grauenhaften Hölle auf deutschem Boden vergessen. Heute sind die Baracken abgebrannt, nur ein Denkmal erinnert an diesen Tiefpunkt unserer Geschichte.

Im Februar 1945 sah es im ländlichen Niedersachsen noch friedlich aus. Die von Bomben zerstörten Städte umfuhren wir. Eldagsen am Deister, Alis Zielort, war für mich nur eine Zwischenstation. Ali fand eine leere Wohnung und war fest entschlossen, dort Fuß zu fassen. Ich versuchte mich nützlich zu machen und den frechen kleinen Jan zu bändigen, was mir nur selten gelang. Als nach ein paar Tagen ein Unteroffizier erschien und mich im Auftrag von Hans-Conrad wieder in die Nähe von Stettin zurückbrachte, war ich nicht unglücklich. Hans-Conrad und ich wollten uns im Chaos des sich abzeichnenden Kriegsendes nicht verlieren.

Auf der Fahrt mußte ich einen Militärmantel anziehen. Das Gebiet um Stettin war bereits von Zivilisten verlassen. Hans-Conrad hatte im Wald einen leeren Hof ausfindig gemacht, dessen Besitzer offensichtlich in großer Eile geflohen waren. Es fehlte nichts, von der sauberen Bettwäsche bis zum Volksempfänger; die Speisekammer war reichlich gefüllt. Man hörte nahe Einschläge der russischen Artillerie. Ich sollte tagsüber im Haus bleiben. Aber im Stall standen zwei Trakehner, und der pommersche Bursche durfte mit mir in der Dämmerung auf schmalen Waldwegen reiten. Nur nicht erwischen lassen, hieß die Parole.

Wir wurden jedoch ertappt. Mein Militärmantel hatte wohl nicht verbergen können, daß ich nicht zur Truppe gehörte. Hans-Conrads Chef tobte; er ließ die Erklärung nicht gelten, daß wir nur so der Gefahr entgehen konnten, getrennt zu werden. Ich wäre am liebsten gleich in der Nacht mit den beiden Pferden allein in Richtung Westen losgeritten. Hans-Conrad hielt diese Idee jedoch für blanken Unsinn. So wurde ich am nächsten Morgen eilig mit einem Lastwagen, in den die letzten verbliebenen Zivilisten sich drängten, in Richtung Westen, genauer nach Mecklenburg, abgeschoben.

Meine Tante Mietz Gräfin Bassewitz, die jüngste Schwester meiner Mutter, lebte dort auf einem Gut bei Tessin, nicht weit von Rostock. Valerie von Wedel, eine ältere Schwester, war bereits aus Hinterpommern mit ihren vier Kindern dorthin geflüchtet. In Wohrenstorf herrschten noch Verhältnisse wie im Frieden. Das deutsche Personal war durch französische Kriegsgefangene oder polnische Fremdarbeiter ersetzt worden. Bei Tisch servierte ein Pole in Livree mit weißen Handschuhen. Fast täglich gab es Krebse, die in Reusen gefangen wurden. Die Seen waren voll davon.

Die Tante, nur neun Jahre älter als ich, hatte sich vorgenommen, Glanz und Gloria bis zuletzt zu genießen und, wenn das nicht länger mehr möglich sein sollte, stilvoll Schluß zu machen. Krebse und weiße Zwirnhandschuhe gehörten offenbar zu dieser Inszenierung. Aber notfalls eben auch die Pistole. Die Tante bewahrte sie, in ein weiches gelbes Tuch gewickelt, in einem Etui im Nachttisch auf.

Die Obstbäume begannen zu blühen – man konnte die Wirklichkeit vergessen. Die Tante zeigte mir stolz, was sie alles im Schloß, im Park und im Gemüsegarten verändert hatte und künftig zu verschönern gedachte, als gingen wir herrlichen Zeiten entgegen. Sie war nicht die einzige, die eher sterben als ihre Lebensform aufgeben und fliehen wollte.

In Prebberede, im schönen Barockschloß der Nachbarn, auch einem jahrhundertealten Familienbesitz, war man genauso entschlossen, bis zuletzt standesgemäß zu leben und notfalls mit Hilfe eines Jagdgewehrs ein Ende zu machen. Auch dort wurden Krebse auf silbernen Platten zum Abendessen serviert, und die Gespräche drehten sich einzig um Tradition, die gefährdete Existenz, für die es im Westen keine Alternative gab, und natürlich die neuesten Schreckensmeldungen von gefallenen, vertriebenen, erschossenen oder totgeschlagenen Verwandten und Bekannten.

Meine Tante Valerie war realistischer; sie hatte für vier Kinder zu sorgen und besaß außerdem einen reiseerprobten, gummibereiften Welgerwagen und drei Pferde, die sich von der langen Flucht aus Hinterpommern einigermaßen erholt hatten. Sie würde also auf jeden Fall aufbrechen, sollten sich russische Truppen nähern. Als Patin der einzigen kleinen Tochter meiner Tante Mietz fühlte ich mich verantwortlich, wenigstens das Kind zu retten, wenn dessen Mutter nun unbedingt ihr Leben in ihrem schönen Schloß beenden wollte.

Ein Ackerwagen wurde also eilig bepackt mit einem schwarz geschlachteten Schwein, geräuchert und in Dosen, einem Sack Zucker, dem Familiensilber, wertvollen Ahnenbildern und Teppichen, einer Kiste Cognac und anderen Raritäten. Für mein zweijähriges Patenkind wurde ein Bett mitgenommen und ein Extrasitz für die fast zwei Zentner schwere Kinderfrau Bebba, die auch auf der Flucht ihre schneeweiße Berufstracht nicht ablegte.

Ich sollte, unterstützt von einem zierlichen französischen Kriegsgefangenen, der von Beruf Uhrmacher war, das Gefährt kutschieren. Der Arme konnte nicht einmal die schweren Kummetgeschirre heben, und vor Pferden fürchtete er sich. Der mürrische Gutsinspektor hatte überdies nicht gerade die besten ausgesucht. Sie lahmten bald. Was aber schlimmer war: Der Ackerwagen ließ sich nicht bremsen. Auf abschüssigen Straßen rutschte er den Pferden in die Hinterbeine. Der junge polnische Kutscher meiner hinterpommerschen Tante versuchte anfangs vergeblich, mit einem Baumstamm das schwere Gefährt aufzuhalten. Doch es gab zu viele Hügel und Berge in Mecklenburg. Eines war jedenfalls bald klar: So würden wir unser Ziel jenseits des Elbe-Trave-Kanals nie erreichen. Wir mußten umpacken und uns trennen.

Meiner Tante Valerie gelang es mit Hilfe unserer Cognacvorräte, den untauglichen Wagen an die Zugmaschine eines Militärtransports anzuhängen. Sie nahm mit ihren vier Kindern, der jammernden Bebba und meinem Patenkind dort Platz. Und ich fuhr mit dem geländegängigen, fluchterprobten Treckwagen aus Hinterpommern weiter durch die mecklenburgische Hügellandschaft, drei Pferde vorn, drei hinten, einen verschüchterten Franzosen und einen ziemlich frechen, aufsässigen Polen neben mir. Einer von uns dreien mußte allerdings meistens zu Fuß gehen und die hinten angebundenen lahmen Pferde mit der Peitsche antreiben.

Unser Ziel war ein Bauernhof in der Nähe von Lübeck, dessen Besitzer wir gar nicht kannten. Die älteste Tochter hatte nach meiner Freundin Gudrun gefragt, die seit meiner Hochzeit verschollen war. So, aus purem Zufall, waren wir an die Adresse unweit des Elbe-Trave-Kanals gelangt und hatten sie als Treffpunkt verabredet.

Hans-Conrad hatte mir Meßtischblätter mitgegeben, nach denen ich unsere Fahrstrecke festlegte: möglichst Feldwege, auf den Straßen war längst kein Durchkommen mehr. Der Strom von Flüchtlingstrecks verdichtete sich, je näher wir dem Elbe-Trave-Kanal kamen. Am anderen Ufer würden wir vor den Russen sicher sein, hofften wir. Da englische Jagdflugzeuge am Tag auch einzelne Fahrzeuge beschossen – am Straßenrand lagen Pferdekadaver und umgekippte Wagen –, fuhren wir hauptsächlich nachts. Möglichst alle vier Stunden fütterten und tränkten wir die Pferde auf einem Hof, wo ich Heu erbettelte; Hafer hatten wir selbst mitgenommen. Wir kamen in diesen warmen Mainächten nur langsam voran.

Einmal bat mich ein älterer Offizier im nur vom Mond erhellten Dunkel, ein paar seiner völlig erschöpften Kindersoldaten im Wagen mitzunehmen. Es waren fünfzehnjährige Flakhelfer, mit denen er sich ohne Befehl zu Fuß von Berlin aus in Richtung Westen abgesetzt hatte. »Sie würden wahrscheinlich schon jetzt nicht mehr leben«, sagte er. »Alles, was eine Uniform trägt, wird in die Schlacht um Berlin geschickt.«

»Verheizt« hieß das schreckliche Wort. Hitler war zwar tot – er hatte sich am 30. April in seinem Berliner Bunker das Leben genommen –, doch der Krieg war noch nicht zu Ende. Auf Fahnenflucht stand die Todesstrafe, und es gab immer noch SS oder braune Fanatiker, die Befehle zu solchen Hinrichtungen befolgten. Wir sahen Männer in Uniform, aber auch in Zivil, die man mitten in einem Dorf am nächsten Baum aufgehängt hatte. Deshalb führte der Oberleutnant seine Kindersoldaten nachts auf Schleichwegen westwärts durch die mecklenburgischen Wälder.

Die Engländer, so hieß es, wollten vor der Flut von Flüchtlingen und flüchtenden Truppen die Brücken über den Kanal sperren. Doch wir gelangten zusammen mit den Flakhelfern und ihrem mutigen Offizier rechtzeitig bei Ratzeburg ans sichere Ufer. Der Mond schien, und Schwäne schaukelten friedlich auf dem Ratzeburger See. Nun war es nur noch eine Tagesetappe bis zu dem verabredeten Treffpunkt in Dahmsdorf bei Lübeck. Ich torkelte mehr, als ich ging, neben dem Wagen her.

Auf einem unbefestigten Hohlweg bei Reinfeld überholte uns plötzlich ein Kübelwagen. Hans-Conrad saß vorn neben dem Fahrer, aber er erkannte mich nicht.

Auf dem Hof der Familie H. in Dahmsdorf wurden wir schon erwartet. Nicht nur Hans-Conrad war bereits da, auch meine hinterpommersche Tante Valerie mit den fünf Kindern und der dicken Bebba. Die zum Selbstmord entschlossene Tante Mietz war ohne Gepäck am schnellsten von uns von Mecklenburg nach Holstein gelangt. Ein Offizier hatte ihr in letzter Minute ausgeredet, in Stolz und Schönheit zu sterben, und sie kurzerhand in seinem Auto mitgenommen. Drei Stunden später waren russische Truppen auf ihrem Gut.

Ich übergab die Fuhre mitsamt den geretteten Kostbarkeiten sowie die sechs lahmen Pferde ihren Besitzerinnen, bekam einen großen Becher Milch, ein heißes Bad und durfte mich erst einmal ausschlafen, während die Tanten mit Hans-Conrad berieten, wo in Holstein sie um ein Dauerquartier bitten sollten. Bei den H.s, den Hofbesitzern, war für uns alle nicht Platz genug. Aber da gab es ja noch die Rantzaus, die Brockdorffs, die Plessens und andere »Standesgenossen«, deren Schlösser vielleicht noch nicht ganz und gar mit Flüchtlingen überfüllt waren.

Ich schlief bis in den nächsten Vormittag hinein, mir fehlten schließlich ein paar Nächte, in denen ich neben oder hinter den Pferden marschiert war. Als ich endlich aufwachte, war der gerettete Treckwagen mitsamt dem schwarz geschlachteten Schwein, den Zucker- und Mehlsäcken, dem Familiensilber und dem sonstigen Gepäck, auch meinem eigenen einzigen Handkoffer, geplündert worden. Nur die lahmen Pferde grasten unversehrt und friedlich auf der Weide. An die wilden Zeiten, wo man sein Eigentum mit Händen und Klauen verteidigen mußte, waren wir noch nicht gewöhnt.

Hans-Conrad hatte es eilig, weiter nach Norden zu kommen. Dort, in Süderbrarup an der Schlei, war er ein Jahr zuvor nach einem Fronteinsatz in Rußland mit seiner zusammengeschossenen Truppeneinheit zur Erholung gewesen. Seine Wirtin, eine kinderlose Witwe, würde ihn auch jetzt freundlich aufnehmen, hoffte er. Wir fuhren also im Kübelwagen nordwärts, begegneten gelegentlich auch Engländern, die uns aber ignorierten oder sogar kameradschaftlich grüßten. Die letzten Kriegstage waren in diesem sommerlichen Mai in Schleswig-Holstein schon recht friedlich. Kriegsgefangenenlager wurden erst später eingerichtet, und Hans-Conrad war fest entschlossen, sich dort so kurz wie möglich aufzuhalten.

Frau B. empfing uns etwas säuerlich, aber schließlich waren wir nicht schlechter als andere Flüchtlinge auch, und ich konnte ihr helfen, die vollgestopfte Sechszimmerwohnung zu pflegen. Besonderen Wert legte sie darauf, daß die Fransen ihrer Teppiche täglich sorgfältig gekämmt und glattgestrichen wurden. Hans-Conrad erkundete unterdessen die Gegend und entdeckte Lager mit Wehrmachtsbeständen, die aufgelöst wurden. Verteilt wurden zum Beispiel lange graue Unterhosen, blauweiß karierte Bettwäsche aus steifem Leinen, Konserven mit Butterschmalz oder pfundweise zweizöllige Nägel. Alles konnte man brauchen beziehungsweise tauschen. Hans-Conrad lernte das schnell. Nebenbei orientierte er sich auch, wo die Engländer, die noch nicht einmal ganz Schleswig-Holstein besetzt hatten, deutsche Kriegsgefangene entlassen würden.

Am 8. Mai war der Krieg mit der bedingungslosen Kapitulation der deutschen Wehrmacht endlich zu Ende. Der deutsche Soldat habe bis zuletzt seine Pflicht getan und ritterlich gekämpft, hieß es in der allerletzten Wehrmachtsmeldung.

Süderbrarup war zu abgelegen für einen Start ins Zivilleben. Da war Dahmsdorf, nur zehn Kilometer von Lübeck und fünfzig Kilometer von Hamburg entfernt, schon besser. Und da Frau H. uns beiden, Hans-Conrad und mir, angeboten hatte, daß wir zurückkommen könnten, verließen wir die Witwe B. Es fiel uns nicht schwer. Sie hatte uns unmißverständlich angedeutet, daß sie nicht gedenke, ihre Fleischtöpfe mit uns zu teilen. Vielleicht hatte ich die Fransen nicht sorgfältig genug gekämmt.

Eines jedoch hatte ich bei Frau B. gelernt: Ich konnte jetzt von jungen Krähen eine Brühe kochen. Die Krähen durften noch nicht flügge sein. Sie wurden ziemlich grausam und unwaidmännisch mit einem Schrotschuß in ihren Nestern getötet, dann mußten die Federn möglichst schnell mitsamt der ledrigen Haut abgezogen werden, bevor die ausgenommenen Vögel mit reichlich Suppengrün im Kochtopf landeten. In Schleswig-Holstein sind Jungkrähen eine Delikatesse, sie schmecken wie junge Täubchen.

Nachdem Hans-Conrad als Schwerkriegsverletzter nach nur einem einzigen Tag Gefangenschaft entlassen worden war, besuchten wir Onkel Erich von Manstein, der mit seiner Frau Sybille und seinem fünfzehn Jahre alten Sohn Rüdiger an der Ostsee im Schloß des Grafen Platen darauf wartete, was die Engländer über seine Zukunft beschließen würden.

Im November 1945 begann in Nürnberg vor dem Internationalen Militärgerichtshof der Prozeß gegen zweiundzwanzig Hauptangeklagte, zu denen auch Manstein gehörte. Er wurde zwar ein Jahr später freigesprochen, doch in einem weiteren langdauernden Gerichtsverfahren 1949 zu zwölf Jahren Gefängnis verurteilt. 1953 wurde er entlassen und später Berater der Bundeswehr. Sein Buch über den Zweiten Weltkrieg trägt den fatalen Titel »Verlorene Siege«. Ob er wirklich überzeugt davon war, daß es eine Chance gegeben hätte, den Krieg zu gewinnen, wenn Hitler nicht so verhängnisvoll dilettantisch Militärs wie ihm ins Handwerk gepfuscht hätte? Und was wäre nach einem Sieg Hitlers aus Deutschland und Europa geworden? Eine Horrorvision.

Das Gut Weißensee war ein einziges großes Gefangenenlager. Überall auf den Wiesen lagerten Soldaten. Es regnete, es gab zu wenige Zelte, und die Verpflegung war knapp. Die ersten Krankheiten waren ausgebrochen. Aber ein Feldmarschall hatte vorerst auch als Gefangener Privilegien, und Graf Platen bemühte sich, das Einverständnis der Engländer voraussetzend, ihn wie einen Gast zu behandeln.

Hans-Conrads Bruder Alexander betrachtete seine Aufgabe als Adjutant des Feldmarschalls als beendet. Er hatte sich schon Entlassungspapiere besorgt und war auf dem Absprung nach Eldagsen, wo Ali auf ihn wartete, was der Onkel ihm übelnahm. Entsprechend gespannt war die Stimmung. Und da wir auch noch mit einem Kübelwagen vorfuhren, der sicherlich nicht mehr von ehemaligen Wehrmachtsangehörigen benutzt werden durfte, waren wir eher ein Ärgernis als willkommen. Neue Nachrichten von der Familie, wie ich gehofft hatte, gab es auch nicht. Der Onkel war genauso abgeschnitten von Postverbindungen und Telefon wie wir alle. Wir fuhren möglichst schnell nach Dahmsdorf weiter, es war unsere letzte Fahrt in einem Kübelwagen der deutschen Wehrmacht. Die

Engländer beschlagnahmten ihn sofort, nachdem wir unser dürftiges Gepäck abgeladen hatten.

Frau H. räumte für uns ihr Schlafzimmer, wo auf dem Nachttisch »Mein Kampf« in einem mit Bernstein besetzten Prachteinband lag. Herr H. war ein überzeugter Nazi gewesen (was wir nicht wußten), Träger des Goldenen Parteiabzeichens und Kreisbauernführer. Die Nachricht von seinem Tod im Lübecker Gefängnis war erst wenige Tage alt. Er sei dort erschlagen worden, hieß es; es gab aber auch das Gerücht, er habe sich erhängt.

Der Krieg war zu Ende, doch von einem normalen Leben waren wir weit entfernt. Millionen von Flüchtlingen hatten sich vor den Russen in die englische Besatzungszone gerettet. Die Häuser in dem ländlichen, verhältnismäßig dünn besiedelten Niedersachsen und ebenso in Schleswig-Holstein füllten sich bis unters Dach; in Ställen und Scheunen, Baracken und Schuppen drängten sich Menschen aus dem Osten sowie Soldaten, die von den Engländern bereits entlassen worden waren, aber nicht wußten, wohin sie gehen sollten. Die »Stunde Null« wurde von den meisten von ihnen in erster Linie nicht als Befreiung von einer Schreckensherrschaft empfunden, sondern vor allem als totaler Zusammenbruch der gewohnten Lebensumstände, als Chaos. Es herrschte zunächst absolute Perspektivlosigkeit. Wie es weitergehen würde, wußte niemand.

Norddeutschland hatte kaum Arbeitsplätze zu bieten. Die evangelische Kirche gab einen Teil ihres Landbesitzes frei und baute Siedlungen für Flüchtlinge, Nebenerwerbssiedlungen mit der Möglichkeit, Hühner, Kaninchen, Schafe und vielleicht ein Schwein oder eine Ziege zu halten und sich aus dem Garten selbst zu versorgen. Es war ein Tropfen auf den heißen Stein. Von einer Bodenreform war die Rede. Manche Besitzer großer Güter traten freiwillig Land ab an Landwirte aus Pommern, Ostpreußen oder Schlesien. Doch die Nutzflächen waren viel zu klein; sie boten auf Dauer keine Existenzgrundlage.

Acht Millionen Flüchtlinge und Vertriebene fanden in der englischen und amerikanischen Besatzungszone eine notdürftige Unterkunft. Insgesamt sind vierzehn Millionen Deutsche aus den deutschen Ostgebieten und den angrenzenden Staaten Polen und der Tschechoslowakei geflohen oder vertrieben worden. Zwei Millionen kamen auf der Flucht um.

Die Versorgung war katastrophal. Lebensnotwendige Einrichtungen wie Bahn und Post funktionierten nicht. Allein im Westen war ein Viertel aller Wohnungen zerstört. Neun Millionen vor den Bomben evakuierte Bewohner warteten darauf, in ihre Städte zurückkehren zu können. Es fehlten Lebensmittel, aber auch Brennstoff und Wasser. In Dahmsdorf hatten die hundert Einheimischen dreihundert Flüchtlinge aufnehmen müssen. Im heißen Sommer 1945 versiegten die Brunnen. Nur in den frühen Morgenstunden holten die Pumpen noch etwas Wasser herauf. Die leeren Milchkannen wurden in der Lübecker Molkerei mit Wasser gefüllt. Nun mußten – zumindest die Flüchtlinge – auch noch nach Wasser anstehen. Händewaschen war ein Luxus. Wir hofften auf Regen und stellten sämtliche Blechgefäße und Holztonnen auf, die wir ergattern konnten, um möglichst viele Tropfen einzufangen.

Die alte Frau Behrend im einzigen Laden des Dorfes war überfordert. Trotzdem schrieb sie geduldig in ihrem schwarzen Wachstuchheft an, wenn ihren neuen Kunden das Geld ausgegangen war. Fast täglich mußte sie auf die nächste Brotlieferung vertrösten; die letzten Wartenden in der Schlange vor ihrer strohgedeckten Kate zogen regelmäßig mit leeren Händen ab.

Uns ging es anfangs vergleichsweise gut. Wir lebten wie Dauergäste bei Frau H. und ihren sechs Kindern, von denen die Älteste neunzehn war wie ich. Wir hatten eine gemeinsame Freundin, aber sonst verband uns kaum etwas. Der Tod des Vaters hatte die Familie in einen Schockzustand versetzt. Sie reagierte wie eine verschworene Gemeinschaft: Jeder Außenstehende war ein Eindringling und stieß zunächst einmal auf abweisendes Schweigen.

Niemand redete über die jüngste Vergangenheit. Der Prachtband von »Mein Kampf« in seiner Bernsteinhülle war stillschweigend vom Nachttisch verschwunden. Nur selten klagte Frau H. Dagegen erzählte sie gern von ihrer Jugend im mecklenburgischen Parchim, wo sie ländliche Hauswirtschaft in Perfektion gelernt hatte. Da sie jetzt als politisch belastete Meisterhausfrau keine Lehrlinge mehr ausbilden durfte, akzeptierte sie mich als nützlichen Ersatz. Ich habe viel von ihr gelernt. Ich durfte auch die Nähmaschine benutzen, um mir aus einem geschenkten blaugeblümten Bettbezug mein einziges Kleid zu nähen.

Die Zubereitung des holsteinischen einfachen Abendessens für die ganze Familie und zwei Hilfsarbeiter, Flüchtlinge wie wir, vertraute Frau H. mir bald ganz allein an. Das war allerdings kein Kunststück und hatte nichts, aber auch gar nichts mit Kochkunst zu tun. Jeden Abend gab es das gleiche: Klüten-Mehlsuppe und Bratkartoffeln mit Speck, beides ein Graus für mich. Schwierig war nur, den Herd mit Reisig heiß genug zu bekommen und die Ringe unter den gewaltigen eisernen Pfannen im richtigen Augenblick mit einem Haken wegzuziehen oder bei nachlassendem Wärmebedarf wieder einzusetzen.

Milch gab es reichlich, aus der Sahne ließ sich in einem Glasgefäß mit geduldigem Kurbeln eines Rührgeräts Butter herstellen. Der große Garten lieferte genug Gemüse, und Kartoffeln waren auch noch jede Menge vorhanden, denn die dreißig Schweine, die eigentlich damit gemästet werden sollten, waren allesamt in einer einzigen Nacht gestohlen worden. Wir lebten in einer gesetzlosen Zeit.

In einer ehemaligen Kaserne vor den Toren Lübecks warteten zweihundert Polen, »displaced persons«, auf die

Heimkehr in ihr geschundenes Land. Unterdessen unternahmen sie wohlorganisierte Raubzüge für ihre bessere Ernährung und für Tauschgeschäfte auf dem schwarzen Markt. Sicherlich wollten sie sich auch für die oft schlechte Behandlung, die sie als Zwangsarbeiter in Deutschland erlitten hatten, rächen.

Vor den gut motorisierten Polen hatten wir Angst, sie waren bewaffnet. Eines Nachts brachen sie in den Fahrradschuppen neben der Waschküche ein und nahmen alles mit, was dort herumstand, nicht nur die Fahrräder, sondern auch die Schuhe der Familie H. und unsere eigenen, die ich am nächsten Tag putzen wollte. Wir hatten die Diebe gehört, aber nicht gewagt, uns zu rühren.

Hans-Conrad war viel unterwegs, nur alle vierzehn Tage kam er am Wochenende aus Hamburg zurück. Er suchte ausgelagerte Maschinen der Stettiner Fabrik seines Vaters, erforschte den Hamburger Schwarzmarkt und überhaupt Möglichkeiten, um zu einem Verdienst zu kommen. In der Nähe des Hauptbahnhofs, in der Steinstraße, hatte er ein Quartier gefunden, das er sich meist mit einem anderen Gast teilen mußte. Eine Zeitlang war sein Doppelbett-Nachbar fast regelmäßig Richard Tüngel, der erste Chefredakteur der 1946 gegründeten Wochenzeitung »Die Zeit«.

Der Aufbau der Hamburger Innenstadt begann nur sehr zögerlich; der Hafen und die meisten Industrieanlagen waren zerstört oder schwer beschädigt. Siebzig Prozent der Wohnungen waren dem Feuersturm der Luftangriffe von 1943 zum Opfer gefallen. Ganze Stadtteile glichen Schutthalden, sie waren zu »Todeszonen« erklärt worden. »Operation Gomorrha« hat man die Verheerungen durch die Bomben genannt. Wohnraum war schon für Hamburger äußerst knapp; ganz ausgeschlossen war es, daß Fremde, so mußten wir uns ja fühlen, ein paar Quadratmeter zugeteilt bekommen würden. Mein Schwieger-

vater hatte allerdings bei alten Bekannten in der Brahms-
allee ein leidlich komfortables Unterkommen gefunden,
um das wir ihn beneideten.

Nach ein paar Monaten endete die Gastfreundschaft von
Frau H. schlagartig; sie brauchte mich nicht mehr und
spannte statt dessen ihre beiden ältesten Töchter ein, die
ihre Ausbildung abbrechen mußten und vorerst nicht wußten, was sie tun sollten. Wir wurden jetzt wie die anderen
Flüchtlingsfamilien im Haus behandelt. Wir zogen aus dem
Schlafgemach in zwei winzige Zimmer und eine schmale
Kammer unterm schrägen, geteerten Pappdach, die wir nur
gebückt betreten konnten. Mit einer aluminiumbeschla-
genen »Brennhexe«, auf der ein einziger Kochtopf Platz
hatte, wurde sie unsere Küche. Auch unsere Waschschüssel
und die Wasserkanne standen in diesem Verschlag auf einer
Kiste. Einschließlich der provisorischen Küchenkammer
mit dem niedrigen Schrägdach war es eine sechsunddreißig
Quadratmeter große Wohnung, ohne Wasserleitung und
Klo. Fünfeinhalb Jahre lang – zeitweise waren wir sieben
Personen – hausten wir hier in drangvoller Enge. Im Winter
war es eiskalt, im Sommer glühend heiß.

Zwei Zimmer, das schien uns anfangs fast luxuriös. Wir
hatten sie zugewiesen bekommen, weil meine Mutter mit
meiner kleinen Schwester zu uns ziehen wollte und weil
ich im Januar ein Kind erwartete.

Mir war oft übel, und die Wasserschlepperei die Treppe
rauf und runter fiel mir schwer. Wir durften jetzt die Toi-
lette im Haus nicht mehr benutzen, sondern mußten wie
die anderen Flüchtlinge hundertfünfzig Meter über holp-
riges Katzenkopfpflaster zum Herzlhäuschen neben dem
Misthaufen am anderen Ende des Hofes stolpern. Eine de-
mütigende Schikane, fanden wir, zumal die langen Gänge
durch einen bösartigen Gänserich zur Angstpartie wurden; der Ganter hatte offenbar etwas gegen Flüchtlinge,
ihre Nachttöpfe und »Drangeimer« und verfolgte uns flü-
gelschlagend und zischend.

Wie alle Flüchtlinge im Dorf bekamen wir zu unserer Versorgung ein Stück verquecken Ackerlands zugewiesen. Die H.s hatten es zur Verfügung gestellt. Es mußte erst einmal urbar gemacht werden, damit wir Bohnen, Möhren, Erbsen, Spinat und Kartoffeln anbauen konnten. Ein Jahr später sah der Acker schon fast wie ein Garten aus, und ich konnte die ersten Ringelblumen pflücken.

Beim Jäten oder Umgraben kam ich mit anderen Leuten aus dem Osten leichter ins Gespräch als beim Schlangestehen vor Frau Behrends Laden. Wir waren nun einmal beim größten Bauer des Dorfes einquartiert – mit vierhundert Morgen bestem Boden eigentlich schon ein Gutsbesitz –, außerdem bei einer Ultra-Nazifamilie, mit der jetzt niemand mehr etwas zu tun haben wollte. Die Ablehnung traf auch uns. Wer täglich auf dem Hof seine Milchration abholte, stellte einfach wortlos seine leere Blechkanne in die Waschküche und holte die gefüllte später genauso schweigend wieder ab. Doch auf dem verquecken Acker tauschten wir Samen oder Pflanzen aus, liehen uns Gartengeräte und klagten gemeinsam über die alltägliche Mühsal des Flüchtlingslebens.

Fast ausnahmslos hofften die Pommern, Schlesier oder Ostpreußen auf eine Rückkehr. Am liebsten erzählten sie von ihren verlorenen Besitztümern. »Wir hatten auch …«, so begannen sie ihre Geschichten, denen die Einheimischen nicht zuhören wollten. Schöne verklärte Bilder – sicherlich ein Trost. Ich habe mich nie an solchen Träumen beteiligt. Ich litt auch nicht nennenswert an Heimweh. An eine Rückkehr glaubte ich nicht. Für mich war die Heimat ein für allemal verloren.

Ich hatte das schon im Januar beim Abschied von Lorzendorf so empfunden. Als wir an meinem Hochzeitstag ein letztes Mal mit den erschöpften Pferden zum Bahnhof in Namslau fuhren, ahnte ich, daß es kein Zurück geben würde. Niemand hat gesehen, daß ich weinte, als ich die naßgeschwitzten Pferdehälse umarmte. Für mich hatte ein neues Leben begonnen, so ungewiß und bedrohlich es sich auch anließ.

Hans-Conrad hatte in einem Lübecker Lager einige Fässer mit Leinöl aus der Stettiner Fabrik wiedergefunden. Rohes, nicht raffiniertes Leinöl war fortan unser übelriechendes tägliches Bratenfett; man mußte es lange erhitzen, um es überhaupt genießbar zu machen. Zum Tauschen war es besser geeignet als für Bratkartoffeln. Vor allem Schreiner brauchten es. Unsere ersten dunkelbraun gebeizten Bettstellen aus rauhem Fichtenholz bekamen wir auf diese Weise. Sehr bald folgte ein runder Tisch auf geschwungenen Chippendale-Beinen; er löste das Brett ab, das auf einer Kiste als Sockel ruhte. Die Seegrasmatratzen der Betten, mit häßlichen grauen Wehrmachtsdecken bedeckt, waren tagsüber unsere einzigen Sitzgelegenheiten. Sie standen im rechten Winkel zum Mahagonitisch, offenbar einem Gesellenstück, das mit seinen feinen Intarsien so gar nicht zu unserem Notquartier paßte.

Eines Tages brachte Hans-Conrad, in ein altes Laken gehüllt und sorgsam verschnürt, ein Cello mit. Er hatte es in Hamburg von unserem beinahe letzten Geld erstanden. Und sogleich begann er sein Repertoire aufzufrischen: Bach-Suiten. Die hatte er schon in Berlin und Stettin geübt. Seit seiner Kindheit hatte für ihn Musik immer eine große Rolle gespielt. Seine Mutter, Pianistin und Chorleiterin, hatte für ihre beiden Söhne schon früh ausgezeichnete Lehrer gefunden. Die Tochter hatte dagegen hartnäckig jeden Musikunterricht abgelehnt. In ihrer Charlottenburger Wohnung hatte meine Schwiegermutter Spes in den dreißiger Jahren regelmäßig Kammerkonzerte veranstaltet. Als ihre jüdischen Musikerfreunde nicht mehr öffentlich auftreten durften, verschaffte sie ihnen so die Möglichkeit, im kleinen Kreis zu musizieren und etwas Geld zu verdienen. Ihre beiden Söhne, Alexander mit seiner Geige, später einer Bratsche, und Hans-Conrad mit seinem Cello, erhielten eine solide Instrumentalausbildung, ein Schatz, wie sich herausstellte: Sie spielten ihre Instrumente beide bis in ihr hohes Alter.

Im Nachbardorf Ratzbek lernte Hans-Conrad durch die Vermittlung unseres Arztes zwei Brüder kennen. Der eine wurde später als Geiger Konzertmeister des Bayerischen Rundfunkorchesters, der andere war Pianist und mit der Tochter des Besitzers des stattlichen Hofes verheiratet. Den Brüdern fehlte zu unserem Glück ein Cellist. Die klassischen Klaviertrios – da kannte sich Hans-Conrad gut aus.

Wir genossen auf dem Ratzbeker Hof eine für uns selten gewordene gepflegte Gastlichkeit: Tee aus dünnen Meißner Drachentassen und selbstgebackene Butterplätzchen. Allerdings ließ man uns auch dort spüren, daß wir nur geduldet waren und keineswegs zu einer Belastung werden dürften. Die Dame des Hauses war äußerst distanziert, ihr Mitgefühl oder Interesse hielt sich in Grenzen. Auf praktische Hilfe zu hoffen war vergeblich. Sie konnte sich einfach nicht vorstellen, daß wir nichts mehr besaßen – außer dem Cello naturlich. Aber sonst – weder Bettwäsche noch Handtücher, weder Geschirr noch Töpfe oder Kleidung, geschweige denn Bücher. Es fehlte einfach alles.

Die Claussens waren alteingesessene Bremer Kaufleute, die diesen holsteinischen Hof erworben hatten und dort, außer der Landwirtschaft, bald einen lukrativen Honigversand betrieben – er besteht noch heute. Der Hausherr Albert Claussen gehörte zu den Mitbegründern der CDU in Schleswig-Holstein; er wurde von den Engländern als Bürgermeister eingesetzt und bald auch in den Kreistag gewählt.

In dem musischen Haus gab es jede Menge Noten, auch für Klaviertrios. Hans-Conrad übte und übte. Er hatte bereits in Hamburg einen Vorspieltermin verabredet; dort sollte in absehbarer Zeit ein Rundfunk-Symphonieorchester gegründet werden. Außer einer Zukunft als Musiker erwog er aber auch, nach Südafrika auszuwandern. Als Seifenkocher – das hatte er außer dem Kriegshandwerk gelernt – oder auch als Kaufmann würde er dort vielleicht eine Arbeit finden. Daß das zerschlagene Deutschland so bald wieder in die Völkerfamilie aufgenommen und jungen Männern Chancen bieten würde, ihre Familien zu ernähren, schien zunächst illusorisch.

Erst allmählich erfuhren wir von den Verbrechen, die in den zwölf Jahren des Dritten Reiches in deutschem Namen begangen worden waren. Von den Todeslagern in Auschwitz oder Treblinka hatte ich nie etwas gehört. Auch von Dachau oder Buchenwald hatte nie jemand gesprochen. Konzentrationslager – das Wort fiel schon einmal. Aber niemand, den wir kannten, war dort eingesperrt. Es seien Strafanstalten, in denen harte Arbeit verrichtet werden müsse, erklärte mir ein Onkel. Ob er es besser wußte? Ich fragte nicht weiter.

Heute schäme ich mich, daß ich das unausgesprochene Verbot, an gefährlichem Wissen teilzuhaben, so strikt befolgt habe. War es Feigheit, Bequemlichkeit, Angst? Ich wurde erzogen, nicht an Tabus zu rühren; ich lebte an der Gegenwart vorbei, nahm nur einen Ausschnitt von ihr wahr. Das können Jugendliche heute nicht verstehen; ich verstehe mich selbst nicht, und schon gar nicht will ich mich mit meiner Erziehung entschuldigen.

Das Ausmaß der nun bekannt werdenden Verbrechen der Nazizeit war unvorstellbar. Nicht nur Menschen wie die H.s in Dahmsdorf, die Hitler vergöttert hatten, wollten das grauenhafte Unrecht nicht zur Kenntnis nehmen. Die Nürnberger Kriegsverbrecher-Prozesse wie überhaupt die Entnazifizierung waren für sie »Siegerjustiz«, der englische Dokumentarfilm, der die bis zum Skelett abgemagerten Toten und Überlebenden in Bergen-Belsen zeigte, feindliche Propaganda. Nur ein kleiner Teil der Bevölkerung war fähig zu Trauer, Scham und Reue. »Die

Unfähigkeit zu trauern« hat Alexander Mitscherlich später dieses weitverbreitete Phänomen genannt. Überleben war schwer genug, für Trauer oder gar Reue fehlten Kraft und vielfach eben auch Einsicht.

»Wir waren ein äußerlich und innerlich total zerstörtes, demoralisiertes und entkräftetes Volk, mit einer schrecklichen Vergangenheit belastet und ohne Hoffnung auf eine bessere Zukunft«, hat Hildegard Hamm-Brücher einmal resümiert. »Wie sollte es gelingen, dieses allen freiheitlichen und demokratischen Prinzipien abholde Volk mit den Bedingungen eines freiheitlichen Gemeinwesens zu befreunden? Wie sollte es gelingen, verlorenes Ansehen und Vertrauen bei den europäischen Nachbarn und in der Welt zurückzugewinnen?«

Die meisten Deutschen wollten an Hitler und die zwölf Jahre des Dritten Reichs nicht erinnert werden. Sie befanden sich im Zustand eines moralischen Schocks, der sie geradezu lähmte und hinderte, die grauenhaften Tatsachen der Vergangenheit zur Kenntnis zu nehmen und zu verarbeiten. »Aber der Krieg«, so fingen oft Gespräche an, die Gefolgschaft und Mittäterschaft während der Nazizeit zu rechtfertigen versuchten. Im Krieg habe man zusammenhalten müssen. Und davor? Hatten wirklich nur so wenige das Unheil erkannt? Auch in meiner eigenen Familie waren es ja nur einige wenige – zudem weiter entfernte Verwandte, die ich gar nicht persönlich kannte –, die zu entschiedenem Widerstand bereit gewesen waren. Zivilcourage und Bürgersinn waren in den noch von wilhelminischem Obrigkeitsgehorsam geprägten dreißiger Jahren selten, und die moralischen Bedenken gegenüber den Nationalsozialisten waren offenbar nicht stark genug, um gegenüber den braunen Versprechungen immun zu sein.

Die »Entnazifizierung« sollte ein von den Siegermächten aufgezwungener Versuch zur »Reinigung« sein und die Vorbedingungen für einen neuen Anfang schaffen. Die Betroffenen mußten einen Katalog mit hunderteinunddreißig Fragen ausfüllen, danach wurden sie in fünf Kategorien eingeteilt und entsprechend verurteilt. »Mitläufer« kamen straflos davon. Waren wir ein Volk von Mitläufern? Die wenigsten bekannten, daß sie Hitler zugejubelt und seiner Herrschaft zugestimmt hatten. Die gering Belasteten wurden als erste »entnazifiziert« (es klang, als wolle man sich damit lästigen Ungeziefers entledigen). Willkür war nicht ausgeschlossen.

»Persilschein« nannte man das Dokument, auf dem in einem zum Teil fragwürdigen Verfahren eine politisch unbedenkliche Vergangenheit bescheinigt wurde. In der Bevölkerung wurde diese Bescheinigung nicht ernst genommen, obwohl viel davon abhing, zum Beispiel die Weiterbeschäftigung als Beamter. Sachverstand wurde jedoch gebraucht. So verschwieg mancher Richter, Mediziner, Lehrer oder höhere Verwaltungsangestellte einfach seine braun gefärbte Vergangenheit und machte falsche Angaben. Ohne weitere Nachprüfungen kamen auf diese Weise viele ehemalige Nazis davon und kehrten auf ihre alten oder vergleichbare Posten zurück. Die berufsorientierten Netzwerke funktionierten bald wieder hervorragend.

1948 wurden die meisten Prozesse plötzlich eingestellt, bevor einige besonders schwer Belastete sich überhaupt vor einer Spruchkammer verantworten mußten. Der »Kalte Krieg« begann, und die Deutschen im Westen wie im Osten wurden von ihren jeweiligen Besatzungsmächten als Verbündete gebraucht. Churchill hatte bereits 1946 vom »Eisernen Vorhang« gesprochen, der die Einflußgebiete der Sowjetunion von denen der westlichen Alliierten abschottete. Mitten durch Deutschland verlief die Grenze; sie wurde bald befestigt und streng bewacht, bis sie am 9. November 1989 endlich geöffnet wurde und die beiden Teile wieder zusammenwachsen konnten.

Die Berliner Blockade 1948, Stalins vergeblicher Versuch, die gesamte deutsche Hauptstadt zu okkupieren,

1 Ingeborg von Loesch mit ihren beiden Kindern Maria und Hans-Friedrich, 1928

2 Konrad von Loesch, um 1930

3 Das Patrizierhaus »Zur goldenen Sonne« (2. v. l.) am Ring in Breslau

4 Großmutter Amaly von Loesch, um 1920

5 Das Hennersdorfer »Schloß«

6 Maria mit »Fax«, 1928

7 Urgroßvater Robert Graf von Zedlitz und Trützschler als Ritter des Schwarzen Adlerordens

8 Frauenhain war 300 Jahre lang im Besitz der Familie Zedlitz-
Trützschler

9 Großvater Stefan Graf von Zedlitz und Trützschler, 1946

10 Großmutter Helene Gräfin von Zedlitz und Trützschler, geborene von Rohr, 1970

11 Verlobung, 1944

12 Mit ihrem ersten Mann Hans-Conrad Stahlberg, Schwester Christine (rechts) und den drei Söhnen Constantin, Hubertus und Jürgen (von rechts), Meckelfeld 1952

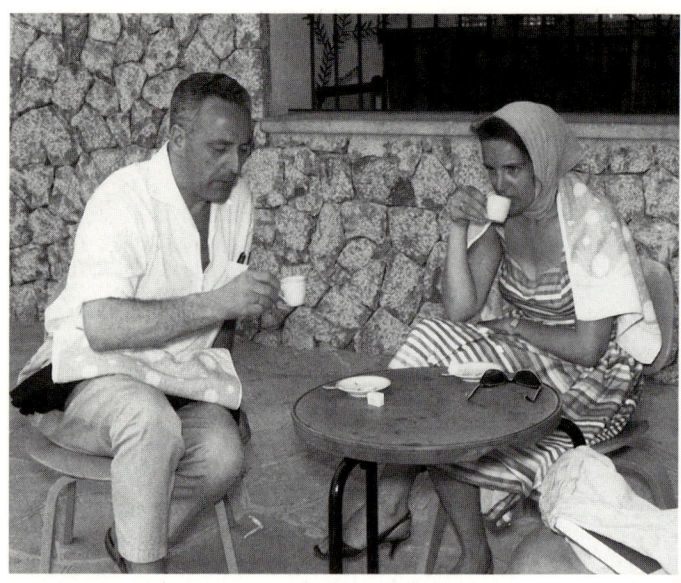

13 Mit ihrem zweiten Mann Adolf Frisé, Mallorca 1962

14 Mit der Vollblutstute Zsuzsa, 1975

15 »Bilder und Zeiten«, 1980

16 Das »FAZ«-Feuilleton, 1970: 1. Reihe stehend, von links: Michael Schwarze, Günther Rühle, Maria Frisé, Karl Korn, Karl-Heinz Bohrer, Helmut Scheffel; dahinter: u. a. Eduard Beaucamp und Wilfried Wiegand; vorn Mitte: Ulrich Greiner, dahinter Brigitte Jeremias

17 Reitende Troika: die Söhne Hubertus, Jürgen und Constantin (von links), 1983

18 Maria und Adolf Frisé mit Eugen Kogon (links), 1983

19 Mit »FAZ«-Herausgeber Joachim Fest, 1992

20 Beim Musil-Kongreß in Genf, 1995

und eine Reaktion auf die Währungsreform in den westlichen Besatzungszonen, war die größte Kraftprobe zwischen den einstigen im Krieg gegen Hitler Verbündeten. Es war eine brisante Situation. Mancher ehemalige deutsche Soldat wartete darauf, daß die westlichen Alliierten ihn wieder bewaffnen und gegen die Sowjetunion einsetzen würden.

Die Welt war nun geteilt in eine amerikanische beziehungsweise britische oder französische und eine sowjetische Einflußsphäre. Wir waren froh, daß wir zum Westen gehörten. Denn bald begann das Hilfsprogramm des Marshallplans sich positiv auf die wirtschaftliche Entwicklung auszuwirken.

Schon im Oktober 1945 hatte der Rat der Evangelischen Kirche, zu dem Martin Niemöller, Gustav Heinemann und Friedrich Dibelius gehörten, in Stuttgart die Schuld der evangelischen Christen während des Dritten Reiches eingestanden und öffentlich bekannt: »Durch uns ist unendliches Leid über Völker und Länder gebracht worden ...« Über das kollektive Schuldbekenntnis wurde lebhaft diskutiert, viele lehnten es ab und bezeichneten es als »Nestbeschmutzung« und Selbsterniedrigung. Verdrängen und Verschweigen waren weitverbreitete Reaktionen.

Ich bejahte dieses Schuldbekenntnis und stritt deshalb zum ersten Mal ernsthaft mit Hans-Conrad über eine Frage, die mir wichtig war. Für mich war das Eingeständnis einer Mitschuld – auch wenn die Schuld »nur« aus tatenlosem Zusehen, vielmehr Wegsehen bestand – die Basis für einen glaubwürdigen Neuanfang.

Ich haderte mit meiner väterlichen Familie. Warum hatten sie Hitlers Absichten nicht durchschaut? Warum hatten sie so lange seinen Versprechungen geglaubt? Warum hatten sie nichts getan, als Hitler begann, Deutschlands »Macht und Größe« mit verbrecherischen Mitteln wiederherzustellen? Warum hatten sie hingenommen, daß Rechte verletzt und Menschen aus rassistischen Gründen verfolgt wurden? Aber ich mußte mir auch selbst Vorwürfe machen. Schließlich war ich schon neunzehn, also kein Kind mehr, als der Krieg zu Ende ging. Ich konnte mir nicht verzeihen, daß ich gedankenlos hingenommen hatte, was um mich herum geschah.

»Die Schuld der Zeitgenossen tragen wir alle«, schrieb Heinrich Böll an einen Freund. Theodor Heuss, der erste Bundespräsident, wollte den Streit beenden, indem er statt von Kollektivschuld von Kollektivscham sprach. Aber auch dazu waren die wenigsten bereit. Viele Deutsche sahen sich eher als Opfer: Opfer einer raffinierten Propaganda, die sie mit Großmachtsträumen und Elitebewußtsein verführt hatte, Opfer einer vielfachen militärischen Überlegenheit, Opfer eines gnadenlosen Luftkriegs, schließlich Opfer der Vertreibung aus dem östlichen Teil Deutschlands. Doch viele Deutsche waren zunächst einmal Täter gewesen.

Ich war in Dahmsdorf von meiner Familie total abgeschnitten. Selten erreichte mich ein Brief aus Achterberg bei Munster, dem ehemaligen Refugium Mansteins auf dem Truppenübungsplatz in der Lüneburger Heide, wo die Witwe von Vaters Bruder Egbert als Sekretärin des Landrats festen Fuß gefunden hatte. Achterberg blieb jahrelang unsere Nachrichtenzentrale und eine Zuflucht für Verwandte wie die Großmutter Amaly, die mit einer ihrer Schwestern und ihrem Diplomaten-Bruder nach wochenlanger Flucht durch das Riesengebirge und die Tschechoslowakei ausgeraubt und völlig erschöpft hier ankam. Die drei gebrechlichen Alten hatten den weiten Weg zum Teil in Güterwagen oder zu Fuß zurücklegen müssen.

Der Lorzendorfer und der Hennersdorfer Treck waren im Riesengebirge oder weiter in der Tschechoslowakei steckengeblieben und hatten sich aufgelöst. Viele Flüchtlinge waren in ihre schlesischen Dörfer zurückgekehrt. Sie erlebten dort die schreckliche Zeit der Willkür und Rechtlosigkeit, bevor sie zum zweiten Mal, und diesmal endgültig, aus der Heimat vertrieben wurden.

In Achterberg traf auch die Familie meines Onkels Christian ein. Mit den beiden Vollblütern, die den Fluchtwagen von Mühnitz bei Trebnitz, dem Gut seiner Schwiegereltern, bis in die Lüneburger Heide gezogen hatten, baute Christian eine erste, äußerst bescheidene Existenz als Fuhrunternehmer auf. Die Kalesche, in der seine Frau Sigrid mit dem Baby und seiner Schwiegermutter Hunderte von Kilometern zurückgelegt hatten, war nun ein Behelfstaxi für Fahrten in die Kreisstadt Soltau oder andere nähere Ziele. Bald jedoch konnte Christian einen leerstehenden Hof auf dem Gelände des Truppenübungsplatzes pachten, instand setzen und mit unermüdlichem Fleiß ohne jede fremde Hilfe wie ein Kleinbauer bewirtschaften.

Über Achterberg erfuhren wir endlich, daß Mutter in Österreich auf dem Gut von Vaters Bruder Friedrich den russischen Siegern mutig entgegengetreten war. Sie hatte die weiblichen Mitbewohner des Schlosses vor Vergewaltigung beschützt, indem sie die Russen, jämmerlich hustend, überzeugte, daß sie selbst wie auch die anderen Frauen und Kinder von einer gefährlichen Seuche befallen seien. Das Schloß wurde besetzt und geplündert, die schönen antiken Möbel zerschlagen und im ausgetrockneten Brunnenbecken verbrannt, die Bewohner verjagt. Vaters Bruder Friedrich, der Schloßherr, hatte sich verstecken können, er wurde als »Reichsdeutscher« jedoch wenig später enteignet.

Mutter wollte zu uns nach Schleswig-Holstein kommen, fühlte sich aber verpflichtet, vorher für den Treck aus Guhlau, dem Dorf, in welchem Großvater Zedlitz auch einen größeren Hof besessen hatte, Quartier für Menschen und Tiere und möglichst auch Arbeit in der amerikanischen oder der britischen Besatzungszone zu suchen. Sie hatte diesen Flüchtlingszug zufällig in Österreich getroffen und sich ihm angeschlossen. Nun wartete sie wie die anderen in Eschelberg an der Donau in einer fast unheizbaren Unterkunft auf die Genehmigung zur Ausreise in die britische Besatzungszone.

Bei einem Fußmarsch über die grüne Grenze, dem Versuch, mit uns Kontakt aufzunehmen, wurde sie verhaftet und ins Gefängnis nach Bad Reichenhall gebracht. Wir erhielten die Nachricht in Dahmsdorf kurz vor Weihnachten 1945 durch eine entlassene Mitgefangene. Mutter huste wieder, sie sei in Lebensgefahr, berichtete die Frau; für ein Lösegeld könne sie jedoch entlassen werden.

So ungesichert und ungeheuerlich die Botschaft war, Hans-Conrad reagierte sofort. Nichts schien unmöglich in dieser Zeit, wenige Monate nach Kriegsende. Wir fälschten mit Hilfe eines aus rohen Kartoffeln hergestellten Stempels Papiere für den hechtgrauen Lancia, der inzwischen, nach wie vor reparaturbedürftig, in Dahmsdorf auf weitere Verwendung wartete. Benzin stahlen wir aus einem schlecht bewachten Lager, das die englischen Besatzungstruppen auf der Autobahn bei Lübeck eingerichtet hatten. Ich zog meinen hochschwangeren Bauch ein und spielte mit meinem dürftigen Schulenglisch den Lockvogel, während Hans-Conrad die Kanister die Böschung hinunterschleppte.

In Hamburg hatte er für die waghalsige Fahrt nach Bad Reichenhall einen Autoschlosser gewonnen, der nach Süddeutschland wollte; es verkehrten ja nach wie vor kaum Züge. Der unzuverlässige Lancia wurde nun fachmännisch in Gang gebracht. Mein Schwiegervater besaß noch einen dunkelblauen maßgeschneiderten Tuchmantel, pelzgefüttert, mit Otterkragen, der selbst in Friedenszeiten durch seine Eleganz aufgefallen wäre. Der, zusammen mit einem weißen Seidencachenez, mußte einfach sowohl den Soldaten der Besatzungsmächte als auch den österreichischen Gefängniswärtern Eindruck machen. Hans-Conrad jedenfalls war davon felsenfest überzeugt. Er würde seine Rolle – eine Mischung aus Kriegsgewinnler und Großfürst – mit Bravour spielen. Mit dem Geld aus dem Verkauf des restlichen Schmucks machten sich die beiden Männer auf die Reise quer durch Deutschland und seine Besatzungszonen.

Das verwegene Unternehmen gelang. Gerade noch rechtzeitig vor Ablauf der Frist kamen die Retter in Bad Reichenhall an. Ein Gefängniswärter ließ meine Mutter frei. Sie hatte ihre feuchtkalte Gefängniszelle mit Prostituierten aus Wien geteilt, die freundlich zu ihr waren und ihr auch die Nachrichtenübermittlerin verschafft hatten. Wegen ihrer schlecht vernarbten Tuberkulose war ihr Husten höchst gefährlich. Trotzdem ließ sie sich nicht davon abhalten, wieder zu Fuß zurück über die grüne Grenze zum Guhlauer Treck an der Donau zu gehen, wo meine kleine Schwester Christine auf sie wartete.

Seit Mutter aus Lorzendorf fliehen mußte, war sie kaum wiederzuerkennen. Nachdem sie sich von ihren Eltern in der Tschechoslowakei getrennt hatte, die sich dort, zuerst bei großherzigen tschechischen Schloßherren in Jettenice und später bei einem Fürsten Clary in Teplitz, von einer schweren Angina und von den Strapazen der Flucht erholten, hatte sie umsichtig und zum ersten Mal allein die Verantwortung für sich und die kleine Tochter übernommen. Sie war nach Hagenberg geflüchtet, dem österreichischen Besitz ihres Schwagers, wo sie aber als Reichsdeutsche nicht bleiben durfte. Nun wartete sie wie die anderen Flüchtlinge auf eine Ausreiseerlaubnis in die britische Besatzungszone. Sie klagte nicht darüber, daß sie monatelang in einem Massenquartier auf dem Fußboden schlafen mußte.

Kein Weg war ihr zu weit, um für den Guhlauer Treck Anträge auf Zuzug nach Westdeutschland zu besorgen. In dem Schloß an der Donau, wo Mutter mit tausend Vertriebenen unter primitivsten Verhältnissen hauste, fror und hungerte, führte sie mit den Kindern ein selbsterfundenes Märchen auf und lud die Einheimischen zur Premiere ein. Statt Eintrittsgeld war Eßbares oder Brennholz erwünscht.

Hans-Conrad war, nachdem er meine Mutter zu einem angeblich sicheren Schleichweg über die Grenze nach Österreich gebracht hatte, so schnell wie möglich allein nach Dahmsdorf zurückgekehrt. Denn nun konnte jeden Tag unser Kind geboren werden. Der erste Friedenswinter war hart, und wir hatten zuwenig Holz und Briketts für den kleinen Ofen, der zwei Zimmer heizen sollte. In der Küchenkammer nebenan fror über Nacht das Wasser in der Waschschüssel.

Ausgerechnet am 11. Januar tobte ein Schneesturm über Holstein. Der Lancia – immer noch mit gefälschten Papieren – wollte, als wir ihn eiligst brauchten, um ins Krankenhaus zu fahren, bei dieser Kälte absolut nicht anspringen. Zudem tropfte Wasser aus dem Kühler; er war vermutlich durchgerostet. Ein Taxi zu bekommen war bei dem Sturm und den Schneewehen auf der Straße unmöglich. Schließlich kam uns der Polizist aus dem Nachbardorf zu Hilfe. Er setzte sich mit einer Kanne voll lauwarmem Wasser auf den linken Kotflügel und spendete dem Motor bis Lübeck die nötige Kühlung; wo nötig, schaufelte er auch die Schneewehen beiseite.

Wir erreichten die Klinik in letzter Minute. Frau H., die mir notfalls beistehen wollte, stützte mich. Ich wurde in eine lichtlose Kammer geschoben und auf eine mit schwarzem Wachstuch bezogene harte Pritsche gelegt. Noch bevor die Hebamme erschien, um mich in den Kreißsaal zu bringen, kam unser Sohn Constantin kurz nach Mitternacht zur Welt. Ich fand ihn winzig und verknautscht, aber mit seinen dichten dunkelblonden Haaren sah er hübscher aus als die anderen meist kahlköpfigen und viel größeren Babys.

Im Krankenhaus herrschte noch der rauhe Ton eines Militärlazaretts, und in dem Zimmer mit sechzehn anderen Wöchnerinnen kam man nie zur Ruhe. Ich war froh, daß ich nach wenigen Tagen entlassen wurde und das Stöhnen und Klagen nicht länger hören mußte.

Zunächst brauchte ich mir um die Ausstattung des Babys keine Sorgen zu machen. Unsere Gastgeberin Frau H. war großzügig mit Leihgaben aus ihren Beständen, ich konnte mir außerdem jederzeit Rat bei ihr holen. Sämtliche Mitbewohner im Haus freuten sich mit uns. Ein Baby in dieser Zeit – das war ein Symbol für Hoffnung und Zuversicht. Ich bekam ein kleines Bett von Frau H. und von einer Flüchtlingsfamilie im Dorf einen alten Kinderwagen geschenkt. Und unsere Ernährungslage war dank der Sonderzuteilungen für Mutter und Kind auch deutlich besser geworden.

Was sich nicht gebessert hatte, war die Aussicht, in absehbarer Zeit aus Dahmsdorf fortzukommen, geschweige denn für Hans-Conrad eine auskömmliche Tätigkeit zu finden. Mein Schwiegervater hatte zwar bei Bombenangriffen seine Ölfabrik in Stettin und seine weitläufige Wohnung in Berlin mit sämtlichen Kunstschätzen verloren, doch er besaß noch einen Teil seines Vermögens. Zunächst dachte er aber nicht daran, die Bemühungen seines jüngeren Sohnes um eine sinnvolle Geldanlage zu honorieren. Wir lebten von der kleinen Rente, die ehemalige Wehrmachtsangehörige erhielten, genauer: von der Hand in den Mund. Oft mußte ich bei Frau Behrend anschreiben lassen.

Weil ich die schweren Wassereimer nicht tragen sollte und überhaupt ziemlich klapprig war, half mir ein paar Monate lang meine Freundin Gudrun. Sie war nach unserer Hochzeit auf das schlesische Gut ihrer Eltern zurückgekehrt und hatte unter der Russen- und Polenherrschaft Fürchterliches erlitten; erst Jahrzehnte später konnte sie darüber sprechen.

Als Gudrun in Göttingen einen Ausbildungsplatz für Krankenpflege erhielt, engagierten wir für ein Taschengeld Gretchen aus Ostpreußen. Sie war kräftig, hübsch und äußerst geschickt. Aus geschenkten alten Pullovern oder Steppdecken mit Wollfüllung stellte sie immer noch etwas Brauchbares her. Sie konnte sogar spinnen. Natürlich war sie bei uns nur auf dem Absprung. Sie wartete auf einen Ausbildungsplatz als Kindergärtnerin, wobei ihr die Zeit bei uns als Praktikum angerechnet werden würde. Sie wartete aber auch wie wir auf eine Zuzugsgenehmigung nach Lübeck oder Hamburg, und vor allem wartete sie darauf, daß ihr Freund sie endlich heiraten würde. Kein Wunder, daß wir manchmal unter ihrer Laune zu leiden hatten. Wahrscheinlich schämte sie sich für uns. Nie hat ihr Liebster sie bei uns abgeholt. Der Anblick von Windeln, Unterhosen und anderen Wäschestücken, die wir an kreuz und quer gespannten Schnüren fast Tag und Nacht in unserem einzigen Zimmer mit Ofen zum Trocknen aufgehängt hatten, war wirklich ziemlich kläglich.

Gudrun beneidete ich. Göttingen, die Universitätsstadt – dort hätte ich auch gern ein neues Leben begonnen. Daran war jedoch gar nicht zu denken. Für Göttingen wie für andere Universitätsstädte auch gab es keine Zuzugsgenehmigung, und die Studienplätze nahmen vorerst Kriegsteilnehmer ein. Auch Gudrun mußte auf ein Medizinstudium, wie sie es sich gewünscht hatte, verzichten. Statt dessen arbeitete sie vierzehn Stunden und mehr im Krankenhaus. Bei freier Kost und Unterbringung im Mehrbettzimmer erhielt sie zehn Mark monatlich als Taschengeld. Ihr wurde wirklich nichts geschenkt.

Von meinem Bruder Hans-Friedrich hatten wir nach meiner Hochzeit nur erfahren, daß er als Fahnenjunker zu einem Lehrgang bei Nürnberg abkommandiert worden war. Wir hofften, er sei in amerikanische oder französische Kriegsgefangenschaft geraten. Aus amerikanischen Lagern waren Ende 1945 fast zwei Millionen Kriegsgefangene nach Frankreich überführt worden; anfangs konnten sie keine Nachricht geben. Unsere Suchanträge über das Rote Kreuz waren ergebnislos geblieben.

Im Sommer 1946 erhielten wir dann die befürchtete Nachricht: Eine Cousine hatte zufällig Hans-Friedrichs Grab in der Nähe von Würzburg gefunden. Am 12. April 1945 war er mit anderen siebzehnjährigen Fahnenjunkern gegen amerikanische Panzer eingesetzt worden. Sein Zugführer hatte das Feuer mit dem einzigen Maschinengewehr, das sie besaßen, eröffnet. Die Amerikaner schossen mit ihren Geschützen aus vollen Rohren zurück, weil sie annahmen, daß sich in dem lichten Laubwald ein gefährliches Widerstandsnest befände.

Als wir Jahre später den kleinen Friedhof am Waldrand von Markt Einersheim besuchten, sahen wir noch überall die von Geschossen zerfetzten Baumstämme. Der Leutnant und alle seine Fahnenjunker waren tot. Sie waren einen knappen Monat vor Kriegsende den »Heldentod« gestorben, als in den fränkischen Dörfern die Amerikaner bereits mit weißen Tüchern als Befreier empfangen wurden. Bernhard Wicki hat den absoluten Gehorsam dieser Kindersoldaten in seinem Film »Die Brücke« erschütternd dargestellt. Der Förster, der die Fahnenjunker am Waldrand begraben und später die Stiefmütterchen zwischen die zerlöcherten Stahlhelme gepflanzt hat, sprach von »seinem Heldenfriedhof«.

Ich bin mit diesem sinnlosen Tod lange nicht fertig geworden. Und lange habe ich auch meinem Onkel Manstein insgeheim den Vorwurf gemacht, daß er, als – nach Stalingrad – der Krieg doch bereits verloren war, meinen Bruder nicht davon abgehalten hat, sich freiwillig zur Wehrmacht zu melden. Als einziger Sohn eines gefallenen Vaters, noch dazu behindert durch einen steifen Arm und ein fast erblindetes Auge, wäre es wohl nicht schwer gewesen, ihn vor dem Kriegsdienst zu bewahren. Aber da waren eben die Ehre und die Pflicht, das Vaterland bis zum letzten zu verteidigen, ja, sich zu opfern. In einem Brief aus der Nürnberger Kriegsschule hatte Hans-Friedrich noch diese hehren Worte an Mutter geschrieben. Ob er wirklich daran geglaubt hat?

Viele Jahre nach dem Krieg traf ich einen Schulkameraden und Freund meines Bruders. Auch er war kurz vor Kriegsende noch Fahnenjunker geworden. Aber er hatte die Ratschläge seines älteren Bruders, der die Nazis haßte, befolgt: Um zu überleben, muß man in auswegloser Lage Befehle verweigern. »Fahnenflucht, wenn Widerstand nutzlos, sinnlos und vergeblich ist – was ist daran zu verurteilen?« fragte er. »Auf das Überleben kommt es doch schließlich an. Ich wollte mich nicht opfern für eine verlorene schreckliche Sache.«

Der Freund meines Bruders war ein erfolgreicher Manager geworden; er hatte sich ein Refugium am Mittelmeer geschaffen. Was hätte Hans-Friedrich getan, wenn er überlebt hätte? habe ich oft überlegt. Wahrscheinlich wäre er seinen Interessen gefolgt und hätte Geschichte studiert.

Nachdem Mutter im Mai 1946 für den Guhlauer Treck in Kirchheim in Württemberg Quartier machen konnte, kam sie mit meiner Schwester Christine zu uns nach Dahmsdorf. Ich hatte mir von Frau H. die Ponys geborgt und holte sie in Reinfeld mit dem Wagen von der Bahn ab. Es war schwer, ihr zu sagen, daß Hans-Friedrich tot war. Er war ihr Lieblingskind gewesen, ihr auch am ähnlichsten. Sicherlich hatte sie auf eine Zukunft mit ihm zusammen gehofft. So konnte bei unserem Wiedersehen keine Freude aufkommen; Mutter konnte nicht einmal über den kleinen Constantin lächeln, der prächtig gedieh.

Sie und Christine waren durch monatelanges Hungern und die Strapazen des Trecks gezeichnet. Sie vertrugen unsere primitive Leinöl-Kartoffel-Kost nicht und bekamen schmerzende Blasen im Mund. Wir mußten sie mit Milchbrei vorsichtig aufpäppeln. Frau H. zeigte sich von ihrer besten Seite: Sie räumte für Mutter ein schmales Kämmerlein frei. Christine durfte mit den beiden jüngeren, etwa gleichaltrigen Töchtern des Hauses auf dem Dachboden schlafen. Es war ein Sommerbehelf. Bald sollte auch die Schule in Lübeck beginnen.

Es wurde nun noch enger bei uns. Mutter litt, weil sie für praktische Arbeit absolut unbegabt war; sie fühlte sich nutzlos. Ein Lichtblick war für sie die Wiederbegegnung mit ihrer Freundin Lilly Hennings, deren Mann als Arzt eine Anstellung in einem Lübecker Krankenhaus gefunden hatte. Hennings hatten mit ihren sechs Kindern eine geräumige Wohnung bezogen, ein unbezahlbarer Vorteil gegenüber anderen Flüchtlingen wie uns.

Durch Lilly lernte Mutter den Pfarrer des großen Barackenlagers für Flüchtlinge am Rande von Lübeck kennen. Sie bot ihm ihre Dienste an und verzichtete auf Bezahlung. In Lorzendorf hatte sie, wenn es ihre Krankheit zuließ, Alte und Kranke betreut und auch Kindergottesdienste abgehalten. So etwas wollte sie jetzt auch im Flüchtlingslager tun. Es gelang ihr, ein Zimmer in einer der Baracken zu bekommen. Ich war erstaunt über ihre Selbständigkeit und Tatkraft. Aber die hatte sie ja schon auf der Flucht und bei der Leitung des Guhlauer Trecks bewiesen. Christine, die ihr ohnehin auf der Nase herumtanzte, sollte bei uns in Dahmsdorf bleiben.

Hans-Conrad besorgte für Mutter mit viel Mühe und mehreren Flaschen Leinöl ein Bett und eine richtige Roßhaarmatratze. So konnte sie mit ihren seit einer Lungenoperation schmerzenden Rippen besser liegen und außerdem auf den verwanzten Strohsack verzichten, den sie im Lager zugeteilt bekommen hatte. Aber typisch für Mutter: Bei unserem ersten Besuch hatte sie bereits die eine Hälfte ihres Zimmers an eine Kindergärtnerin abgetreten, und nicht nur das, sie teilte mit ihr auch ihre Butter- und andere Sonderrationen, die ihr als Lungenkranker zustan-

den. Sie hätte vermutlich auch die kostbare Matratze her-
gegeben, wenn Hans-Conrad nicht energisch Einspruch
erhoben hätte. Eigentlich konnte man ihr gar nichts
schenken, sie fand immer sofort Menschen, die es ihrer
Meinung nach nötiger hatten als sie selbst, und gab das ihr
Zugedachte weiter.

Der Sommer 1946 ging viel zu schnell zu Ende, um alles
tun zu können, was zum Überleben im Winter notwendig
war: Brennholz beschaffen, hamstern, das heißt Vorräte
anlegen, trocknen und einwecken. Christine war dabei
eine große Hilfe. Wir sammelten Ähren auf abgeernteten
Feldern, schnitten nachts bei Vollmond Haferbüschel ab,
was ja schon Diebstahl war, und brachten sie zu einer
Mühle, wo sie zu Haferflocken gemahlen wurden; wir
klaubten Fallobst und Kartoffeln und bekamen auch
manchmal einen Korb Äpfel geschenkt. Wir mußten nicht
hungern, wie viele Menschen in der Stadt, denen auf Mar-
ken Lebensmittel im Wert von nur tausend Kalorien zu-
standen. Täglich waren wir viele Stunden auf Nahrungssuche. Wir ernteten alles, was die holsteinischen Knicks
hergaben: Hagebutten, Schlehen, Haselnüsse, Holunder
und trockene Äste. In einem Laubwäldchen fanden wir
Bucheckern, eine Delikatesse. Fast regelmäßig klauten wir
Grünfutter für unser Milchschaf, für das wir einen kleinen
Stall gebaut hatten. Vier teuer bezahlte Hühner sollten
uns mit Eiern versorgen.

Mit unserem Viehzeug hatten wir jedoch Pech. Das
Milchschaf Erna war eine einzige Enttäuschung. Es hatte
Fünflinge geboren, bevor wir es ohne den Nachwuchs im
Nachbardorf erstanden; wir erhofften uns viel fette Milch.
Offenbar machte das Mutterschaf aber nun, nachdem der
Kindersegen abgesetzt war, eine Produktionspause und
gab nur widerwillig ein paar Tröpfchen her. Wir hatten
keine Weide für Erna, also mußten wir sie stundenlang am
Straßenrand oder am Feldrain ausführen. Sie war so groß

wie ein kleines Kamel und fraß fast ununterbrochen. Da wir nie genug Stroh hatten – auch das mußte ja »organisiert« werden –, bekam sie bald Klauenfäule, kostete also außerdem noch Arznei. Immerhin konnten wir sie scheren und aus ihrer zottligen Wolle kratzige Pullover strikken.

Auch die Hühner waren wenig nützlich; sie ließen sich leider nicht zum Eierlegen bewegen und mauserten sich statt dessen ohne Unterlaß. Daß sie Läuse hatten, merkten wir erst, als auch wir uns zu kratzen begannen. Die einzigen Tiere, die uns täglich Freude bereiteten, waren die beiden Dackel, die alte Mimi, die Christine gerettet hatte, und der leider noch nicht stubenreine junge Chico. Nicht nur unsere eigenen, auch die Kinder im Dorf liebten die Hunde. Frau H. fand allerdings, daß solche Habenichtse wie wir nicht auch noch zwei Dackel durchfüttern sollten.

Am Samstag, wenn Hans-Conrad aus Hamburg kam, ging ich ihm mit dem klapprigen weinroten Kinderwagen und den beiden Hunden entgegen. Jedesmal hoffte ich, daß er die ersehnte Wohnung in Hamburg oder im Landkreis Harburg für uns gefunden hätte. Doch nicht einmal eine Zuzugsgenehmigung war in Sicht. Das Wochenende begann also jedesmal mit einer Enttäuschung. Unsere Misere kam mir dann noch unerträglicher vor.

Wir führten eine spannungsreiche sporadische Ehe, und ich flüchtete mich in Krankheiten, die viel mit den unglücklichen Lebensumständen zu tun hatten. Als sich eine neue Schwangerschaft ankündigte, war ich froh. Ich hatte mir immer mehrere Kinder gewünscht, nun bekam das Warten einen Sinn. Es ging mir nach den ersten beschwerlichen Wochen gleich besser. Der alte Frauenarzt in Lübeck hatte keine Bedenken.

Um ihn aufzusuchen oder um zum Zahnarzt zu gehen, mußte ich hin und zurück jeweils zehn Kilometer meist über Feldwege wandern. Wenn es das Wetter zuließ, zog ich mir die Schuhe aus und lief barfuß. Die plumpen Holzsohlen waren ohnehin drückende Klötze.

Mitfahrgelegenheiten waren rar, doch manchmal bekam ich einen Platz im Milchauto. Ein Bus verkehrte nur einmal am Tag, war regelmäßig überfüllt und kostete außerdem Geld, das bei uns so knapp war. Selten bot Frau H. eine Mitfahrgelegenheit im Ponywagen an. Fragen und bitten mochte ich nicht. Meine Schüchternheit war durch unsere schwierige Situation noch gewachsen. Abschlägige Bescheide – ob es um die Benutzung der Waschküche ging oder des sonnigen Trockenplatzes – brachten mich sofort aus dem Gleichgewicht. Ich empfand sie als peinigende Demütigung. Heulendes Elend war die Folge; ich konnte mich dagegen nicht wehren.

Ein Trost war für mich die Freundschaft mit unserem Arzt. Er hatte zusammen mit seiner Frau, die ebenfalls Ärztin war, aber wegen ihrer sieben Kinder wenig Zeit für ihren Beruf fand, im Nachbarort Zarpen eine gutgehende Praxis aufgebaut. In Mecklenburg hatte er als Chirurg ein Kreiskrankenhaus geleitet, aber er war auch ein guter Praktiker und an ganzheitlicher Medizin interessiert. Mich betreute er nicht nur als Arzt, er versorgte mich auch mit Lesestoff aus der Lübecker Leihbücherei, wenn er mir nicht Zeitschriften oder medizinische Werke aus seinem eigenen Bücherschrank mitbrachte. Er war einer der wenigen Menschen, mit denen ich mich in dieser Zeit unterhalten konnte.

Manchmal schaute er nach einem langen Tag noch zu später Stunde bei uns herein. Er redete gern und wußte, daß ich eine dankbare Zuhörerin war. Medizin zu studieren, das wäre etwas für mich gewesen, dachte ich manchmal sehnsüchtig, oder Psychologie oder Geschichte oder, oder …

Wenn es mir nicht gut ging, trauerte ich den unrealistischen Möglichkeiten nach. Doch dann fing ich mich wieder und fand Kinder und Nahrungssuche, Kleidernähen,

Stricken und notgedrungen auch Kleeklauen für Erna sinnvoll und ganz befriedigend.

Am 12. Mai 1947 wurde unser zweiter Sohn Hubertus geboren, an einem frühsommerlichen Sonntag, Muttertag zudem. Ich war mit Erna spazierengegangen, vielmehr ließ ich sie am Feldrain weiden, kehrte dann aber hastig um, weil ich ein merkwürdiges Ziehen verspürte. Eile war geboten, damit das Kind nicht im Taxi zur Welt kam. Diesmal war alles besser vorbereitet. Die Nonnen brachten mich sofort in den Kreißsaal. Wenige Minuten später war das Baby da.

Zurück in unserer engen Behausung, gab es die übliche Reaktion des Erstgeborenen: Constantin war eifersüchtig auf den kleinen Bruder, dem nun so viel Zeit und Aufmerksamkeit galt. Zum Glück wohnte unter uns ein älteres kinderloses Ehepaar, das sich seiner liebevoll annahm.

Frau Wulff sah man die frühere Schönheit an; sie war eine zarte Dame, die oft unter großen Schmerzen litt. Gelenkrheumatismus hatte ihre Hände und Finger verkrümmt. Die Wulffs hatten ein Gut in Mecklenburg gepachtet oder besessen; doch im Gegensatz zu den anderen Flüchtlingen im Haus sprachen sie nie über die Vergangenheit oder den verlorenen Besitz. Herr Wulff verwaltete jetzt den großen Hof der Familie H., wortkarg und ernst. Man ahnte, daß er und seine Frau Schweres durchgemacht hatten. Der kleine Constantin brachte beide zum Lachen. Als er besser laufen konnte, nahm Herr Wulff ihn gern mit auf seine Rundgänge über die Felder und durch die Ställe.

Erst später, als wir längst nicht mehr in Dahmsdorf wohnten, erfuhr ich, daß Frau Wulff aus der jüdischen Familie Tietz stammte, deren Warenhäuser von den Nazis arisiert worden waren und nach dem Krieg unter dem Namen Hertie zu den erfolgreichsten ihrer Branche zählten. Wie mögen die Wulffs es ertragen haben, nun, nachdem die Angst vorbei war, unter dem Dach einer Nazifamilie zu leben und abhängig von ihr zu sein! Und wie hatten sie wohl in Mecklenburg die Schreckenszeit des Dritten Reiches überstanden? Mit dem Geld von Wiedergutmachungsansprüchen konnten sie sich ein paar Jahre später ein Haus am Ratzeburger See kaufen.

Christine war zwar meine kleine Schwester, aber gleichzeitig auch so etwas wie meine Tochter, für die ich mich verantwortlich fühlte und für die ich eine Autorität sein sollte. Es gelang mir nicht immer. Ich war erst zweiundzwanzig Jahre alt, als ich die Vormundschaft für sie übernahm. Die Flucht durch die Tschechoslowakei und Österreich und weiter bis nach Westdeutschland hatte Christine früh selbständig werden lassen. Für sie war vieles ein aufregendes Abenteuer gewesen. Sie hatte es gut bestanden und mit ihren zehn Jahren nicht nur umsichtig für unsere Mutter gesorgt, sondern oft auch bestimmt, was als nächstes zu tun sei. Ihr Selbstbewußtsein war erstaunlich. Sie fühlte sich den Gleichaltrigen, die »nichts erlebt hatten«, weit überlegen.

In Dahmsdorf entzog sie sich nicht selten der notdürftigen Ordnung. Sie ließ sich nicht viel sagen, half aber, wenn es nötig war, zuverlässig und bereitwillig. Da sie mit den beiden jüngsten Töchtern des Hauses bis tief in den Herbst hinein auf dem unheizbaren Boden schlief und mit ihnen zusammen in Lübeck aufs Gymnasium ging, hatte sie sich an die Familie unserer Wirtin stärker angeschlossen als wir, die wir nur zu oft zu spüren bekamen, daß wir widerwillig geduldete Mieter waren.

Endlich, Anfang 1948, konnte Hans-Conrad, vermittelt von einer Privatbank, Kontakt zu einem Buchhalter aus Ostpreußen aufnehmen, der über Bezugscheine für Kupfer und ähnliches Metall verfügte. Das war die komplizierte Voraussetzung, um Maschinen zu bestellen, mit denen vor den Toren Hamburgs ein dringend benötigtes

Reparaturwerk für Eisenbahnschienen aufgebaut werden sollte. Wenn er am Wochenende nach Dahmsdorf kam, wartete Hans-Conrad jetzt jedesmal mit Erfolgsmeldungen auf. Sie betrafen allerdings ausschließlich den Aufbau des Werks. Sein Vater als Geldgeber stand den Plänen einstweilen noch mißtrauisch gegenüber und dachte nicht daran, seinem Sohn ein angemessenes Gehalt zu zahlen.

Am 20. Juni 1948 waren unsere letzten Vermögensreserven durch die Währungsreform entwertet worden. Es gab plötzlich alles zu kaufen, aber wir hatten kein Geld. Vierzig Mark pro Kopf erhielten wir. An unseren miserablen Lebensverhältnissen änderte sich vorerst nichts, abgesehen davon, daß das Schlangestehen vor Frau Behrends Laden wegfiel. Es gab jetzt immer genügend frisches Brot. Wir wohnten zwar weiterhin in drangvoller Enge, aber wir besaßen neuerdings dank eines nützlichen Tauschgeschäfts ein Fahrrad. Mein letztes goldenes Armband wechselte dabei die Besitzerin. Einkäufe und Arztbesuche waren nun leichter zu machen.

Großmutter Amaly und die Zedlitz-Großmutter waren passionierte Briefschreiberinnen. Auf knittrigem graugelbem Papier übermittelten sie die Neuigkeiten aus der Familie. Nie beklagten sie sich. Sie schrieben dankbar von jeder Kleinigkeit, die wie eine Verbesserung des Flüchtlingsdaseins aussah.

Die Großeltern Zedlitz waren nach einer mühseligen Flucht mit dem Frauenhainer Gutstreck über das Riesengebirge in die Tschechoslowakei gelangt. Meist hatten sie in ungeheizten Massenquartieren auf verbrauchten Strohschütten auf der Erde schlafen müssen. Bei mitleidigen tschechischen Bauern zu übernachten, die ihnen das angeboten hatten, war verboten. Es gab immer noch braune Funktionäre, die ihre Macht skrupellos ausübten.

Einmal verschaffte ihnen der treue Diener August aber doch ein gutes Quartier in Jetenice, im Wallensteinschloß eines großzügigen und hilfsbereiten Tschechen. Sie kamen sich wie im Märchen vor: Richtige Betten in zentralgeheizten Zimmern, fließend warmes Wasser und freundliche Anteilnahme trotz der Sprachschwierigkeiten. Hier durften sie sich von einer fiebrigen Angina erholen, ehe sie ohne Pferd und Wagen mit nur wenig Handgepäck und ein paar Säcken nach Potsdam weiterzogen, wo die fast neunzig Jahre alte Urgroßmutter Editha von Rohr (mit der wir alljährlich den Zobten bestiegen hatten) wohnte. Den Luftangriff am 14. April 1945, der das bis dahin noch unversehrte Potsdam (und teilweise auch das Haus der Urgroßmutter in der Mangerstraße) zerstörte, haben sie dort überlebt. Ende April eroberten die Russen die Stadt, und die anschließende Angst- und Hungerzeit begann.

Großmutter Helene, im grauen Rotkreuzkleid mit weißem Kragen und weißer Haube, machte auf der Suche nach Eßbarem gewagte Exkursionen in die nähere Umgebung. Sie scheute sich auch nicht, blutige Stücke von einem Pferd, das auf der Straße verendet war, nach Hause zu schleppen. Großvater hackte unterdes im Hinterhof Brennholz für den Kanonenofen, auf dem die Suppe gekocht wurde.

Im zerstörten Potsdam konnte die Familie nicht bleiben. Großmutter suchte deshalb ein neues Quartier in der Altmark, ihrer Kinderheimat. Doch auch von dort wurden die Großeltern vertrieben. In der sowjetischen Besatzungszone wurden Adlige, auch wenn sie uralt und gebrechlich waren und nichts mehr besaßen, als Staatsfeinde verfolgt.

In Deckenhausen im norddeutschen Landkreis Hadeln wurden die Großeltern dann endlich freundlich aufgenommen, obwohl das Gutshaus der Deckens bereits bis zur letzten Kammer von Flüchtlingen bewohnt wurde. Herr von der Decken war Kreislandwirt in Stade. Er setzte sich vorbildlich für die Menschen ein, die unter seinem Dach und in seinem Landkreis Zuflucht gefunden hatten.

Das gab es eben auch, Menschen, die halfen, soviel sie konnten, und selbstverständlich auch teilten. Die Deckens schränkten sich selber erheblich ein und hatten Rat und Trost für alle, die sich an sie wandten.

Großmutter Helene suchte nach einer Verdienstquelle und fand sie auch. Sie malte nach Postkarten oder Fotos die verlorenen Schlösser und Häuser ihrer Standesgenossen. Ein Kindertuschkasten ersetzte echte Aquarellfarben. Viel Geld konnte sie für diese kleinen Kunstwerke nicht verlangen. Ihre Auftraggeber hatten wie sie selbst alles verloren. Eine weitere Verdienstmöglichkeit war die Sammelstelle für Heilkräuter, die sie einrichtete. Großmutter trocknete Kamille, Schafgarbe und andere Feld- und Wiesenkräuter auf dem Speicher des Decken-Schlosses und verkaufte sie an Apotheken.

Großvater Stephan verfiel zusehends. Als ich ihn noch einmal besuchte, verwechselte er mich mit meiner Mutter. »Ingeputtchen« nannte er mich. So zärtlich wurde Mutter als Kind gerufen. Verwirrt und krank vor Heimweh, starb er kurz darauf, wenige Tage vor seinem achtzigsten Geburtstag, am 15. März 1951.

In allen Briefen der Großmütter war zu lesen, wie Verwandte und Freunde sich durchschlugen: Eine Tante, die ein wenig Klavier spielen konnte, war Organistin in einer Dorfkirche geworden; eine andere arbeitete in einer Großgärtnerei; ein Onkel, auch er ein ehemaliger Gutsbesitzer, fuhr mit einer Glocke bimmelnd mit einem dreirädrigen Lieferwagen über die Dörfer und verkaufte Heringe und andere Fische; ein anderer vermehrte selbstgezüchtete Saatkartoffeln, die er im Rucksack aus Mecklenburg über die grüne Grenze geschleppt hatte und nun auf fremden Äckern anbaute. Ein Vetter, mehrfacher Familienvater und ehemaliger Generalstabsoffizier, hatte eine Mechanikerlehre in einer Nähmaschinenfabrik begonnen.

Sie waren alle so tüchtig und ließen sich nicht unterkriegen. Ich kam mir dagegen ziemlich jämmerlich vor. Ich saß mit zwei kleinen Kindern in Dahmsdorf fest und wußte nicht, wie ich diesen Zustand ändern sollte. Ich lieh mir Bücher – auch bei den H.s gab es zum Beispiel Hamsun und andere Skandinavier zu lesen – und versetzte mich in fremde Welten. Da ich viel krank war und liegen mußte, hatte ich dafür Zeit und einen Vorwand.

In der Hoffnung, etwas damit zu verdienen, kaufte ich in einer Gerberei Abfälle von Lammfellen und nähte daraus – zuerst für die kleinen Söhne – Mützen, Schuhe, später dann auch auf Bestellung Jacken für Kinder. Sie erinnerten mit den bunten Litzen und Handstickereien an die Trachten der Eskimos. Die Pelzjacken wurden bewundert, und Hans-Conrad bot sie mit Erfolg in einem Kunstgewerbe-Laden am Neuen Wall in Hamburg an.

Fünfzig Mark für eine Lammfelljacke, zehn für ein Paar Schuhe – für mich war das ein Vermögen; ich war stolz auf das erste selbstverdiente Geld. Mehr hatte ich oft für eine ganze Woche nicht zur Verfügung, um die Familie zu ernähren. Die echte, aber keineswegs perfekte Handarbeit hatte den Nachteil, daß es in unserem einzigen beheizbaren Stübchen wie in einem Schafstall roch, Schafhaare herumwirbelten und zum Niesen reizten.

Nur am Wochenende ruhte der Nähbetrieb. Hans-Conrad brauchte Platz für sein Cello. Der Traum vom Orchestermusiker war allerdings ausgeträumt – es hatten sich in Hamburg achtzig Bewerber für einen einzigen Cellistenplatz im neu gegründeten Radio-Symphonieorchester gemeldet. Beim Cellospielen rettete sich Hans-Conrad wie ich beim Lesen aus unserer Misere, Musik war ein Teil seiner Vorkriegswelt.

Oft hockten rechts und links von ihm die beiden Söhne auf ihren Nachttöpfen. Weil wir keine Windeln besaßen, mußten sie entgegen heutigen Erkenntnissen so früh wie möglich, kaum daß sie sitzen konnten, »stubenrein« werden. Gelitten haben sie wohl nicht; ihre langen Sitzungen

196

wurden durch Bilderbücher und selbstgestrickte Woll-decken um den Bauch ganz gemütlich.

Von meiner Mutter gab es gegen Ende des Jahres 1948 alarmierende Nachrichten: Im Lübecker Flüchtlingslager grassierte Typhus. Sie hatte sich angesteckt und lag auf der Quarantänestation eines Krankenhauses. Ich habe sie dort nur einmal gesehen. Ich konnte außen auf den Sockel der Baracke klettern und durch das Fenster in das Zimmer mit den vier Betten spähen. Ich weiß nicht, ob Mutter mich erkannt hat.

Es ging ihr schlecht. Vergeblich bemühten wir uns um Antibiotika, die unerschwinglich teuer, aber eben auch nur mit besonderen Beziehungen zu englischen oder amerikanischen Quellen zu haben waren. Endlich zeichnete sich eine leichte Besserung ab. Wir hofften, das Schlimmste sei überstanden.

Ich hatte Mutter ein Weihnachtspäckchen geschickt mit Plätzchen und einer kleinen Krippe aus Pappfiguren, die Christine und ich gebastelt hatten. Sie hat es noch ausgepackt. Doch in der Weihnachtsnacht stieg das Fieber wieder, alte Tuberkuloseherde brachen auf. Sie starb in den frühen Morgenstunden, erst vierundvierzig Jahre alt. Die Großeltern Zedlitz hatten nun eine zweite Tochter durch Typhus verloren. Die jüngste, Mutter von drei kleinen Söhnen, war kurz nach Kriegsende, noch keine dreißig Jahre alt, in Magdeburg gestorben.

Zu Mutters Begräbnis auf dem Lübecker Friedhof hatten sich die Flüchtlinge aus dem Lager versammelt, dreihundert und mehr. Nur ein Teil von ihnen fand Platz in der Kapelle. Die anderen standen draußen im kalten Nieselregen. Mutter war im Lager verehrt und geliebt worden. Zu ihrer Freundin Lilly hatte sie einmal gesagt, daß diese Zeit mit den Barackenbewohnern die sinnvollste in ihrem Leben gewesen sei. Sie hatte dort Aufgaben gefunden, die sie ausfüllten und befriedigten. An die Trauerfeier in der überfüllten Kapelle kann ich mich nicht mehr erinnern. Mir war ständig übel, unser drittes Kind kündigte sich an.

Durch die Vermittlung des Pastors im Flüchtlingslager erhielten wir für Christine einen Freiplatz in einem Internat in Timmendorf, das der evangelischen Kirche gehörte. Sie lebte sich schnell ein, gewann neue Freundinnen und Freunde. Im Sommer haben wir sie dort öfter besucht.

Ich bin meiner Mutter nicht gerecht geworden. Sie hat sich immer geduldig um mich bemüht; mir dagegen fehlte das Verständnis für sie und ihre besonderen Fähigkeiten. Ich habe zu oft etwas von ihr erwartet, wozu sie einfach nicht in der Lage war. Ihre Hilflosigkeit in allen praktischen Dingen, ihre Weltfremdheit, ihre Abhängigkeit von der starken Schwiegermutter Amaly, die sie ständig um Rat fragte – all das war eine Enttäuschung für mich. Sie tat mir in ihrer Schwäche zwar immer leid, aber ich wollte absolut nicht werden wie sie. Ich habe sie mit meiner Unduldsamkeit oft verletzt.

Wenn ich während meiner Schulzeit in Breslau am Wochenende nach Hause fuhr, nahm ich mir jedesmal vor, Mutter nicht zu kränken. Doch meine guten Vorsätze habe ich selten eingehalten. Schon auf der Rückfahrt im Zug schrieb ich dann einen Entschuldigungsbrief und bat um Verzeihung. Erst im nachhinein, erst als es zu spät war, habe ich meine Mutter als einen besonderen Menschen erkannt, selbstlos, gütig und klug. Sie konnte niemanden verletzen. Ihre Krankheit, die sie von vielem ausschloß, ertrug sie, ohne zu klagen. Nach Vaters Tod wagte sie eine damals noch kaum erprobte, äußerst schmerzhafte Operation, bei der Rippen durchsägt und verkürzt wurden und auf diese Weise einen Lungenflügel stillegten. Danach ging es ihr besser. Sie brauchte im Winter nicht mehr ins Sanatorium. Die Strapazen der Flucht hat sie gut durchgehalten, aber die Schmerzen blieben. Sie wäre gern zu ihren

Eltern, nach deren Liebe und Fürsorge sie sich stets sehnte, ins Land Hadeln gezogen.

Am 23. Mai 1949 wurde das Grundgesetz für den westdeutschen Teilstaat, der aus dem Zusammenschluß der drei Westzonen bestand, verabschiedet. Die »deutsche Frage« wurde offengehalten, das heißt, ein Recht auf Wiedervereinigung wurde nicht verankert. Auf den provisorischen Charakter des deutschen Teilstaates wurde ausdrücklich hingewiesen. Was eine parlamentarische Demokratie ist, mußten wir erst lernen.

Ich bezweifle, daß mich dieses Ereignis damals nachhaltig beschäftigt hat. Doch ein Satz prägte sich mir ein: Artikel 1: »Die Würde des Menschen ist unantastbar.« Ob das auch für Flüchtlinge galt? Angetastet – das wäre ja noch erträglich gewesen, ich fand meine Würde oft erheblich verletzt.

Ich war bis zur Erschöpfung vom beschwerlichen Alltag in Anspruch genommen. Zum Zeitunglesen fehlten mir Zeit und die Gelegenheit – ein Abonnement konnten wir uns gar nicht leisten. Aber den ersten Rotationsroman von Rowohlt im Zeitungsformat, Hemingways »Wem die Stunde schlägt«, habe ich mir doch bei einem Zahnarztbesuch in Lübeck gekauft; er kostete eine Mark fünfzig.

Daß Konrad Adenauer im September zum ersten Bundeskanzler gewählt wurde, aus der Sowjetischen Besatzungszone die Deutsche Demokratische Republik entstand, wir also in zwei Deutschlands geteilt wurden, habe ich damals natürlich registriert. Ich kann mich aber nicht an Gespräche mit politischem Inhalt erinnern. Die drängenden Sorgen des Alltags überwogen.

Adenauers helle rheinische Stimme im Radio, das Hans-Conrad in Hamburg auf dem Schwarzmarkt erworben hatte, war mir sehr fremd: ein Bundeskanzler, der kein Hochdeutsch sprach! Außerdem warf ich Adenauer vor, daß er durch seine einseitige Ausrichtung nach Westen die

Chancen einer Wiedervereinigung verringerte. Kannte er überhaupt das Land rechts der Elbe? Und das Pensionopolis Bonn als provisorische Hauptstadt – das schien mir absurd. Doch Adenauer war unbestritten eine vertrauenswürdige Autorität auch für Wähler, die nicht der CDU nahestanden. Bis 1933 war er Oberbürgermeister in Köln gewesen, außerdem Präsident des Preußischen Staatsrates.

Es war die Stunde der alten Männer, die sich den Nazis oft unter Opfern und lebensbedrohlicher Gefahr verweigert hatten. Theodor Heuss, der erste Bundespräsident, gehörte dazu wie Ernst Reuter, der Regierende Bürgermeister von Berlin, oder der Bürgermeister von Bremen, Wilhelm Kaisen.

Die Horrornachrichten aus Schlesien und anderen Provinzen östlich der Oder beunruhigten uns. Sie sickerten allmählich durch und klangen oft wie eine schreckliche Wiederholung der Greuel während der Nazizeit. Die zurückgebliebenen Deutschen waren rechtlos geworden. In Hungerlagern zusammengepfercht, warteten sie auf ihre »Aussiedlung« in den Westen, wenn sie nicht noch zu schwerer Arbeit gebraucht wurden. Hörten Unrecht, Verfolgung, Gewalt und Willkür niemals auf? Immer wieder mußten wir uns sagen, daß im Namen Deutschlands entsetzliche Verbrechen begangen worden waren und daß jetzt viele barbarische Greueltaten in den ehemaligen östlichen Provinzen Deutschlands aus Rache geschahen.

Die Sowjetunion hatte ein Drittel von Polen okkupiert, die polnischen Bewohner wurden nicht selten ähnlich grausam vertrieben wie zuvor die deutschen Bewohner aus Schlesien und Pommern. Die polnische Landesgrenze wurde einfach zweihundert Kilometer weiter nach Westen verschoben. Doch jahrzehntelang blieb die Oder-Neiße-Linie eine umstrittene Grenze. Viele Deutsche wollten sich mit dem endgültigen Verlust ihrer Heimat nicht abfinden.

Beunruhigend war aber auch, was im anderen Teil Deutschlands vor sich ging. Wer konnte, floh heimlich mit leichtem Gepäck über die »grüne Grenze« nach Westen. Wir hatten keine persönlichen Kontakte »nach drüben«. Die Päckchen mit Lebensmitteln, die unsere Kirchengemeinde an eine Gemeinde jenseits des Eisernen Vorhangs schickte, machten uns jedesmal deutlich, daß wir Glück gehabt hatten, auf dieser Seite gelandet zu sein.

Am 24. Juni 1949 wurde unser dritter Sohn Jürgen geboren. Diesmal war Großmutter Amaly angereist. Ich hatte ungeduldig in der Waschküche gestanden und stundenlang Wäsche gerubbelt, bis ich Rückenschmerzen bekam, die auch erste Wehen sein konnten. Großmutter fürchtete, daß ich – nachdem die beiden Brüder so mühelos auf die Welt gekommen waren – dieses Kind unterwegs verlieren würde. Sie bestand darauf, daß ich sofort in die Klinik fuhr. Ich wartete also mit meinem Handköfferchen im Untersuchungszimmer bei den Nonnen. Nichts regte sich, keine Spur von Wehen.

»Gehen Sie einmal um Lübeck herum«, riet mir die Hebamme, »dann sehen wir weiter.« Ich lief also, so schnell ich mit meinem runden Bauch rennen konnte, auf dem Wall an der Trave entlang. Ohne Erfolg. Ich wollte aber auf keinen Fall ohne Baby zurück nach Dahmsdorf fahren. »Jetzt hilft nur noch Bohnenkaffee«, sagte die Hebamme, bevor sie mich unter einen Lichtbogen packte.

Bohnenkaffee hatte ich schon lange nicht mehr getrunken, und die Schwitzkur unter dem Lichtbogen war offenbar auch äußerst anregend. Jürgen kam bald ebenso leicht auf die Welt wie seine Brüder. Christine mußte ihn beim Standesamt anmelden, Hans-Conrad war verhindert.

Ohne Gretel Klisch, die Nachfolgerin von Gretchen, wäre ich wohl am mühseligen Flüchtlingsleben mit drei kleinen Kindern und immer noch der Wasserschlepperei die Treppe rauf und runter verzweifelt. Gretel, eigentlich mit ihren sechzehn Jahren selbst noch ein Kind, war für mich eine unermüdliche Hilfe und für die drei Jungs die liebevollste Betreuerin, die man sich denken kann. Ihre Eltern kamen aus Hennersdorf, Großmutter Amalys Witwensitz, wo sie einen Hof besessen hatten. Der Vater war nebenbei Gemeindeschreiber gewesen, eine hochgeachtete Vertrauensperson.

Im Gegensatz zu ihrer Vorgängerin Gretchen war Gretel stets gut gelaunt und freundlich. Was ich ihr an Hausfrauenkünsten nicht beibringen konnte, weil ich es selbst nicht wußte, erfragte sie bei Frau H. oder bei Frau Wulff. Die tückische Brennhexe brachte sie ohne Schwierigkeiten zum Glühen, sie zauberte darauf köstliche Suppen aus Brennesseln und dem Gemüse von unserem Gartenland. Es machte ihr auch – im Gegensatz zu mir – nichts aus, Frau H. um einen Platz im Backofen für unseren Sonntagskuchen oder die beliebten Haferflockenplätzchen zu bitten.

Als wir endlich Ende 1950 nach Meckelfeld bei Harburg ziehen konnten, begann ein neues Leben voller Erwartungen.

Das Wohnrecht in Meckelfeld im Landkreis Hamburg-Harburg hatten wir uns mit einem gemieteten Zimmer in einer Siedlung am Bahndamm erworben, in dem ich ein paar Mal mit Constantin einige Tage zugebracht hatte. Zwar bekamen wir auch jetzt nicht gleich die versprochene Vierzimmerwohnung mit Garten, sondern hausten erst einmal wieder kalt und provisorisch unter dem Dach eines alten Hauses neben dem Gasthof »Waldquelle« Am Höpen. Verglichen mit Dahmsdorf war aber auch das schon eine große, wenn auch nicht winterfeste, Verbesserung. Die Wasserleitung und das Klo funktionierten, die mühselige Wasserschlepperei fiel weg. Für Christine und Gretel bauten wir auf dem Boden mit Brettern und Pappe eine Art Verschlag aus. Licht fiel durch eine Dachluke hinein, aber Zimmer konnte man diese Notlösung nicht nennen. Ohne Wärmflasche war im Winter an Schlafen nicht zu denken.

Gegenüber unserer Wohnung begann der Wald, ein wunderbar großer Abenteuerspielplatz für die Kinder. Mit langen Stöcken bewaffnet, zogen sie bald mit den Nachbarskindern los, um »Mitschnacker« – gefährliche Männer, die Kinder entführen – zu vertreiben oder gar zu fangen. Es war ein wirkungsvolles, selbsterfundenes Rezept zur Überwindung von Ängsten.

Die ersten Schritte zur Selbständigkeit hatten die beiden Ältesten schon vorher unternommen: Sie schlossen auf eigene Faust Freundschaft mit unseren Nachbarn auf der anderen Straßenseite, einem alten Ehepaar in seinem gemütlich warmen Siedlungshäuschen. Sie fanden sich dort regelmäßig zum zweiten Frühstück ein, wenn es Brötchen gab. Ich sah es als positives Zeichen an, daß ihr »Urvertrauen« in Dahmsdorf nicht beschädigt worden war; auch dort waren sie, im Unterschied zu uns Erwachsenen, immer willkommen gewesen, wenn sie Frau H. oder die Wultts besuchten.

Allmählich stellten sich bei uns erste Anzeichen für Wohlstand ein. Hans-Conrad bezog als Betriebsleiter des neuen Schienenreparaturwerks ein auskömmliches Gehalt. Ich machte den Führerschein, kaufte mir Bücher, fuhr auch schon einmal allein nach Hamburg. Wir sahen im Schauspielhaus den »Faust« mit Gründgens, Quadflieg und der Flickenschildt oder hörten in der Musikhalle ein Brahms-Konzert. Wie es weitergehen würde mit uns war nun eine weniger bedrückende Frage. Aufwärts jedenfalls, das schien festzustehen.

Ein Jahr später zogen wir in die versprochene Parterrewohnung ein paar Häuser weiter. Zu ihr gehörten nicht nur ein Keller und ein Garten, sondern auch ein Schuppen, der unser erster Pferdestall wurde. Der Erker des Wohnzimmers war wie geschaffen für den Blüthner-Flügel, den uns der Schwiegervater schenkte. Nun konnte sich Hans-Conrad wieder begleiten lassen, und unsere beiden ältesten Söhne bekamen Klavierunterricht bei Fräulein Mücke, einer ungewöhnlich dicken, netten und pädagogisch begabten Lehrerin, die uns ihren Meisterschüler als Begleiter für Hans-Conrad empfahl. Bald luden wir die ersten Gäste zu Hauskonzerten ein: Klavier-Cello-Sonaten von Brahms und Haydn.

Für die Kinder war es gewiß ein Vorteil, daß sie Noten lernten, bevor sie Lesen und Schreiben konnten. Zu Fräulein Mücke gingen sie gern. Es hätte auch mich gereizt, zusammen mit den Kindern zu musizieren. Als Schülerin hatte ich in der Breslauer Elisabethkirche im Chor die Matthäuspassion mitgesungen, ganz und gar unmusikalisch, wie Hans-Conrad behauptete, war ich wohl also nicht. Irgend etwas hätte ich sicherlich aus meinem bescheidenen Talent machen können. Statt dessen ließ ich mich von Hans-Conrads Überlegenheit auf musikalischem Gebiet einschüchtern und begann etwas, was ich zu können glaubte: Mit wachsender Passion ritt ich wieder.

Zuerst war es die temperamentvolle Hannoveranerstute Mieze – so unpassend hieß sie nun einmal. Sie gehörte dem in Rußland vermißten Kohlenhändler in Meckelfeld. Dann kauften wir zum Schlachtpreis die schöne Fuchsstute Floria von einem Pferdehändler, der sie als »Verbrecher« bezeichnete. Sie war schweißbedeckt, klapperdürr und blutete aus Nüstern und Maul, als er sie uns vorführte. Aber sie hatte »Schwebegänge« … Ich traute mir zu, Floria zu bändigen.

An Putzen war zunächst nicht zu denken, auch Hafer konnte man nur von außen in die Krippe schütten; Floria biß und keilte. Doch allmählich vergaß sie, was man ihr angetan hatte, und faßte Vertrauen, zumindest zu mir, vor Männern hatte sie nach wie vor Angst und wehrte sich. Ich habe mit ihr ein Dutzend Preise auf kleinen ländlichen Turnieren gewonnen und bin in der Wilseder Heide meine erste Jagd hinter der Niedersachsenmeute geritten. Ausgerechnet auf einem Turnier in Meckelfeld blieb Floria vor dem letzten Hindernis abrupt stehen. Ich flog über den Pferdehals auf die andere Seite der Hürde; die Zügel hielt ich fest in der Hand. Floria und ich schauten uns erschrocken an. Es muß ein Bild für ein Witzblatt gewesen sein. Die Zuschauer klatschten und fanden es zum Schreien komisch. Meine Kinder jedoch fanden es weniger lustig; sie schämten sich für ihre Mutter und schlichen davon.

Durch das Reiten und die dörflichen Turniere lernte ich auch viele Bauern und Pferdezüchter kennen. Der »Heitmannhof« in Hittfeld sei zu verkaufen, hörte ich, ein schönes, etwas abseits vom Dorf am Waldrand gelegenes Anwesen. Auf den Weiden wurden Traber gezüchtet. Ideal für uns, dachten wir. Mit dem Lastenausgleich von Lorzendorf, billigen Krediten für Flüchtlinge und mit Schwiegervaters Hilfe würden wir den Hof gewiß erwerben können. Doch da hatte ich mich in meiner Loesch-Familie gründlich getäuscht. Nicht meiner Schwester Christine und mir stünde der Lorzendorfer Lastenausgleich zu, sondern unserem Onkel Friedrich, teilte mir Großmutter Amaly mit, die ich um Unterlagen gebeten hatte.

Obwohl mein Bruder, der Erbe, gefallen war, als das Gut bereits verloren und von Polen in Besitz genommen war, galt das Erbhofgesetz, also stets die männliche Erbfolge. Wir fanden es absurd, zumal mein Onkel, der in Österreich auf seinem Restgut lebte, inzwischen österreichischer Staatsangehöriger und gar kein Flüchtling war. Doch das Amtsgericht in Tostedt sah es anders: Nach niedersächsischem Recht durfte Onkel Friedrich den Lastenausgleich beanspruchen. Auch die zweite Instanz, das Lüneburger Gericht, würde nicht anders urteilen, machte man mir deutlich.

Und ich hatte schon davon geträumt, was ich auf eigenem Grund und Boden alles machen würde! Wurzeln schlagen vor allen Dingen. Ein nützliches Leben auf dem Land hatte ich mir immer gewünscht, eine bescheidene Version meiner ländlichen Herkunft. Aus dem »Heitmannhof« ist später übrigens der Hittfelder Golfclub entstanden.

Die Kinder hatten vom Schwiegervater zu Weihnachten ein gescheckt dreijähriges Pony geschenkt bekommen. Es war in Trittau wie ein Wildpferd auf dem Gut des Reeders Essberger aufgewachsen, zu dem es durch die finanzielle Beteiligung an einem Tanker geschäftliche Beziehungen gab. Die Ponys hackten sich im Winter selbst das Eis im schmalen Bach auf, um zu trinken. Felix lernte spielend, einen oder mehrere Rodelschlitten zu ziehen, später auch einen kleinen Wagen, mit dem wir sogar auf Turnieren vorfuhren. Nur reiten ließ er sich nicht. Er hatte bald heraus, wie man die unbequeme Last auf dem Rücken loswurde. Er buckelte nach Mustang-Art und setzte uns am liebsten in dem stinkenden Graben ab, der seine Koppel begrenzte. Wir waren eben keine Cowboys. Den Stall verschmähte er. Er schlief auch im Schneetreiben draußen, statt sich auf Stroh niederzulegen.

Seit wir vor den Toren Hamburgs wohnten, hatte ich mich um ein vertrauteres Verhältnis zu meinem Schwiegervater bemüht. Ich besuchte ihn meist allein. Er hatte sich an der Außenalster eine schöne Wohnung gekauft. Seine mürrische Haushälterin servierte jedesmal ein erlesenes Mittagsmahl. Es war seine Idee, daß ich mich bei ihm von einem, wie ich fand, mittelmäßigen Maler porträtieren lassen sollte. Der Schwiegervater saß dann regelmäßig dabei, was meine Haltung nicht gerade entspannte.

Einen Gesprächsstoff zu finden war nicht einfach. Er interessierte sich weder für seine Enkel noch für unsere Pferde, und die Bücher, die ich las, fand er wahrscheinlich belanglos. Über Politik zu sprechen, traute ich mich nicht. Ich war noch immer keine regelmäßige Zeitungsleserin und fand oft zwischen den verschiedenen Parteien und Kommentatoren keinen eigenen Standpunkt.

Das Porträt von mir wurde in zweifacher Ausfertigung hergestellt, einmal war ich in einem selbstgenähten, tief ausgeschnittenen roten Seidenkleid zu sehen (es wurde später übermalt), einmal in einem dezenten blaugrauen Kostüm. Der Schwiegervater wollte eins der beiden Bilder behalten. Beide Kunstwerke schienen mir nicht gelungen.

Mein Schwiegervater Walter Stahlberg war ein einsamer, auffallend gutaussehender Mann. Selten erwähnte er Freunde, und Verwandte besaß er auch nicht. Niemand, seine drei Kinder schon gar nicht, schien ihn wirklich gut zu kennen. Seine geschiedene Frau sprach nie von ihm. Auch für mich blieb er bis zuletzt geheimnisvoll und unnahbar. Daß er, nachdem seine Eltern früh gestorben waren, bei einer Pfarrersfamilie entbehrungsreich und freudlos aufgewachsen war, hatte mir Hans-Conrad erzählt. Sein wohlhabender, verwitweter Großvater, der Gründer der Stettiner Ölmühle, hatte sich kaum um ihn gekümmert. Er lebte mit seiner Wirtschafterin zusammen und wurde deshalb von der Stettiner Gesellschaft geschnitten. Den Enkel schickte er später nach Hamburg zur kaufmännischen Ausbildung und finanzierte auch das teure Kürassierregiment in Pasewalk.

Ein einziges Mal war der Schwiegervater am Weihnachtsabend bei uns. Er trug einen feierlichen dunkelblauen Abendanzug, und seine Schuhe, die er stets selbst putzte, glänzten, als kämen sie gerade neu vom Maßschuhmacher. Doch er hielt den Trubel bei uns nicht lange aus. Die Kinder waren aufgeregt und jubelten laut über die Geschenke. Ob sich der alte Mann, als wir Weihnachtslieder sangen, schmerzlich an seine eigene freudlose Kindheit erinnert hat? Constantin und Hubertus konnten uns schon auf dem Blüthner-Flügel, den er uns geschenkt hatte, begleiten. Doch dem Großvater war das alles zuviel; er wollte nicht einmal zum Essen bleiben.

Daß er sich über meine Besuche freute, ließ er sich nur sehr verhalten anmerken. Seine Wohnung an der Außenalster hatte er mit kostbaren englischen Möbeln eingerichtet, deren Wert und Herkunft er genau kannte. Mehrmals nahm er mich zu Antiquitätenauktionen mit, kaufte jedoch selten etwas. Aber er sammelte die Kataloge und trug sorgfältig die erzielten Preise ein. Einmal schenkte er mir einen großen blaugelben Teller, Kellenhusener Fayence. Ein anderes Mal eine kleine, mit Rosen bemalte Dose, nichts sonderlich Wertvolles. Doch – der Biedermeiersekretär hatte wohl seinen Preis gehabt. Der Schwiegervater hatte ihn in einem kleinen Laden in Blankenese entdeckt und aufarbeiten lassen.

Er liebte es, mich zu belehren. Wenn er von seinen in Berlin verbrannten Sammlungen in der Corneliusstraße erzählte, stockend und mit belegter Stimme, hörte er so schnell nicht auf. Ruysdaels und andere Niederländer hatte er besessen, Silber aus sächsischem Königshaus und andere Schätze. Der berühmte Berliner Museumskönig Bode hatte für die meisten seiner Neuerwerbungen Expertisen geliefert, worauf der Schwiegervater sehr stolz war.

Stolz war er auch, daß er seine Sammlung durch geschickte An- und Verkäufe wertsteigernd vergrößert hatte. Ich wunderte mich, daß es ihm offensichtlich nichts ausmachte, sich von dem einen oder anderen geliebten Objekt zu trennen, wenn er dafür einen höheren Preis als den, den er dafür bezahlt hatte, erzielen konnte. Von Kauf und Wiederverkauf, überhaupt vom Handel hatte ich keine Ahnung. Ich vermochte mir nicht einmal vorzustellen, daß man sich daran freuen konnte.

In seinen jungen Jahren hatte sich der Schwiegervater in Stettin um gesellschaftliche Anerkennung bemüht. Seinen Militärdienst hatte er im Nobelregiment der Pasewalker Kürassiere geleistet – die Pasewalker trugen weiße Uniformröcke über roten Hosen –, und seine Heirat vor dem Ersten Weltkrieg in die hochgeachtete hinterpommersche

Familie von Kleist war sicherlich ein Triumph für ihn. Nicht nur mit einem der ersten Luxusautomobile erregte er in Pommern Aufsehen. Er war reich und zeigte es.

Seine geschiedene Frau, meine geliebte Schwiegermutter Spes, geborene von Kleist, war bei ihrer Heirat ähnlich jung und unerfahren wie ich zu Beginn meiner Ehe. Sie hatte von einer Karriere als Pianistin geträumt; und vielleicht hatte sie erwartet, daß ihr wohlhabender Mann ihr die Konzertsäle öffnen würde. Sie sprach nie darüber, warum ihre Ehe scheiterte. Sieben Jahre lang weigerte sich der Schwiegervater, sich scheiden zu lassen. In dieser Zeit – es waren die schlimmen Jahre nach dem Ersten Weltkrieg – schickte er seiner Frau und den drei Kindern kein Geld. Er wollte sie zur Rückkehr zwingen. Sie war auf die Hilfe ihrer Geschwister angewiesen und verdiente sich in Ber-lin als Chorleiterin und als Pianistin, unter anderem in Stummfilmkinos, etwas dazu. Der Schwiegervater zog aus Stettin fort, er sah weder seine Frau noch die Kleist-Familie jemals wieder. Hans-Conrad, sein jüngster Sohn, ist seinem Vater erst als Achtzehnjähriger zum ersten Mal begegnet.

Später, nachdem ich mich intensiv mit Psychologie beschäftigt hatte, habe ich mir Vorwürfe gemacht, daß ich für Hans-Conrads Schwierigkeiten so wenig Verständnis aufgebracht habe. Sie hatten ihre Wurzeln auch in seiner Kindheit und im gestörten, vielmehr gar nicht existierenden Verhältnis zu seinem Vater. Ihm ähnelte er nicht nur äußerlich, er war auch genauso unfähig, sich mitzuteilen, und versuchte wie er, sich mit Geld und Geschenken Zuneigung zu erkaufen. Überhaupt bedeutete Geld für ihn Macht, und teure Autos waren, als er sie sich leisten konnte, Symbole des Reichtums, des Erfolgs.

Von seinem Vater übernahm Hans-Conrad die Attitüde des selbstbewußten Industriellen; bis in Äußerlichkeiten ahmte er ihn nach: Er kaufte im selben Herrengeschäft gegenüber dem Hamburger Rathaus seine gestreiften

Maßhemden und schlang sich wie sein Vater einen weißen Seidenschal um den Hals, wenn er abends ausging. Bald sammelte er auch Antiquitäten und gab sich als Kunstkenner und Eingeweihter aus.

Die Rivalität zu seinem älteren Bruder Alexander, der in der Familie als gewandter Weltmann galt und seine kaufmännische Ausbildung in London und die Beziehungen zu weit entfernt verwandten Lords sehr gern erwähnte, hat sicher dazu geführt, daß das Bedürfnis des jüngeren Bruders nach Anerkennung manchmal in pure Angeberei ausartete. Mir war das alles sehr fremd. Aber ich hatte nichts dagegenzusetzen. Ich floh immer häufiger in die Ersatzwelten meiner Bücher.

Gespräche über Politik haben wir selten geführt. Vielleicht haben wir sie auch vermieden, weil wir wußten, daß wir unterschiedlicher Meinung waren, und auf keinen Fall streiten wollten. Stalins Tod im März 1953, der Arbeiteraufstand in Ost-Berlin und in vielen Orten der DDR am 17. Juni – ich kann mich nicht erinnern, daß wir darüber lange geredet hätten. Daß Adenauer den Westmächten einen Beitrag zur Verteidigung anbot und dafür die Souveränitätsrechte für die Bundesrepublik erhielt, begrüßte Hans-Conrad im Gegensatz zu mir. Ich fand den Standpunkt des Innenministers Gustav Heinemann richtig: keine Wiederbewaffnung auf deutschem Boden. Pazifismus, sagte Hans-Conrad verächtlich, sei Traumtänzerei und außerdem gefährlich, weil dadurch ein Vakuum mitten in Europa entstünde. Bei Bundestagswahlen haben wir vermutlich nie dieselbe Partei gewählt.

Von Hans-Conrads väterlicher Familie Stahlberg erfuhr ich Näheres erst 1953 nach dem Tod des Schwiegervaters, nachdem ich also schon acht Jahre lang verheiratet war. Anders als bei der Familie meiner Mutter oder den Loeschs, wo sich die Ahnen mehrere Jahrhunderte zurückverfolgen ließen, fehlten bei den Stahlbergs die Urkunden; sie seien 1842 beim großen Brand von Hamburg vernichtet worden, hieß es. Die Familie käme ursprünglich vom Rhein, vielleicht aber auch aus dem Harz oder aus Schweden. Der jüdische Urgroßvater, der den Reichtum mit der Ölmühle in Stettin begründet hatte, war in der Nazizeit verschwiegen worden. Aber warum hatte man mir nichts von ihm erzählt? Und warum sprach auch jetzt niemand in Hans-Conrads Familie gern von ihm?

Einer der Ahnen, der Ururgroßvater Robert Heckscher, stammte aus einer jüdischen Altonaer Bankiersfamilie, sein Vater war Teilhaber von Samuel Heine, Heinrich Heines Onkel und Gönner. Sein Sohn Robert war ein bedeutender Mann. Als Jurist und Hamburger Abgeordneter hielt er 1848 in der Paulskirche flammende Reden. Kurze Zeit war er Justiz-, dann Innenminister des ersten deutschen Parlaments, danach vertrat er die Hansestadt in Wien.

Seine Nachkommen zeigten ihren Stolz auf ihn erstaunlicherweise nur sehr zögerlich. Roberts Frau Antoinette, geborene Bräutigam – auch von ihr gab es keine Urkunden –, war eine gefeierte Sängerin; in Basel und Zürich hatte sie Titelpartien in Mozart-Opern gesungen. Vielleicht hat sie ihre Musikalität ihren Nachkommen vererbt. Robert muß sie als Partnerin sehr geschätzt haben. Er redete sie in den wenigen erhaltenen Briefen mit »Anton« an und berichtete ihr in allen Einzelheiten von den Turbulenzen seines diplomatischen Lebens in Frankfurt und Wien.

Die Tochter dieses begabten Paars war die früh verstorbene Ehefrau des Großvaters Paul Julius Stahlberg in Stettin. Ihr Bruder Moritz Heckscher wanderte nach Amerika aus, wurde dort mit Zinn- oder Kupferminen wohlhabend, rief Stiftungen ins Leben und spielte auch im kulturellen Leben eine Rolle.

Generationen später legten die amerikanischen Heckschers auf ihre deutsche Herkunft verständlicherweise keinen Wert. Hans-Conrads Schwester Ruth Roberta hatte vergeblich versucht, die abgerissenen Familienbande wieder zu verknüpfen. Ihr selbst hatte der Vater Anfang der dreißiger Jahre einen schwedischen Ahnenpaß verschafft, damit sie als NS-Studentenführerin unter der Ägide von Baldur von Schirach weiter Karriere machen konnte. Doch ihr waren rechtzeitig die Augen aufgegangen. Sie hat den Nazi-Irrweg schnell wieder verlassen und den falschen schwedischen Stammbaum nie benutzt.

Nach dem Tod des Schwiegervaters erweiterte Hans-Conrad mit dem geerbten Geld das Schienenreparatur-Werk; außerdem beteiligte er sich an einer Firma, die Radios und Fernsehgeräte herstellte. Jetzt konnte er auch den zehn Morgen großen verwilderten Park mit den alten Bäumen kaufen, in dem endlich unser eigenes Haus gebaut werden sollte. Wir hatten das Gelände am Fuchsberg, nicht weit von unserer Wohnung, schon seit langem entdeckt und vorsichtige Annäherungen an den Besitzer, einen sehr zurückhaltenden Im- und Exporteur aus alter Hamburger Familie, unternommen, was hauptsächlich meine Aufgabe war und schließlich nach mehreren Höflichkeitsbesuchen zum Tee auch zum Erfolg führte: Die Verträge konnten unterschrieben werden.

Das Grundstück wurde auf meinen Namen eingetragen, aber nicht als großzügiges Geschenk, wie ich zuerst dachte und worüber ich mich, weil mir Landbesitz viel bedeutete, zu früh gefreut hatte, sondern nur um Steuern zu sparen.

Ohne Frage, es ging aufwärts. Hans-Conrad wurde Mitglied des altehrwürdigen Hamburger Ruderclubs an der Alster und bemühte sich, gestützt auf seine neuen Rotary-Freunde, um vielfältige gesellschaftliche Kontakte. In Lübberstedt in der Nordheide konnte er außerdem eine Rot- und Schwarzwildjagd unmittelbar neben dem wildreichen Revier von Hermann Reemtsma pachten. Zu seiner Musik kam nun als zweite Passion die Jagd hinzu.

Der Lebensstil seiner hinterpommerschen ländlichen Verwandtschaft war immer sein Ideal gewesen. Jetzt glaubte er so etwas Ähnliches – allerdings ohne preußische Sparsamkeit, Frömmigkeit und Bescheidenheit, also ohne das Wesentliche – am Rande von Hamburg schaffen zu können. Und selbstverständlich erwartete er von mir, daß ich mich seinen Vorstellungen von einer Ehefrau anpassen würde, wie er sie als Vorbild in der Kleist-Familie seiner Mutter kennengelernt hatte. Selbstlos und stets opferbereit standen da die Frauen mindestens einen halben Schritt hinter ihrem Mann. Ich sollte außerdem noch elegant sein, worauf die hinterpommersche Verwandtschaft allerdings keinen Wert gelegt hatte.

Für Hans-Conrad war ich in mehrfacher Hinsicht eine Enttäuschung. Entsprechend wurde ich ständig kritisiert. Mein ohnehin schwach entwickeltes Selbstbewußtsein verkümmerte. Verschüchtert begleitete ich meinen Mann zu einigen gesellschaftlichen Veranstaltungen, spielte lustlos Bridge mit dem Landrat oder anderen Bekannten und ging sogar mit auf den alljährlichen Jägerball. Einmal war ich auch auf dem Hochsitz im Rotwildrevier, wo zum Glück an diesem Abend kein Hirsch aus der Dickung heraustrat. Ich funktionierte auch halbwegs als Gastgeberin bei Hauskonzerten.

Das ehrgeizige Reiten schränkte ich allmählich etwas ein, weil mein Rücken streikte und der Reitlehrer eine sehr hübsche, rehäugige Pianistin gefunden hatte, die mein Pferd auf Turnieren besser vorstellte als ich. Mit den Kindern ritt ich öfter durch den Wald, im Herbst galoppierten wir auch über die Stoppelfelder.

Verlegen ließ ich mir im Atelier der eleganten Frau Ferno in einem der neuen Hamburger Grindelhäuser Kostüme und Kleider machen, wobei ich gar nicht gefragt wurde, ob mir die erlesenen Stoffe aus England oder Frankreich gefielen. Hans-Conrad und Frau Ferno wurden sich schnell einig, wie ich aussehen sollte. Ich kam mir vor wie eine

Schneiderpuppe mit Fehlern. Ich hatte eben leider nicht die Wespentaille, die in den fünfziger Jahren verlangt wurde. Und meine Beine waren auch nicht gerade die schönsten. Die Wespentaille konnte man mit einem Korsett erzwingen, die Beine waren nicht zu korrigieren, und an meinen Haaren war auch stets einiges auszusetzen. Nie habe ich mir ein Kleidungsstück selbst gekauft. Meine selbstgenähten Röcke und Blusen genügten aber nun Hans-Conrads Ansprüchen nicht mehr. Ich sollte schließlich repräsentieren.

Was ich eigentlich repräsentieren sollte, war mir nicht klar. Die alte Lebensform war ja zerbrochen, und eine neue hatten wir nicht gefunden. Daß wir es wieder zu einigem Wohlstand gebracht hatten, war allein wohl kaum genug. Ich war zwar ebenso wie Hans-Conrad von der ländlich-konservativen Vorkriegsgesellschaft unserer gemeinsamen Familie geprägt, doch ich sah in einer Rekonstruktion dieser Lebensverhältnisse keinen Sinn, ja, ich traute mir nicht mal zu, so etwas zu versuchen.

Gelegentlich wurde ich auf Geschäftsreisen mitgenommen. Genf war die erste Station in einer heilen Welt, wie wir sie nie erlebt hatten. Wir kamen aus dem halbzerstörten Nachkriegsdeutschland und bestaunten die wohlgepflegten, schönen Städte und Dörfer, das geruhsame Leben, den gediegenen Reichtum. Von Genf ging es für einen kurzen Urlaub ins Tessin nach Lugano. Und dann wollte Hans-Conrad die Orte wiedersehen, wo er als Soldat mitten im Krieg, in einer Atempause, fast sorglose Tage genossen hatte: Paris und die Côte d'Azur. Wir begegneten oft erstarrten oder feindseligen Mienen. Der Krieg und die deutschen Besatzer waren noch längst nicht vergessen. Für eine deutsch-französische Annäherung war es noch zu früh.

Wie ein unmündiges Kind wurde ich von allem, was mit Geld zusammenhing, ferngehalten. Nie bekam ich Rechnungen zu sehen, und jedesmal mußte ich bitten, um die täglichen Ausgaben begleichen zu können. Hans-Conrad verlangte, daß ich die täglichen Ausgaben wie ein Schulkind in ein Heft eintrug, eine Zumutung, fand ich, ein beleidigendes Mißtrauen. Hatte ich nicht in Dahmsdorf bewiesen, daß ich sparsam wirtschaften konnte? Geld war also bei uns immer wieder ein häßlicher Anlaß für Streit. Die Mischung von Verschwendung und Geiz, die Hans-Conrad an den Tag legte, stieß mich ab. Was aber viel schlimmer war: Ich ließ mir das alles nach vergeblichen schwächlichen Protesten gefallen. Ob sich der Satz, »über Geld spricht man nicht«, bei mir festgesetzt hatte? In meiner Kindheit hatte ich diesen Spruch oft gehört. Statt mich über unseren plötzlich hereingebrochenen Wohlstand zu freuen, genierte ich mich deswegen.

Ich hatte allerdings auch nicht viel davon; ich konnte ja nicht darüber verfügen. Da ich kein eigenes Konto besaß, war es mir ohne langes Palaver nicht einmal möglich, zum Beispiel Großmutter Amaly monatlich eine kleine Summe zu schicken. Mehr als bescheiden lebte sie allein in einem Behelfshäuschen in Dorfmark, nicht weit von ihrem Sohn Christian und seinen vier Töchtern. Ein Hamburger Ehepaar hatte sich die kleine Baracke nach dem Bombeninferno selbst gebaut. Sie bestand nur aus einem einzigen Raum, in dem Großmutter wohnte, schlief und auf einer kleinen Kochplatte köstliche Gerichte zauberte. In einer Kammer nebenan beherbergte sie sehr oft Gäste.

Großmutter und Christian waren zu einer Anlaufstelle für Schlesier geworden, insbesondere für die alten Lorzendorfer und Hennersdorfer. Hilfsbereit vermittelten, berieten und trösteten sie. Von den Flüchtlingsverbänden, die alljährlich zu Pfingsten revanchistische Parolen und falsche Hoffnungen auf eine Rückkehr in die Heimat verbreiteten, hielten sie sich fern.

Christian, der jüngste von Vaters Geschwistern, war nur neun Jahre älter als ich. Als Kind hatte ich wie zu einem großen Bruder bewundernd zu ihm aufgeblickt. Ihm bin ich von allen Verwandten am engsten verbunden geblieben, obwohl unsere Lebenswege sich mit der Zeit immer weiter voneinander entfernten. Er war meinem Vater ähnlich. Idealistisch und den preußischen Maximen verpflichtet, führte er unter völlig anderen Bedingungen weiter, was die Familie seit Generationen ausgezeichnet hatte. Zwar gab es kein Gut mehr als Grundlage für diese patriarchalisch und sozial ausgerichtete Lebensform, aber Christian blieb ein Herr, auch wenn er selbst sein einziger Knecht war und von früh bis spät schwerste körperliche Arbeit leistete, Säcke schleppte, Trecker fuhr oder Ställe ausmistete.

Anfangs waren die beiden Pferde, die den Flüchtlingswagen von Schlesien nach Niedersachsen gezogen hatten, sein einziger Besitz. Aber beharrlich und mit immensem Fleiß brachten es Christian und seine Frau Sigrid zu bescheidenem Wohlstand. Sie konnten den gepachteten Hof in Dorfmark, am Rande des Truppenübungsplatzes Munster, kaufen. Doch noch mehr als die Landwirtschaft füllte sie aus, was anfangs wie ein Spleen aussah: Sie gründeten die Niedersachsen-Meute mit zwei Foxhounds, die ihnen der englische Kommandant des Truppenübungsplatzes schenkte, und ihrer schwarzen, überaus fruchtbaren Hofhündin Moppi, einer klassischen Promenadenmischung, deren Welpen gescheckt wie reinrassige Engländer aussahen und nicht zu unterscheiden waren von den später dazu gekauften Foxhounds mit ihrem berühmten Pedigree.

Nun konnte die Jagdreiterei losgehen in einem fast idealen Gelände, das Christian aus seiner aktiven Militärzeit in der Kavallerieschule Hannover kannte. Jagdreiten – anachronistisch, ein bißchen verrückt und auf jeden Fall ein Reitertraum, der nur mit äußerstem Einsatz zu verwirklichen war. Doch Christian schaffte es. Im Zuchtgebiet Niedersachsen gelang es ihm, Reitvereine und Einzelreiter für diesen exklusiven Sport zu gewinnen, der nicht nur für Engländer der Höhepunkt reiterlicher Freuden ist. Nach seinem Tod führen Töchter, Schwiegersöhne und Enkel die Niedersachsen-Meute weiter.

Anders als in England und Frankreich wird in Deutschland seit dem Ersten Weltkrieg nicht mehr nach lebendem Wild gejagt, sondern nach einer künstlichen Fährte, die über natürliche Hindernisse führt und von Roß und Reiter nicht nur Können, sondern auch viel Mut verlangt. Gerade das hat Christian immer an der Jagdreiterei gereizt. Hinzu kommt, daß in dieser Sportart – übrigens das beste Training für junge Gelände- und Vielseitigkeitspferde – Traditionen, also auch gesellschaftliche Umgangsformen, gepflegt werden.

Christian hatte für sich und seine Familie eine Existenzbasis gefunden, exotisch, einzigartig und in manchem auch beispielhaft. So gründete er als Johanniterritter ein Hilfswerk für Deutsche in Schlesien, die besonders nach den Kriegsgesetzen Jaruzelskis 1981 in Not geraten waren. Er sammelte Medikamente, Lebensmittel, Textilien und anderes und organisierte Lastwagen, die seine Familienangehörigen und Freunde auf eigene Kosten nach Schlesien transportierten. Vornehmlich evangelische Gemeinden waren die Empfänger.

Mit meiner Heirat war Christian keineswegs einverstanden gewesen. Doch ungeachtet der Vorbehalte gegenüber Hans-Conrad ließ er mich spüren, daß ich mich immer auf ihn würde verlassen können. Daß wir in vielem unterschiedliche Ansichten hatten, wußten wir, vermieden aber jede Auseinandersetzung.

Immer roch es bei Großmutter Amaly nach starkem Mokka, den wenigstens konnte ich ihr gelegentlich schikken. Kinder und Enkel liebten die altvertraute Kaffeezeremonie aus Hennersdorf. Wunderbarerweise hatte die Großmutter ähnliche orientalische Utensilien aus Messing geschenkt bekommen, wie sie sie in Hennersdorf besessen hatte. Die Bohnen mußte der jeweilige Gast in einer ziselierten, zylinderförmigen türkischen Kaffeemühle aus Messing mahlen. Die Kurbel ließ sich nur mit Mühe drehen.

Christian besuchte seine Mutter jeden Tag, trank bei ihr Mokka und rauchte eine Zigarre. Es war für ihn oft die einzige kurze Erholungspause von der Schufterei von früh bis spät. Zwanzig Pferde, oft auch mehr, vierzig Hunde und fünfhundert Hühner mußten mit Hilfe der Töchter und zweier Lehrlinge versorgt werden. Die Eier brachte Christian täglich selber zu seinen Kunden, den Bäckern und Restaurants der Umgebung.

Wie in Hennersdorf freute sich Großmutter Amaly über jede Neuerwerbung, die Haus und Garten verschönerte. Die Rosen gediehen leider nicht recht auf dem sandigen Boden, aber die jungen Blautannen, die sie selbst zusammen mit einer Enkeltochter gepflanzt hatte, entwickelten kräftige Triebe. Einer ihrer regelmäßigen Schlesier-Gäste brachte ihr jedesmal ein weiteres Stück vom Bunzlauer Tongeschirr mit, das sie auch schon in Hennersdorf gesammelt hatte. Ein mit einem Pfau bemalter Teller aus Proskauer Fayence erinnerte sie daran, daß sie davon einst ein ganzes Service besessen hatte. Wasser konnte man bei ihr wieder aus einem rubinrot funkelnden Karlsbader Glas trinken, und in einer großen, handbemalten Tasse aus dünnem Lothringer Porzellan bereitete sie ihre tägliche Bouillon aus einem Maggiwürfel. Wie immer war ihr jeder Besuch willkommen, auch wenn er unangemeldet ins Haus schneite.

Großmutter Amaly war wie früher auch ständig in Geldnöten. Für sich selbst gab sie kaum etwas aus, aber sie schenkte gern und war weit über ihre Verhältnisse hinaus großzügig. Ihr Rückenleiden verschlimmerte sich von Jahr zu Jahr. Sie ging gebeugt und mühsam am Stock. Und obwohl sie nie klagte, sah man ihr an, daß sie Schmerzen hatte. Ihr Gesicht mit den großen graublauen Augen, der schmalen Nase und dem kleinen Mund blieb bis in ihr hohes Alter fast faltenlos und schön. Gestützt von einem halben Dutzend Kissen, lag sie auf ihrem Sofabett. Sie fand immer Menschen, die ihr halfen, ihre Selbständigkeit, auf die sie stolz war, zu behalten. Als sie ganz zuletzt bettlägerig geworden war, räumten Christian und Sigrid für sie ihr Schlafzimmer. Die vier Enkeltöchter lasen ihr, als es mit ihr zu Ende ging, abwechselnd aus der Bibel oder aus dem Gesangbuch vor; so hatte sie es sich gewünscht. Sie starb mit dreiundneunzig Jahren.

Eine klare Vorstellung, was ich aus meinem Leben machen wollte, besaß ich damals nicht. Natürlich wollte ich meinen Kindern eine gute Mutter sein. Das war selbstverständlich und machte Freude. Ich wollte ihnen das geben, was ich als Kind oft entbehrt hatte: Liebe, Geborgenheit und Sicherheit. Doch das Wesentliche, was Erziehung ausmacht, fehlte: Weder Hans-Conrad noch ich waren Vorbilder, und als Einheit haben uns unsere Söhne wohl kaum erlebt. Ich entschuldigte den abwesenden oder anderweitig beschäftigten Vater immer mit viel Arbeit. Haben wir überhaupt jemals zusammen mit den Kindern gespielt?

Wir waren keine idealen Eltern. Daß sich die Kinder trotzdem so gut entwickelten, machte mich glücklich. Was mir schwerfiel, war, zärtlich zu sein. Ich hatte selbst zuwenig Zärtlichkeit erfahren. Die abendliche Zeremonie beim Gutenachtsagen mit Beten und Singen fiel oft kürzer aus, als es sich die Kinder wohl gewünscht hätten. Dafür gab es manchmal ruppige Balgereien, wahre Kissenschlachten in meinem Bett, wenn Hans-Conrad verreist war. Und beim täglichen Vorlesen war sicherlich die vertraute Nähe, rechts und links von mir, um die sich die drei drängten und nicht selten auch stritten, nicht weniger wichtig als der Inhalt des Buches.

Manches, was mühsam war oder auch ärgerlich sein konnte, zum Beispiel auf Ordnung halten, delegierte ich gern. Statt aufzuräumen, wollte ich lieber schöne Sachen mit den Kindern zusammen machen, reiten, Heu ernten auf der großen Wiese oder mit dem Ponywagen durch den Wald fahren. Ob die Schulaufgaben immer in vorbildlicher Schönschrift geschrieben waren, kümmerte mich nicht. Aber die Kostüme für das Dorffest nähte ich selbst.

Das Leben mit den Kindern war das eine, darüber hinaus sehnte ich mich nach Verständnis, nach Bestätigung und einer Gemeinsamkeit, die ich bei Hans-Conrad nicht fand. Mit niemandem konnte ich darüber sprechen. Ich fühlte mich als Versager, aber auch – weil ich mich nicht wehrte – selber schuld an meinem Unglücklichsein. Ich enttäuschte sowohl die Erwartungen von Hans-Conrad als auch die der Großfamilie.

Durchhalten wäre selbstverständlich der Rat der Großmütter gewesen, wenn ich mich bei ihnen beklagt hätte. Das Beste daraus machen. Das wäre doch nicht zu schwer gewesen, wo sich die äußeren Umstände so zufriedenstellend entwickelten. Niemand aus der näheren Familie hatte es nach dem Krieg so rasch wieder zu Wohlstand gebracht wie Hans-Conrad. Der drohende Abstieg aus einer privilegierten Oberschicht, den so viele ostelbische Flüchtlingsfamilien fürchteten – uns war er nach den schrecklichen Dürrejahren am Anfang unserer Ehe erspart geblieben.

Und waren drei Kinder nicht Lebenserfüllung genug? Schließlich – das hätte gewiß schon die Ururgroßmuter Luise gesagt – bedeutete Verheiratetsein keine Garantie und keinen Anspruch auf dauerhaftes Glück. Meine Familie blieb für mich der Maßstab. Ihr fühlte ich mich verpflichtet. Von ihr wollte ich anerkannt sein. Ich hatte die Eierschalen immer noch nicht abgeworfen.

Daß ich so unfertig in meine erste Ehe hineinging, war ein Fehler, der schwierig zu korrigieren war. Zwei Tanten, aber auch Christian, der für mich immer wie ein großer Bruder gewesen war, hatten mich, als ich mich überstürzt verlobte, gewarnt: Wir paßten nicht zueinander, hatten sie gesagt, und überhaupt sei ich noch viel zu unreif und kindlich für eine Ehe. Gründe, die ich nicht akzeptieren wollte. Aber schließlich gab es am Ende des Krieges Wichtigeres als eine Verlobung. Jeder hatte andere Sorgen. Alles war ungewiß. Und konnte man nicht hoffen, daß eine Ehe von zwei Menschen, die zumindest einen gemeinsamen familiären Hintergrund hatten, gelingen würde?

Wie viele aus unserer Generation hatten wir nicht gelernt, miteinander zu reden. Wir waren beide gehemmt. Hans-Conrad hatte mir immerhin zwölf Jahre Lebenserfahrung voraus und – sicherlich mindestens ebenso wichtig – den Erfolg bei seinen geschäftlichen Unternehmungen, die mich nichts angingen, das hatte er mir absolut abweisend deutlich gemacht. Er wußte im Gegensatz zu mir, was er wollte, und erreichte meist auch, was er sich vornahm.

Die teilweise gleiche Familienbasis verband uns zwar, sie erwies sich aber als nicht tragfähig. Ich war nach wie vor bemüht, vor den Verwandten meine Rolle gut zu spielen. Was sie von mir erwarteten, war mir stets bewußt. Ich wollte sie, besonders die Großmütter, nicht enttäuschen. Auf den Gedanken, mir professionelle, objektive Hilfe zu suchen, bin ich nicht gekommen. Anfang der fünfziger Jahre war Psychologie für mich noch ein völlig unbekanntes Feld.

Die ersten fünf Jahre nach dem Krieg waren für mich eine permanente Überanstrengung gewesen. Wir hatten nur eine Wochenendehe geführt, belastet von meinen Krankheiten, Schwangerschaften und der mühsamen Versorgung mit dem Nötigsten. Für mich war es eine alptraumhafte Zeit des Mangels, der Entbehrungen, der Einsamkeit und der Enttäuschungen gewesen. Ich hatte gehofft, mit den besseren Lebensverhältnissen würde sich auch meine Beziehung zu Hans-Conrad positiv verändern. Wir lernten uns ja eigentlich erst jetzt richtig kennen. Doch ein wechselweises Anpassen fand nicht statt, und auf meine Verweigerung oder meinen Rückzug folgte meist ein stummes und manchmal verächtliches Achselzucken und kein klärendes Gespräch.

In meinem Abiturzeugnis hatte ich angegeben, ich wolle Kunstgeschichte studieren. Es war wohl ein Verlegenheitsziel, jedenfalls bin ich diesen Interessen außer auf Reisen und gelegentlich bei Museums- und Ausstellungsbesuchen nicht gefolgt. Jetzt wäre es durchaus möglich gewesen. Doch ich war nicht mutig und nicht selbständig genug, um nebenbei ein Studium zu beginnen. Es gab ja auch immer viel zu tun. Im neuen Haus war Platz genug für Gäste. Besonders die jüngeren Vettern und Cousinen besuchten uns oft.

Regelmäßig fuhr ich nun aber nach Hamburg in eine Sprachschule und nahm Einzelunterricht bei einer älteren Engländerin. Auf dem Rückweg erledigte ich dann die Einkäufe. Der Haushalt war perfekt organisiert. Die Familie Klisch, die Eltern wie der Sohn, der Gartenmeister war, und immer noch Gretel, die Treue, sowie eine tüchtige Wirtschafterin, die alles besser konnte als ich, halfen uns.

Die Kinder hatten keine Schwierigkeiten in der Schule. Sie lernten außerdem Reiten und machten Fortschritte auf dem Klavier. Auf der großen Wiese im Park spielten sie fast täglich mit anderen Kindern Fußball. Aber der Fuchsberg und der weitläufige Park hatten sie auch ein wenig abgerückt vom Dorf, manche Freunde trauten sich nicht, hierherzukommen.

Nachdem meine Schwester Christine einen Platz in der Hamburger Meisterschule für Mode bekommen hatte, nahmen wir eine Zeitlang auch eine gleichaltrige, ebenfalls elternlose Nichte auf, die dort ihre Ausbildung begann. Doch die tägliche Bahnfahrt war zu anstrengend und zeitraubend. Die beiden Mädchen fanden bald ein ideales Quartier in Hamburg, zwei winzige Stübchen unter dem

Dach eines der schönen Häuser an der Außenalster. Am Wochenende kamen sie oft mit ihren Freunden zu uns, und Hans-Conrad zeigte sich von seiner besten Seite: als Gastgeber. Er war gern mit den fröhlichen jungen Leuten zusammen. Er fühlte sich ihnen überlegen und genoß ihre Bewunderung, wenn er ihnen seine Neuerwerbungen, Waffen oder Kupferstiche, zeigte.

Einige von den jungen Männern und Frauen fanden die Jagd und überhaupt die Abendstunden auf dem Hochsitz faszinierend; Hans-Conrad nahm sie mit in sein Revier. Er spielte den großzügigen Jagdherrn, der seine Gäste auch mal zum Schuß kommen ließ. Ich blieb ohne Bedauern zu Haus.

Ich hatte es auch bald aufgegeben, ihn zu begleiten, wenn er Geschäftsfreunde in St. Pauli oder in ein Varieté in der Steinstraße und in ähnliche Lustbarkeiten ausführte. Ich fragte nicht mehr nach den Nächten, die er »verbrachte«. Arglos erzählte er von den attraktiven Damen, als sei sein Vergnügen in ihrer Gesellschaft das Selbstverständlichste der Welt. Wir hatten uns ja unbedingte Offenheit vorgenommen. Eine gute Ehe müsse das aushalten, meinte er. Wer im Krieg gewesen sei, habe viel nachzuholen. Ich konnte ihm augenscheinlich nicht genug bieten und wollte kein Spielverderber sein.

Ich war oft eifersüchtig. Unbeschwert hatte ich nie in den Tag hineingelebt. Ganze Nächte durchtanzen wie Christine und ihre Freunde, zu sechst in einem alten Volkswagen verreisen, im Zelt übernachten und im Morgengrauen in einem See schwimmen – ich hatte das alles nicht erlebt. Auch dieses kokette Flirten zwischen Freundschaft und Liebelei kannte ich nicht. Ich war noch nicht einmal dreißig und fühlte mich uralt, ausgebrannt und einsam.

Für Außenstehende muß meine Traurigkeit unbegreiflich gewesen sein, sofern sie überhaupt etwas davon mitbekamen. Ich funktionierte ja halbwegs und ließ mir möglichst nichts anmerken. Aber wochenlang kränkelte ich an

unbestimmten Symptomen, Rückenschmerzen, Magen-
beschwerden, Allergien.

Der verwilderte Park nahm allmählich Gestalt an. Hans-
Conrad hatte einen Blick für Perspektiven und die Schönheit des nach Süden sanft abfallenden Geländes, das von
hundertjährigen Eichen eingerahmt war. Aus einer mora-
stigen Quelle entstand ein Teich mit Seerosen. Rhododen-
dren und Rosen wurden gepflanzt. Abends traten Rehe
aus dem Gebüsch, und die Dackel mußten zurückgehal-
ten werden, damit sie das Wild nicht verjagten. Hans-
Conrad war in seinem Element; er wäre vielleicht ein guter
Landschaftsarchitekt geworden. Von oben gesehen, wo
die Grundmauern des neuen Hauses bald aus dem Boden
wuchsen, schien der Park ohne Begrenzung in den nahen
Höpenwald überzugehen.

Bernhard Reichow, ein Stettiner Architekt, der mit der
Planung für die Sennestadt bei Bielefeld berühmt geworden
war, hatte das Haus auf dem Fuchsberg entworfen: Ein
Niedersachsenhaus mit tiefem Dach und Gauben sollte es
werden – ursprünglich sogar mit Reet gedeckt –, mit einer
großen Halle, aber auch, anders als historische Vorbilder,
mit weitläufigen Wohnräumen und großen, mit Teakholz
gerahmten Fenstern. Ein Flügel war für Pferdeboxen und
eine Garage, in der mehrere Autos Platz hatten, vorgesehen, darüber die Wohnung des Gärtners, zunächst einmal
der alten Klischs, die sich aber bald ihr eigenes Haus bauten.

Mit Architektenzeichnungen war ich nicht vertraut, ich
konnte mir die Realisierung nicht vorstellen. Ich wurde
aber auch nicht gefragt und war überhaupt nur halbherzig
dabei. Einmal fuhren wir nach Braunschweig zu einer
Antiquitätenauktion. Hans-Conrad kaufte gleich ein halbes Dutzend Barockmöbel, einen Braunschweiger Sekretär, zwei Kommoden und Schränke, die mich an Lorzendorf erinnerten. Er suchte auch in Hamburgs besten
Geschäften Sessel, Sofas und andere Möbel aus und beriet

mit einer Freundin, die Innenarchitektin war, wie Vorhänge und Lampen aussehen sollten. Er war überzeugt, daß er von uns beiden den besseren Geschmack habe (was wohl stimmte) und deshalb allein entscheiden müsse.

Endlich war das Haus fertig, ein großzügiger Rahmen, wie geschaffen dafür, ihn mit Leben, mit Menschen und Musik zu füllen. Großmutter Amaly meinte, es sei nun meine Aufgabe, es zu einem permanenten Gästehaus und Treffpunkt für die Großfamilie zu machen. Platz genug war jedenfalls vorhanden. Doch ich fühlte mich überfordert.

Zu Weihnachten bekam ich eine Luxusausgabe von Shakespeares Werken, englisch und deutsch, Dünndruck, in weiches ziegelrotes Leder gebunden. Einer unserer Gäste hatte mir von Henry James das »Porträt einer Dame« geschenkt. Ich war genau wie die Lady unglücklich, leer und ziellos.

Ausgerechnet auf einem privaten Kostümfest in Harburg lernte ich Adolf Frisé kennen, einen Journalisten und Schriftsteller. Coup de foudre nennt man dieses plötzliche Aufflammen einer Leidenschaft, die sich über alle Schranken hinwegsetzt. Es war das ganz andere, das mich faszinierte. Adolf, ein gutaussehender Mann Mitte Vierzig, war vollkommen sicher in seiner mir total fremden intellektuellen Welt. Doch ich fühlte mich von ihm verstanden oder erkannt in dem, was bei mir noch zu entdecken war. Wir sprachen über Literatur, Theater und Kunst. Die Dinge, die mich sonst nebenbei beschäftigten, bekamen plötzlich ein anderes Gewicht. Ich hatte meine Leselust immer als Ersatzleben empfunden, als Flucht vor einer Wirklichkeit, in der ich meinen Platz nicht fand. Jetzt wurden meine lückenhaften Kenntnisse und Vorlieben zur Grundlage einer Übereinstimmung.

Hans-Conrad hatte anfangs nichts dagegen, daß ich Adolf besser kennenlernen wollte. Die Schwierigkeiten unserer Ehe hatte er oft mit meinem Defizit an Erfahrungen erklärt. Er erhoffte sich eine Belebung unseres Ehelebens, vielleicht auch für sich selbst einen größeren Spielraum ohne Gewissensbisse. Er kaufte für mich eine Fahrkarte und brachte mich in Harburg zum Zug nach Köln. Ich sollte anrufen und das Hotel nennen, damit ich jederzeit erreichbar sei, das war die Bedingung.

Ein Abenteuer. Wie gefährlich es war, wurde ihm wohl bald bewußt. Als ich am Abend wie verabredet anrief, war Hans-Conrad geradezu verstört. Bei meiner Rückkehr am nächsten Tag hatte ich das Gefühl, daß nun endgültig etwas zwischen uns zerbrochen war.

Was nun folgte, waren monate-, nein jahrelange Zerreißproben. Der Rest Vertrauen verbrauchte sich schnell. In dieser Zeit reagierten wir beide erschreckend feindselig. Wir konnten einander nicht mehr verzeihen. Wir rieben uns auf, verdächtigten und verletzten uns immer mehr. Dazwischen gab es ruhige, traurige Gespräche, in denen wir überlegten, wie wir unsere Ehe lösen könnten, ohne den Kindern zu sehr zu schaden. Ich war bereit, auf alles Materielle zu verzichten, nur den Unterhalt für die Kinder wollte ich haben. Ein Leben ohne die Kinder konnte ich mir nie vorstellen.

Zeit zum Nachdenken verschafften uns getrennte Reisen. Hans-Conrad fuhr mit Christine und einer Freundin zu den Festspielen von Pablo Casals nach Prades in den Pyrenäen. Ich verbrachte mit meinem jüngsten Sohn Jürgen ein paar Tage an der Ostsee. Im Hotel Römerbad in Badenweiler trafen wir uns wieder. Es sollte einer von mehreren neuen Anfängen werden. Doch es wurde nur der Anfang von neuem Hin und Her, von verzweifelten Szenen, in die sich jetzt auch die Großmütter und die nähere Familie mischten. Nachdem wir unsere Auseinandersetzungen lange nur hinter verschlossenen Türen geführt hatten, war es jetzt nicht mehr möglich, unseren Rosenkrieg geheimzuhalten.

Hans-Conrad hatte die Großmütter informiert, auch

um Hilfe gebeten. Das Bild, das sie von mir gehabt hatten, war ein für allemal zerstört. Ich versuchte erst gar nicht, mich zu rechtfertigen. Ich wollte auch Hans-Conrad nicht anklagen und schon gar nicht die Hintergründe unseres Scheiterns preisgeben.

Die Großmütter und einige Tanten schrieben mir entsetzte Briefe, reisten auch an, um unsere Ehekrise – so sahen sie es – zu beheben. Was wir anfangs versucht hatten zu vermeiden, andere mit einzubeziehen in den Zusammenbruch unserer Gemeinsamkeit, wurde nun ein Skandalon, an dem sich Großmütter und Tanten beteiligten. Die Kränkungen, Verdächtigungen, Unaufrichtigkeiten und berechtigten Vorwürfe türmten sich zwischen uns auf zu einer unübersteigbaren Mauer.

Schließlich entschloß ich mich zur Flucht nach vorn. Es war tatsächlich eine Flucht, die Kinder schliefen schon. Großmutter Amaly war gekommen, sie hatte Angst, es könne etwas Fürchterliches passieren. Christine, die nach anfänglichem Hinundhergerissensein ganz und gar zu mir stand, lieh mir das Geld für die Fahrkarte nach Frankfurt. Ich nahm nur eine kleine Tasche mit und ein Plaid. Ich fror ständig.

Während ich auf das Taxi wartete, hörte ich im Radio, daß der Ungarn-Aufstand blutig niedergeschlagen worden sei. Niemand war dem ungarischen Volk zur Hilfe gekommen. Zweihunderttausend Ungarn flohen. Ich nahm es nur als fernes, düsteres und für den Westen beschämendes Kapitel der Weltgeschichte wahr. Ich selbst befand mich in einem betäubenden Sturm der Gefühle, unfähig zu überlegtem Handeln und Denken. Adolf holte mich im Morgengrauen auf dem Frankfurter Hauptbahnhof ab und brachte mich in Königstein in einer Pension unter. Zuversichtlich wie immer, daß wir es gemeinsam schaffen würden, machte er mir Mut.

Denn nun begann der Kampf um die Kinder. Meine Verabredung mit Hans-Conrad (wonach die Kinder bei mir leben sollten) galt nicht mehr. Wir hatten sie nur in einer juristisch ungültigen Form niedergelegt, die Hans-Conrad zudem vernichtet hatte. Beide Großmütter waren sich einig, daß ich einen verhängnisvollen Weg eingeschlagen hätte. Adolf mißtrauten sie, ohne ihn zu kennen. Hans-Conrad war in ihren Augen das bedauernswerte Opfer meiner Verblendung. Die Kinder waren das Pfand, mit dem er mich zur Rückkehr bewegen können würde, da waren sie ganz sicher. Das große neue Haus auf dem Fuchsberg war die Burg, die auf jeden Fall zum Wohl der Kinder und überhaupt der Familie insgesamt erhalten werden müsse.

Die Großmütter unterstützten Hans-Conrad in seiner Überzeugung, daß ich die Kinder sowenig wie möglich sehen sollte, um ihnen weitere Beunruhigung und wiederholten Trennungsschmerz zu ersparen. Immerhin berichteten sie mir regelmäßig über ihr Ergehen und sorgten auch dafür, daß meine Briefe den Söhnen ausgehändigt wurden, was später oft nicht mehr geschah.

Ich war in einem desolaten Zustand und brauchte Adolfs Geduld und Nachsicht. Wir suchten uns ein kleines Haus. In Bad Homburg in der Römerstraße fanden wir eins: erschwinglich, von einem winzigen Garten umgeben, nahe der Straßenbahn und mit seinen grünen Fensterläden ganz anheimelnd. Es wäre allerdings eng geworden, wenn die Kinder zu uns gekommen wären. Doch die Aussichten dafür waren vorerst schlecht. Der Vormundschaftsrichter in Hamburg sagte es mir unverblümt. Daß ein wohlhabender Vater seine Söhne und Erben nicht verlieren wolle, dafür hatte man in der Hansestadt Verständnis. Außerdem sei ich es ja, die aus der Ehe geflohen sei. Noch galt bei Scheidungen das Schuldprinzip. Vorangegangene eheliche Verfehlungen des Partners waren durch das spätere Zusammensein in einem gemeinsamen Schlafzimmer juristisch aufgehoben, also nicht mehr als belastend anzurechnen.

Für die Kinder war auf dem Fuchsberg materiell gesorgt, das war nicht zu bestreiten, und ihrer luxuriösen Umgebung hatten wir in Bad Homburg nichts Gleichwertiges entgegenzusetzen. Meine beiden Großmütter lösten sich in Rönneburg ab und engagierten später auch eine Hausdame. Sie bestärkten Hans-Conrad, der mich zur Rückkehr bewegen wollte, indem er meinen Kontakt zu den Kindern auf ein Minimum beschränkte.

Die Großmütter kannten den Hintergrund des Scheiterns unserer Ehe nicht; sie hatten sich eine simple Lesart zurechtgelegt, die kaum zu mir paßte: Ich sei Adolf »verfallen« und würde gewiß bald, von meiner Verirrung kuriert, reuig zu Mann, Kindern, Pferden, Hunden und Wohlstand zurückkehren.

Im Sommer 1957 wurde unsere Ehe ohne irgendwelche Anschuldigungen geschieden; die Verhandlung vor Gericht dauerte kaum zehn Minuten. Wegen »Zerrüttung« hieß es lapidar. Doch die Schuld am Scheitern wurde, auch ohne daß es schriftlich ausgedrückt wurde, eindeutig bei mir gesucht. Schließlich war ich ausgebrochen. Über das Sorgerecht für die Kinder sollte das Vormundschaftsgericht entscheiden. Hans-Conrad lud mich zum Essen ein. Er erzählte mir von neuen Freundinnen, einer Stewardeß und anderen, mit denen er Reisen in den Libanon und sonstwohin plante. Anschließend besuchten wir gemeinsam Constantin, der nach einer Blinddarmoperation im Krankenhaus lag.

Ich war mir sicher, daß die Kinder bald zu mir kommen würden. Doch mein Anwalt hatte die Lust verloren weiterzukämpfen. Es gab für ihn, weil ich entgegen seinem Rat auf alle materiellen Ansprüche verzichtet hatte, wenig zu verdienen. Er konnte auch nicht verstehen, daß ich auf keinen Fall Fakten vor Gericht ausbreiten wollte, die Hans-Conrad als Erzieher möglicherweise auch vor den Augen eines Vormundschaftsrichters in Frage gestellt hätten. Ich hoffte nach wie vor, nicht nur wegen der Kinder, auf ein erträgliches Einvernehmen. Die zwölf Jahre unseres gemeinsamen Lebens sollten nicht in herabsetzenden und peinlichen Anschuldigungen enden. Ich suchte mir einen anderen Anwalt, doch der riet, zunächst einmal dazu abzuwarten.

Adolf hatte eine feste Anstellung als Redakteur im Hessischen Rundfunk angenommen. Er wollte mir finanzielle Sicherheit bieten. Als wir uns kennenlernten, war er noch unschlüssig gewesen, auf welches von mehreren Angeboten er eingehen würde, nachdem er eine Zeitlang als freier Mitarbeiter für Zeitungen, Rundfunkanstalten und andere Medien gearbeitet und Robert Musils unvollendeten Roman »Der Mann ohne Eigenschaften« herausgegeben hatte. Er übernahm jetzt in Frankfurt das intellektuell anspruchsvolle »Abendstudio«, später dann die Hauptabteilung »Kulturelles Wort«. Außerdem war er nach wie vor verantwortlich für das Feuilleton des »Handelsblatts« – damals nur eine Seite pro Woche. Insgesamt war das sehr viel Arbeit, zumal die Tätigkeit als Musil-Herausgeber zunehmend mehr Zeit, vorwiegend die Nachtstunden, beanspruchte. Und eigentlich wollte er ja seinen Roman vollenden ...

Oft, wenn er einen aktuellen Kommentar zu schreiben hatte – »Vom Geist der Zeit« hieß diese Sparte –, saß er bis zum frühen Morgen am Schreibtisch. Daß Schreiben so schwer sein kann, hatte ich mir nie vorgestellt. Ich versuchte wenigstens beim Korrekturlesen zu helfen. Als Sekretärin war ich leider unzulänglich; ich konnte nicht schnell und fehlerfrei tippen und nahm es überhaupt nicht genau genug. Ein Kurs für Stenographie und Schreibmaschine-Schreiben fiel mir schwer und verbesserte meine Fähigkeiten nur wenig.

Tag für Tag kam Adolf am späten Nachmittag mit einem Stoß von Manuskripten nach Haus. Er redigierte, schrieb um und hörte auch noch die Sendungen in seinem Verantwortungsbereich ab, um, wenn nötig, am nächsten Tag in der Konferenz wohlinformiert diskutieren zu können. In seine Überlegungen bezog er mich mit ein, ließ mich mithören und mitlesen und an seiner Arbeit teilhaben. Ich war wie ein trockener Schwamm, der sich allmählich mit vielfältigem Wissen vollsog.

Meine lückenhafte Bildung versuchte Adolf zu vervollständigen. So las ich jetzt nicht mehr nur Romane, sondern auch literarische Essays, überhaupt Literatur- und Kulturgeschichte. Ich mußte dringend etwas Ordnung in meinen Bildungsvorrat bringen. Außerdem begann ich mich ernsthaft mit Psychologie zu beschäftigen, nicht zuletzt auch auf der Suche nach Hilfe für meine eigenen Probleme: Ich litt unter Schuldgefühlen den Söhnen gegenüber. Meine Flucht aus der Ehe mit ihrem Vater empfand ich als mein Versagen und quälte mich mit Selbstvorwürfen. Adolf hatte es nicht leicht mit mir.

Die ersten Untersuchungen über die seelischen Folgen einer Scheidung für die betroffenen Kinder kamen aus Amerika. Die These, es sei weniger schädlich für Kinder, wenn ihre Eltern sich gütlich trennen, als wenn sie täglich Streit erleben müssen und zwischen die Fronten geraten, hätte mich vielleicht entlasten können. Doch wir hatten uns – bis auf die letzte Zeit – immer nur hinter verschlossenen Türen gestritten, nie vor den Kindern, wenn ihnen auch die Spannungen zwischen uns gewiß nicht verborgen geblieben sind. Meine Schuldgefühle und die immer wieder aufkommenden Zweifel an meinem Entschluß wurden nicht geringer.

Die amerikanische Psychologin Judith S. Wallerstein hatte ihr Buch »Die zweite Chance im Leben« genannt, gemeint war die Zeit nach der Scheidung. Die zweite Chance – ich wollte sie nicht verpassen. Ich wußte, daß ich sie allein ergreifen mußte. Medizin oder Psychologie hätte ich gern studiert. Aber würde ich ein mindestens sechs Jahre langes Studium durchhalten? Außerdem hatte ich kein Latinum. Gravierender aber: Wir brauchten dringend Geld. Wir fingen ja ganz von vorne an, ohne Hausrat, ohne alles.

Schriftstellerin und Journalistin

Ich mußte mir Arbeit suchen, die mich bestätigte und mich davor bewahrte, in Traurigkeit zu versinken. Ich hatte großes Glück, daß mir dabei nicht nur Adolf half. Er entdeckte und nutzte mein »Sprachgefühl«; er hatte es, wie er versicherte, gleich in meinen Briefen erkannt. Bald ließ er mich die Manuskripte für das »Handelsblatt« redigieren. Das war manchmal nicht einfach, weil ich wissenschaftliche Fachsprachen in gut verständliches Deutsch übersetzen mußte. Auf der Feuilletonseite des »Handelsblatts« fanden außer Berichten über kulturelle Ereignisse auch Beiträge über so unterschiedliche aktuelle Themen wie Kybernetik, Tranquilizer, den neuesten Stand der Hirnforschung, einen Philosophen- oder Soziologenkongreß Platz. Ich dachte mir auch Überschriften und Unterzeilen aus und machte Vorschläge für Bildtexte. So lernte ich also quasi im privaten Intensivunterricht das journalistische Handwerk.

Adolf war ein ziemlich gestrenger Lehrmeister; fast ausnahmslos fand er an meinen Verbesserungen und neuen Formulierungen etwas auszusetzen. Ich reagierte empfindlich, doch er begründete seine Kritik so schlüssig, daß ich sie nach kurzem Disput akzeptieren konnte.

Meine ersten Beiträge schrieb ich für das »Handelsblatt«. Es waren Berichte über Kunstausstellungen, Auktionen, kurze Reportagen über Stadtplanung und überhaupt über Architektur. Die Zeitung baute gerade ihre Kunstmarktseite auf, und ich wurde nun für die Rhein-Main-Region zuständig. Dem »Handelsblatt« verdankte ich auch den gut bezahlten Auftrag, ein Sachbuch für den Econ-Verlag zu lektorieren und zu korrigieren. Man wollte mir helfen, vermutlich auch Adolf zuliebe.

Auch Rowohlts – mit dem Verleger Heinrich Maria Ledig-Rowohlt war Adolf seit den dreißiger Jahren befreundet – gaben mir eine Chance. Ich sollte einen Roman übersetzen. Doch das Kapitel, das ich zur Probe ablieferte, zeigte leider, daß meine Englisch-Kenntnisse nicht ausreichten; ich war viel zu frei vom Original abgewichen. Ein weiteres Projekt, die Bearbeitung einer ausufernden Biographie, zerschlug sich ohne mein Zutun.

Einmal im Monat fuhren wir im Auto – wir hatten einen gebrauchten Simca gekauft – nach Düsseldorf in die »Handelsblatt«-Redaktion. Adolf gab die druckfertigen Manuskripte für die nächsten Feuilletonseiten ab und besprach weitere Pläne. Den Umbruch in der Setzerei überließ er einem Kollegen. Niemand redete ihm in seine Dispositionen hinein. Er freute sich, wenn er neue wichtige Autoren für das »Handelsblatt« entdecken konnte, unter anderen die Mediziner Friedrich Deich und Walter Drescher oder Jürgen Habermas – damals gerade promoviert –, den er später Theodor Adorno als Assistent empfohlen hat.

Der »Handelsblatt«-Verleger Friedrich Vogel und seine Frau luden uns zum Essen in ihr Haus ein, und mit einigen Düsseldorfer Kollegen gab es über gemeinsame berufliche Interessen hinaus auch freundschaftliche Kontakte. Großzügig wurden Reisekosten für Adolf oder seine Mitarbeiter bewilligt. Es herrschte ein angenehmes, anregendes und von gegenseitiger Achtung geprägtes Klima in der Zeitung, die nicht weit von der Königsallee ihre Redaktionsräume hatte. Adolf fühlte sich wohl im Kollegium der Wirtschaftsfachleute. Zu seinem Bedauern mußte er die Arbeit nach ein paar Jahren aufgeben, weil das »Handelsblatt« sich erweiterte und nun für eine tägliche Feuilletonseite Platz hatte. Das war aus der Ferne und neben dem Rundfunk nicht mehr zu bewältigen. Ich habe in Düsseldorf das Rheinland und seine Menschen von der besten Seite kennengelernt. In Adolfs Welt mußte ich zwar erst einmal gehen lernen; doch da ich so viel Wohlwollen begegnete, fühlte ich mich allmählich sicherer. Und bald suchte ich mir die Themen, über die ich schreiben wollte, selber aus.

Wir gingen oft ins Theater – das gehörte zu den angenehmen Pflichten eines Kulturredakteurs. Viele interessante Frankfurter Aufführungen fanden damals noch im Börsensaal statt; das neue Opern- und Schauspielhaus mit den beiden Bühnen, dem großen Haus und den Kammerspielen, wurde gerade gebaut. Max Frischs »Andorra« oder »Biedermann und die Brandstifter« sahen wir in der Börse, auch Peter Handkes »Publikumsbeschimpfung« und Genets »Zofen« – alles Stücke, die lebhaft und kontrovers diskutiert wurden.

Oft fuhren wir nach Darmstadt, wo Gustav Rudolf Sellner in der Orangerie immer ein volles Haus hatte mit Klassikern, aber auch mit Avantgardestücken wie Ionescos »Nashörnern« oder der »Kahlen Sängerin«. In Mannheim wurde das neue Staatstheater mit den »Räubern« eröffnet, inszeniert von Erwin Piscator in der avantgardistischen Tradition der zwanziger Jahre. Und in Frankfurt gab es »Hochwasser«, das erste Stück von Günter Grass, auf der Studentenbühne zu sehen. Zum ersten Mal waren wir auch in Ost-Berlin im Theater am Schiffbauerdamm, wo das Brecht-Ensemble »Galileo Galilei« spielte.

Kurz bevor wir am nächsten Tag von Berlin zurück nach Frankfurt flogen, fand ich einen neuen Begleiter – er wurde oft auch mein Tröster: Percy, ein zierlicher braunschwarz gestromter Windhund mit eleganten weißen Beinen, überhaupt mit einer kaum zu überbietenden Eleganz der Bewegungen ausgestattet. Es war gegenseitige Liebe auf den ersten Blick. Die Frau von Adolfs Freund Thilo Koch (er war ARD-Korrespondent in Washington gewesen und hatte ein Buch über Gottfried Benn geschrieben) besaß selbst so ein zartes Whippet. Wir hatten sie in ihrem

Berliner Haus im Grunewald besucht und erhielten die Adresse einer Züchterin.

Die alte, kurzatmige Frau hauste mit acht Windhunden zusammen in einer verkommenen Altbauwohnung an der Krummen Lanke. Es stank wie in einem Raubtierkäfig. Als ich mich auf einem der gepolsterten, schmuddligen Hocker niederließ, kam Percy vorsichtig auf mich zu, setzte sich würdevoll vor mich hin und beobachtete mich intensiv. Offenbar bestand ich seine Prüfung: Er reichte mir wohlerzogen seine Pfote und ließ sich gerne mit einer dünnen Schnur als Ersatz für Halsband und Leine fortführen. Nur die Transportkiste für den Flug nach Frankfurt fand er unzumutbar. Er sträubte sich mit erstaunlicher Kraft dagegen, dort hineingesperrt zu werden. Ausnahmsweise durfte er die Reise auf meinem Schoß überstehen. Percy wurde bei uns sechzehn Jahre alt. Wir nahmen ihn fast überallhin mit. Eine Leine brauchte er nicht. Allerdings war er ganz und gar auf mich fixiert. Er weigerte sich, mit Adolf spazierenzugehen, was der ihm verübelte.

Percy hatte vollendete Manieren, bis auf wenige Ausnahmen: Ausgerechnet im Ziergarten von Friedrich Sieburg, dem Literaturpapst der »Frankfurter Allgemeinen«, in seinem Wohnsitz in Gärtringen, hob er sein Bein an einem seltenen kleinblättrigen Buchsbaum, der »nun für immer verdorben« war, wie der Hausherr vorwurfsvoll klagte. Vergeblich eilte ich herbei, um mit einem kräftigen Guß aus der Gießkanne den Schaden zu beseitigen oder doch zumindest zu vermindern. Sieburg zog seine Stirn in tiefe Sorgenfalten, und die Mundwinkel sanken noch grämlicher als gewöhnlich herunter; er grollte uns und unserem edlen Hund, denn außerdem waren wir zu dieser Verabredung auch noch viel zu spät gekommen.

Wir fuhren viel herum, immer mit dem Ziel, Kontakte zu Mitarbeitern für Adolfs Rundfunkprogramm zu knüpfen. Bei den Gesprächen hörte ich meist still zu. Wir besuchten Siegfried Lenz in Hamburg, den Dichter und

Rundfunkkollegen Helmut Heißenbüttel in Stuttgart und Adolfs alten Berliner Freund Hermann Proebst, der inzwischen Chefredakteur der »Süddeutschen Zeitung« geworden war und oft und gerne in seine weitläufige Bogenhausener Wohnung »tout München« einlud, vom Wittelsbacher Prinzen bis zum Opernintendanten.

Adolf zeigte mir Deutschland und viele interessante Menschen; sie waren schließlich seine Welt – ganz anders als alles, was ich kannte. Es war eine geistige Welt mit Stützpunkten überall im Land. Man verstand sich auf Anhieb, sprach eine gemeinsame Sprache, sah Probleme ähnlich und suchte nach Lösungen; aber ebensooft stritt man auch ernsthaft und nicht selten erbittert.

Einmal besuchten wir den Historiker und Diplomaten Carl J. Burckhardt, eine eindrucksvolle Erscheinung, in seinem Château hoch über Nyon am Genfer See. Er stammte aus der berühmten Basler Gelehrtenfamilie, zu der auch der Historiker Jakob Burckhardt gehörte. Adolf hatte kurz nach dem Krieg ein schmales Buch über Carl Burckhardt mit dem Titel »Im Dienste der Humanität« (gemeint war damit Burckhardts Danziger Mission als Hoher Kommissar des Völkerbunds von 1937 bis 1939) geschrieben. Die Gespräche, bei denen es auch um Burckhardts Bemühungen ging, Robert Musil in seinem Schweizer Exil finanziell zu helfen, konnten also auf vertrauter Grundlage geführt werden.

Wir waren drei Tage zu Gast in dem noblen Haus und durften sogar unseren Windhund mitbringen, der sich mit dem hochmütig-distanzierten Chow-Chow des Hausherren vorsichtig anfreundete. Beim Grenzübergang zur Schweiz hatte ich Percy unter meinem Schottenrock versteckt; er wußte genau, daß er sich nicht rühren durfte. Ohne Impfpaß durfte man keinen Hund ins saubere und seuchenfreie Schweizer Paradies mitnehmen. Percy bekam jedoch beim Tierarzt lebensgefährliche Angstzustände, deshalb konnte ich ihn nicht impfen lassen.

Burckhardt kutschierte uns und die beiden Hunde in seinem grauen Bentley auf ein Hochplateau im Jura; der Mont Blanc war von dort aus zu sehen, während über dem Genfer See dichter Nebel waberte. Percy nutzte die weite Grasfläche, um uns und den phlegmatischen Chow im Renntempo zu umkreisen. Auch in Bad Homburg trainierte er, wenn wir für ausgiebige Spaziergänge nicht genug Zeit gehabt hatten, auf diese Weise sein Sportlerherz. Wir brauchten abends nur zum Golfplatz im Kurpark zu gehen. Der gepflegte kurzgeschorene Rasen war für ihn als Rennbahn gerade gut genug.

Im Februar 1958 lud uns Adolfs Freund Hans Georg von Studnitz zu einer Reise besonderer Art ein, zur Premiere einer Flugverbindung nach New York. Studnitz war Pressechef der Lufthansa geworden. Adolf hatte nach dem Krieg mit ihm zusammen in der »Hamburger Allgemeinen« gearbeitet, einer angesehenen liberalen Tageszeitung, die nach der Währungsreform eingestellt werden mußte, weil die Geschäftsführer nicht rechtzeitig für ausreichend Papiervorräte gesorgt hatten, um die nun einsetzende Anzeigenflut unterzubringen.

Am Non-Stop-Eröffnungsflug nach New York nahmen die Bürgermeister von Hamburg, Bremen und Wien (Brauer, Kaisen und Jonas, der spätere österreichische Staatspräsident) sowie der Lufthansa-Chef Bongers teil, dazu Ernst Jünger, den Studnitz verehrte, und ein halbes Dutzend Journalisten, zu denen Ursula von Kardorff, Mitarbeiterin der »Süddeutschen Zeitung« und Autorin der »Berliner Aufzeichnungen«, und der schon damals berühmte Fotograf F. C. Gundlach gehörten. Adolf und ich waren das einzige Ehepaar.

Diese verlockende Reise nach Amerika war für mich nicht zuletzt ein Grund gewesen, mein Zögern aufzugeben und in einen kurzfristig angesagten, unfeierlichen Heiratstermin einzuwilligen (als loses Paar hätten wir an dem offiziellen Programm nicht teilnehmen können). Percy machte im Schloß des Landgrafen, dem Homburger Standesamt, eine gute Figur als Trauzeuge: Zierlich hob er ein weißes Vorderpfötchen. Die nötigen offiziellen Unterschriften leisteten die Sekretärin und der stellvertretende Leiter der Behörde. Wir aßen eine Kleinigkeit zusammen mit Jürgen Petersen, Adolfs Kollegen beim Hessischen Rundfunk – das war schon alles. Es war mir recht so.

Zum ersten Mal New York – das war ein überwältigender Eindruck. Ich flog allein einen Tag früher hin und war stolz, daß ich mich so gut zurechtgefunden hatte, bevor das offizielle Programm begann: Empfang beim Bürgermeister von New York, Robert F. Wagner, Lunch im Restaurant der »New York Times« mit dem Herausgeber Sulzberger jr., abends ein Konzert in der Radio Music City Hall im Rockefeller Center, um Mitternacht schließlich noch ein Night Club – wir konnten kaum Luft holen.

So ging es auch die nächsten Tage weiter: Sightseeing, offizielle Empfänge, Museen, eine altmodische Inszenierung des »Tristan« in der Metropolitan Opera. Am nächsten Abend sahen wir das neue Musical von Bernstein »West Side Story«. Es war alles perfekt organisiert. Kaum unterzubringen waren private Kontakte.

Aber Zeit für einen Besuch bei Richard Huelsenbeck in seiner großzügigen und von einem Door-keeper bewachten Wohnung am Central Park fanden wir doch noch. Als vielgefragter Arzt und Psychoanalytiker Richard Huelbek war der dadaistische Dichter und Maler, ein Weggenosse von Hans Schwitters, in New York eine Berühmtheit geworden. Ein paar Jahre später besuchte er uns mit seiner Frau in Bad Homburg und machte mich aufmerksam auf Betty Friedans »The Feminine Mystique«, das in Amerika Millionen Leserinnen gefunden hatte und das ich später Rowohlt mit einigen Kürzungsvorschlägen empfehlen konnte.

Nach dem üppigen Hotelfrühstück versammelte sich unsere prominente Reisegruppe jeden Morgen in der Lobby des Ambassador Hotel in der Park Avenue. Ernst Jünger saß schmal und wie gewöhnlich überpünktlich auf einem Sessel mit goldenen Armlehnen, ein seltsames graues Mützchen mit Ohrenklappen auf dem Kopf. Er schloß sich zurückhaltend an und akzeptierte vorsichtig zögernd alles, was man uns bot und wohin man uns fürsorglich geleitete. Der Blick aus dem Fenster eines Restaurants im fünfunddreißigsten Stockwerk auf das Lichtermeer der Stadt am Abend zuvor sei bisher das schönste gewesen, sagte er. Wir wollten ihn noch spät zu einer Party bei Heide Russel, der Kulturreferentin beim Deutschen Konsulat, mitnehmen. Doch er lehnte ab; er brauche Ruhe für seine Notizen.

Am nächsten Morgen trauten wir unseren Augen kaum: New York hatte sich über Nacht in eine stille Schneewüste verwandelt, aus der die Wolkenkratzer grau und verlassen emporragten. Eine unwirkliche Atempause für die Metropole: kein Verkehr, kein Motorengeräusch. Nur wenige Menschen bewegten sich in der City lautlos auf Trampelpfaden, einige hatten Skier angeschnallt. Ein paar Stunden später war der weiße Spuk weggetaut, fortgeschaufelt und abgefahren. Wir konnten unser Besuchsprogramm in Washington, mit allerdings erheblicher Verzögerung, fortsetzen.

Gegen fünfzehn Uhr sollte unser Zug von Pennsylvania Station abfahren, um achtzehn Uhr setzte er sich endlich in Bewegung. Wir brauchten zwölf Stunden bis Washington. Vereiste Weichen mußten immer wieder mit spärlichen Hilfsmitteln, die wie Teelichter aussahen, aufgetaut werden. Im für uns reservierten Salonwagen ließ es sich aushalten. Als die Delikatessen verspeist waren und es auch keinen Champagner oder Rotwein mehr gab, schenkte der schwarze Stewart reichlich Bourbon Whiskey und Sodawasser nach. Die Stadtoberhäupter in ihren braunen Ledersesseln sanken bald friedlich schnarchend in tiefen Schlaf. Auch die anderen Gäste räkelten sich schläfrig röchelnd herum.

Nur Ernst Jünger war hellwach, er hatte wie ich nur Wasser getrunken. Wir beide waren deshalb auch die einzigen, die keinen dröhnenden Kopf hatten, als wir endlich am frühen Morgen in Washington ankamen, um uns im Mayflower Hotel rasch frisch zu machen. Denn nun ging es ja weiter: Lunch im National Press Club, Besuch im State Department, danach im Pentagon, Cocktail in der Deutschen Botschaft, abends Blair House, das Gästehaus des Präsidenten, und sehr spät noch eine Visite bei Herbert von Borch, dem Doyen der deutschen Journalisten und hochgeschätzten Autor in Adolfs Abendstudio.

Nach diesem überfüllten Programm blieben wir noch eine weitere Woche auf eigene Kosten in New York, jetzt in einem wesentlich billigeren Hotel, doch mit einem kaum weniger gedrängten Tagespensum. Vereinzelt bekamen wir nun auch Einblick in die amerikanische Wirklichkeit. Dazu gehörte, daß manches erstaunlich unkompliziert war. Adolf rief zum Beispiel den Atomphysiker und Nobelpreisträger Robert Oppenheimer in Princeton an und verabredete sich schon für den nächsten Vormittag. Keine Empfehlung, keine Legitimation war nötig, ein ganz privater Besuch. Eine Stunde Fahrt mit dem Zug um zehn Uhr dreißig, riet uns Oppenheimers Sekretärin. Mühelos fanden wir zum Fuldhouse. Oppenheimer wollte mit uns zuerst auf dem weitläufigen Gelände des Campus spazierengehen, ehe er uns in sein Arbeitszimmer bat.

Thomas Mann, Hermann Broch, Albert Einstein und viele andere Berühmtheiten hatten eine Zeitlang in den verstreut liegenden, so gar nicht repräsentativen Bungalows ohne Zäune gewohnt. »Einstein Drive« heißt eine Straße. Wie mag es sich hier leben, überlegten wir, die Tradition der efeuberankten roten Backsteingebäude mit ihren Türmen und Portalen im Rücken, den Anspruch auf

Höchstleistung im Nacken? Ruhm und Privilegien können auch eine schwere Last sein.

Gesprächsthemen gab es genug: Noch wirkte das Untersuchungsverfahren nach, dem sich Oppenheimer 1954 vor dem McCarthy-Ausschuß wegen angeblich kommunistischer Gesinnung hatte unterziehen müssen. Er leitete zwar nach wie vor das Institute for Advanced Studies in Princeton, doch seinen Beraterposten bei der Regierung hatte er aufgeben müssen. Erst 1963 unter Kennedys Präsidentschaft wurde er rehabilitiert. Doch nun gab es aktuellen Diskussionsstoff. Sein Buch »Atomkraft und menschliche Freiheit« war kürzlich auf deutsch erschienen.

Außerdem hatte der Sputnik-Schock, der technisch-wissenschaftliche Vorsprung der Russen, die Weltraumfahrt betreffend, die Vereinigten Staaten aufgescheucht. Oppenheimer hatte in einem zwölfseitigen Beitrag in der Zeitschrift »Foreign Affairs« Konsequenzen gefordert, vieles im amerikanischen Bildungssystem müsse revidiert, die Grundlagenforschung solle gefördert werden, Naturwissenschaften vor den Geisteswissenschaften. Er gab uns die Zeitschrift mit. Zu Heinar Kipphardts Theaterstück »In der Sache Robert J. Oppenheimer« (über das Untersuchungsverfahren vor dem amerikanischen Sicherheitsausschuß) wollte er sich nicht äußern. »Es wird in Deutschland viel aufgeführt, nicht wahr?« sagte er. Für die Angst, daß wissenschaftliche Macht sich unkontrolliert konzentrieren und mißbraucht werden könnte, hatte er Verständnis.

Adolf verabredete sich auch kurzfristig in den großen Verlagen Random House und bei Knopf. Er fand Gesprächspartner für die geplante Musil-Übersetzung und Hinweise auf Emigranten, die Musil noch gekannt hatten. »So schnell und aufgeschlossen wie in New York reagiert man nirgendwo in der Welt«, meinte er.

Meine Cousine Christine Beshar, geborene von Wedemeyer, und ihr Mann, beide erfolgreiche Rechtsanwälte, luden uns zum Essen in den feinen Yale Club ein. In ihrem Office im dreißigsten Stockwerk eines Hochhauses am Battersea Park mit Blick auf Staten Island standen die Türen zu den einzelnen Büros offen; und die Rechtsanwaltskollegen – wenn sie nicht gerade etwas mit ihren Klienten besprachen – hatten es sich bequem gemacht: Die Füße auf dem Schreibtisch, lasen sie ihre Schriftsätze oder die »New York Times«.

Abends wagten wir uns nach Harlem in ein Tanzlokal, obwohl uns dringend davon abgeraten worden war. Erst der dritte Taxifahrer war überhaupt bereit, uns dorthin zu bringen. Wir waren die einzigen Weißen im Club; die Distanz, wenn nicht gar Feindseligkeit der schwarzen Paare uns gegenüber hielten wir nicht lange aus. Ich hatte Erzählungen von James Baldwin und Richard Wrights »Black Boy« und »Native Son« gelesen. Die beiden farbigen amerikanischen Schriftsteller griffen das Rassenproblem auf und warben um mehr Verständnis. Das Tanzlokal war offensichtlich nicht der geeignete Ort, um über Lektüre zu diskutieren oder verständnisvolle Toleranz zu demonstrieren.

Mit dem Greyhound-Bus fuhren wir am nächsten Tag frühmorgens nach Woodstock zu Kurt W. Marek, der dort mit seiner Frau und seinem Sohn in der Wildnis hauste. Er hatte als C. W. Ceram mit »Götter, Gräber und Gelehrte« einen Welterfolg gehabt. Adolf war mit ihm und seiner Frau seit seiner Hamburger Zeitungszeit nach dem Krieg befreundet. Marek war damals Lektor bei Rowohlt gewesen. Sein Holzhaus in Woodstock, einsam im Wald gelegen, stand auf Stelzen. Trotzdem krochen im Sommer Schlangen hinein, und im Winter kratzten Waschbären an der Tür. Idyllische Natur, im Bächlein konnte man Forellen fangen. Marek im rotkarierten Holzfällerhemd brachte uns in der Nähe in einem primitiven Motel unter. An der Bar forderten ihn gleich zwei bärenstarke bärtige Männer zum Fingerhakeln auf. Gutmütig ließ er sich über den Tisch ziehen und gab eine Runde aus. »Die kennen mich«, versicherte er, »manchmal gewinne ich auch.«

Als wir nach vierzehn Tagen Amerika zurückkamen, legte ich mich erst einmal ins Bett. Ich war zwar nicht abgemagert wie unser armer Percy, der vor Sehnsucht nach uns nicht gefressen hatte und fast gestorben wäre, aber ich war ähnlich erschöpft.

Unsere Reisen waren immer auch eine Flucht vor meinem stets gegenwärtigen ungelösten Problem: der Trennung von meinen Kindern. Adolf gelang es meist auf diese Weise, mich aus meiner Depression zu reißen. In einer solchen traurigen Stimmungslage fuhren wir mit dem Auto nach Paris. Wir wohnten im heruntergekommenen »Hôtel des Grands Hommes« an der Place du Panthéon und eilten von früh bis spät von einer Verabredung zur nächsten. Der Philosoph Gabriel Marcel, Rowohlts Literatur-Guide Edmond Lutrand und seine Frau Rita, der Kunsthistoriker Marcel Brion, François Erval, Lektor und Herausgeber bei Gallimard, und viele andere standen auf Adolfs Besuchsprogramm. Wir besuchten sie zu Hause oder trafen uns mit ihnen in einem der berühmten Cafés in Saint-Germain-des-Prés, in denen Sartre und andere Existentialisten täglich hofhielten. Adolf arrangierte seine Verabredungen mit einem unerschütterlichen Selbstvertrauen: Er nahm ganz selbstverständlich an, daß seine Gesprächspartner an einem Kontakt mit ihm genauso brennend interessiert sein würden, wie er es umgekehrt war.

Bei Martin Flinker in seiner Buchhandlung am Quai des Orfèvres fingen wir an. Jeder deutschsprachige Literat machte dort am Seine-Quai seine Aufwartung, erfuhr alles, was in Paris neu war, und hörte das kritische Echo Frankreichs auf deutsche Schriftsteller und überhaupt auf das Kulturleben rechts des Rheins. Flinker war eine Institution, ein Stück Kakanien in Paris. Der kleine alte

Mann hauste in seinem schattigen Bücherdschungel wie eine Spitzweg-Figur. Er bewegte sich vorsichtig und geschickt zwischen den Bücherbergen, die um ihn herum bis auf Schulterhöhe wuchsen. Mit traumwandlerischer Sicherheit fand er sich dazwischen zurecht. Nie brauchte er lange zu suchen. Sein Sohn gab leider bald nach dem Tod des Vaters die einzigartige Buchhandlung auf, um sich ganz und gar seiner Kunstgalerie in der Nähe des Palais Luxembourg zu widmen.

Für seinen »Almanach« 1958 hatte Martin Flinker einen langen, schönen Aufsatz über Robert Musil geschrieben. In Wien hatten sie, bis Flinker emigrieren mußte, nicht weit voneinander gewohnt und sich häufig zu Spaziergängen oder im Café getroffen. Flinker konnte sich an die Gespräche und an die oft scharfen, um nicht zu sagen boshaften Urteile Musils über seine literarischen Kontrahenten lebhaft erinnern. Seine Korrespondenz mit Robert Musil stellte er für die von Adolf geplante Briefsammlung gern zur Verfügung.

Musil, immer wieder Musil. Wo immer Adolf auch hinkam, versuchte er abgerissene Faden wieder zu verknüpfen, Zeitzeugen zu hören und Zusammenhänge zu finden. Dutzende von Fragen notierte er mit seiner akribischen Handschrift in ein kleines Heft, das er stets bei sich trug. Über die Antworten freute er sich wie ein Sammler, der auf eine Trouvaille gestoßen ist.

Ende der fünfziger Jahre lief die Diskussion über Robert Musil, diesen vielleicht bedeutendsten deutschsprachigen Autor des vorigen Jahrhunderts, auch in Frankreich auf Hochtouren. Als wir am Abend zusammen mit Armin Mohler bei Paul Celan eingeladen waren, drehten sich anfangs die Gespräche um die Übersetzung des »Mann ohne Eigenschaften« von Philippe Jaccottet. Celan, der sensible Dichter, der gelegentlich selber Lyrik übersetzte, lobte Jaccottet, den Dichterkollegen, über die Maßen.

Es war ein seltsamer Abend. Die Spannung zwischen Mohler, dem ehemaligen Schweizer Freiwilligen in Hitlers Heer, später Sekretär von Ernst Jünger und zuletzt jahrzehntelang Geschäftsführer der Siemensstiftung, und dem verfolgten Paul Celan, für den der Holocaust ein lebensgefährliches Trauma blieb, war deutlich zu spüren.

Celans schöne Frau Gisèle Lestrange führte mich in das Kinderzimmer, wo der Sohn, ein kleiner dunkellockiger Engel, in seinem Gitterbettchen schlief. Sie zeigte mir auch ihre zarten, technisch raffinierten Grafiken. Sie stehe sehr unter dem Einfluß ihres Lehrers Johnny Friedländer, bekannte sie. An eine eigene Ausstellung denke sie noch nicht. Doch die meisten ihrer Werke hätten eine Beziehung zur Lyrik ihres Mannes.

Zum Mittagessen am nächsten Tag waren wir bei Joseph Breitbach eingeladen. Im Telefonbuch stand als Berufsbezeichnung »Homme de lettre«. Ein Diener in gestreifter Livree empfing uns, bot uns auf silbernem Tablett Champagner an und servierte das köstliche Menü. Von dem jungen Mann gab es auch ein lebensgroßes Porträt in der Garderobe, und Breitbach beobachtete amüsiert, ob der fast unbekleidete Jüngling in deutlicher sexueller Erregung seine Gäste schockierte.

Die helle Wohnung an der Place du Panthéon, auf der einen Seite mit Blick auf die Kuppel, auf der anderen auf den Park der École d'Ulm, verriet besten Geschmack und selbstverständlichen Reichtum. Zum Mokka nach dem Essen kam der deutsche Kulturattaché dazu; er wohnte im selben Haus. Die beiden Hausnachbarn beschrieben uns die Pariser Literaturszene und wetteiferten mit ihren mokanten Randbemerkungen.

Adolf war Breitbach schon Anfang der dreißiger Jahre in Berlin begegnet. Er hatte 1933 dessen ersten Roman »Die Wandlung der Susanne Dasselberg« rezensiert – das Buch wurde kurz darauf von den Nationalsozialisten verboten. Für seinen »Bericht über Bruno«, den Breitbach

»seinen beiden Vätern« Jean Breitbach und dem Industriellen Jean Schlumberger gewidmet hatte, erhielt er nach dem Krieg den Fontane-Preis. Seine Theaterstücke, die er auf deutsch schrieb, wurden auf kleineren Bühnen aufgeführt.

In dem Gespräch ging es um deutsch-französische Verständigungsschwierigkeiten, und unser Gastgeber klagte über »die Banausen in Bonn«, wozu der Kulturattaché nur stumm nickte. Als Lothringer war Breitbach in beiden Kulturen zu Hause. Er war ein großzügiger Mäzen und hat viel für seine Literatenfreunde diesseits und jenseits des Rheins getan. Einer der am höchsten dotierten deutschsprachigen Literaturpreise wird seit ein paar Jahren aus seinem Erbe und in seinem Namen verliehen. Seine wunderbare Bibliothek ist nach seinem Tod in Bamberg gelandet.

Zum Abschied schenkte Breitbach uns die graue broschierte Gesamtausgabe der Werke von Cocteau. Ich muß gestehen, wir haben sie bei uns ins Bücherregal gestellt, ohne sie jemals aufzuschlitzen. Der mehrsprachige Weltmann hatte unsere Sprachkenntnisse weit überschätzt.

Die Buchmesse 1958 nahte. Karl Jaspers wurde mit dem Friedenspreis des Deutschen Buchhandels ausgezeichnet. Hannah Arendt, die wie Adolf und Golo Mann Anfang der dreißiger Jahre in Heidelberg die Vorlesungen des charismatischen Philosophen gehört hatte, hielt die Laudatio.

Für mich war die Buchmesse ein seltsames Gemenge von hehren geistigen Weihestunden, wie die in der Paulskirche, und dem verwirrenden Getümmel in den Messehallen und auf Verlagsempfängen, wo der Jahrmarkt der Eitelkeiten nicht selten ins Groteske ausartete.

Während der Buchmesse feierte der Rowohlt Verlag sein fünfzigjähriges Bestehen auf einem Mainschiff. Ich saß auf einer Bank zwischen Peter Suhrkamp und Hans W. Eppelsheimer, dem Gründer und Direktor der Deutschen Bibliothek in Frankfurt, und hörte zu, wie die beiden alten Herren ihre Kenntnisse über Petrarca ausbreiteten. Der »Eppel« hatte in seiner Jugend ein Buch über Petrarca geschrieben, das er überarbeiten und neu herausbringen wollte. Uns gegenüber flüsterten der Verleger Feltrinelli und Ernesto Grassi verschwörerisch in ihrer Muttersprache miteinander. Und im Bug, wo Ernst Rowohlt thronte, wurden bereits die ersten feucht-fröhlichen Lieder gesungen.

Am letzten Messetag kamen Heinrich Maria Ledig-Rowohlt und seine große Liebe, die kapriziöse und etwas exaltierte zarte Jane, zum Essen zu uns nach Bad Homburg. Jane wünschte sich Kasseler Rippchen und Sauerkraut; sie vertilgte erstaunlicherweise gleich zwei Portionen mit reichlich Senf (echte Moutarde aus Dijon hatten wir leider nicht) und viel Kartoffelbrei. So deftige Vorlieben hatte ich ihr gar nicht zugetraut, aber nach den vielen Buchmesse-Häppchen war gepökeltes Schweinefleisch wohl gerade das Richtige. Danach war dann wieder Musil das unvermeidliche Thema. Ledig vertraute Adolf als Herausgeber, doch er stöhnte auch über dessen Akribie, die immer wieder neue Korrekturen der Fahnen für die große Musil-Ausgabe nötig machte.

Als Rundfunkmann nahm Adolf an vielen Symposien wie etwa den »Darmstädter Gesprächen« teil. Die Themen der Zeit spiegelten sich in den Gesprächsrunden. Die meist jungen Zuhörer erwarteten Orientierung. Die Nachkriegsgesellschaft wurde mit dem Trauma der Nazizeit nicht fertig. Waren die Älteren tatsächlich »unfähig zu trauern«, wie Alexander Mitscherlich ihnen vorwarf? Die unbewältigte Vergangenheit hatte eine tiefe Kluft zwischen den Generationen aufgerissen. In vielen Familien herrschte Sprachlosigkeit zwischen Alten und Jungen. Der Münsteraner Soziologe Helmut Schelsky nannte die Jungen »Die skeptische Generation«; mit der Welt der Väter wollten sie verständlicherweise nichts zu tun haben.

Den Pragmatismus, mit dem die Kriegsgeneration den Wiederaufbau Deutschlands in erstaunlich wenigen Jahren geschafft hatte, verachteten sie.

Unter der saturierten Oberfläche der Wirtschaftswunderjahre brodelte es; Sprengstoff sammelte sich an. Er entzündete sich wenig später an der unbewältigten, verdrängten und verschwiegenen Vergangenheit. Es war mehr als ein Generationenkonflikt. Die Jugendrevolte der Achtundsechziger hatte weitreichende und lang andauernde Folgen. Die antiautoritäre Bewegung lehnte viele überkommene Werte radikal ab. Mitbestimmung, Selbstverwirklichung, Emanzipation hießen die neuen Stichworte. Die Außerparlamentarische Opposition formierte sich zu oft militanten Demonstrationen. Die Machtverhältnisse in Ehe, Familie, Schule, Universitäten, Betrieben oder Verwaltungen änderten sich jedoch nur sehr zögerlich.

Die Achtundsechziger hatten auch gemäßigt Oppositionelle zu Protesten ermutigt. Die Pläne der Regierungsparteien CDU und CSU, die Bundeswehr mit Atomwaffen auszurüsten, brachten Zehntausende Bundesbürger auf die Straße und spalteten das Land. Die Anti-Atom-Kampagne richtete zwar gegen die Beschlüsse der NATO-Länder nichts aus, aber die Linke solidarisierte sich bis in die achtziger, neunziger Jahre immer wieder aus gegebenem Anlaß – dem Bau von neuen Atomkraftwerken, den Transporten von ausgedienten Brennelementen – im außerparlamentarischen Raum. Bürgerinitiativen entstanden auch gegen den Ausbau des Frankfurter Flughafens, gegen eine Teststrecke von Daimler-Benz, gegen Umweltzerstörungen und ähnliches. Sie schöpften die rechtlichen Möglichkeiten einer Demokratie aus und wurden vor allem von jungen Menschen getragen.

Im Gegensatz zu Adolf sympathisierte ich oft mit den Jungen, ohne mich jedoch aktiv zu beteiligen. Ich konnte aber auch Adolf verstehen, der die Weimarer Republik und ihren Untergang im Chaos erlebt hatte. Wie viele andere sah er in der außerparlamentarischen Opposition eine Gefahr für die Demokratie. Wir haben oft darüber diskutiert.

Die fünfziger und sechziger Jahre waren eine gute Zeit für den Hörfunk. Das Fernsehen steckte noch in den Kinderschuhen; es konnte noch nicht konkurrieren. Der Rundfunk war ein ideales Spielfeld für Schriftsteller, Wissenschaftler und überhaupt die intellektuelle Elite. Gern veröffentlichten sie hier ihre Texte, ehe sie in Zeitungen oder Zeitschriften gedruckt wurden. Was die Republik bewegte – man konnte es meist zuerst im Rundfunk hören. Die Sender wetteiferten miteinander; jeder wollte die besten Autoren gewinnen. Hörspiele und Streitgespräche hatten Konjunktur.

Politik und Literatur – Adolf versuchte sie in seinen Sendungen zu verbinden. Einen elfenbeinernen Turm für Kultur hat er nie angestrebt. Er moderierte eine ganze Reihe von Gesprächsrunden, zu denen er Theodor Adorno, Alexander und Margarete Mitscherlich, Erika Mann, François Bondy, Peter von Oertzen, Helmuth Plessner, Hans Mayer, Arnold Gehlen, Horst-Eberhard Richter, Iring Fetscher, Ludwig und Herbert Marcuse und viele mehr einlud. Eine imponierende Heerschar von Intellektuellen, die etwas zu sagen hatten. Als echter Liberaler bot Adolf den Hörern des Hessischen Rundfunks einen vielfältigen Überblick über das Kulturleben der Bundesrepublik. Die diffamierende Bezeichnung »Rotfunk« traf für sein Ressort nie zu.

Viele Bücher wären ohne den Rundfunk nicht entstanden. Ausgestattet mit Vorschüssen und festen Verabredungen, begaben sich einige Schriftsteller auf Reisen. Reisen waren damals noch nicht für jedermann möglich. Die Schriftsteller entdeckten also noch Neuland. Wolfgang Koeppen oder Horst Krüger entwickelten eine eigene »funkische« Form für ihre Texte, eine Art inneren

Monolog, der die optischen Eindrücke oft atemlos in Worte übersetzte. Der Rundfunk hatte überdies auch die Funktion eines Mäzens. Horst Bienek oder Hans Magnus Enzensberger begannen ihre Karriere im Rundfunk, ehe sie sich als freie Schriftsteller durchsetzten. Auch Marcel Reich-Ranicki schrieb nach seiner Übersiedlung in die Bundesrepublik seine ersten Kritiken für den Rundfunk. Adolf bat ihn gleich, nachdem er im Westen angekommen war, um einen Beitrag über aktuelle polnische Literatur. An einem Abend waren wir zusammen mit ihm und seiner Frau bei Wolfgang Schwerbrock, einem Redakteur der »Frankfurter Allgemeinen«, eingeladen. Über mangelndes Interesse konnte Reich-Ranicki sich nicht beklagen. Er erzählte mit leiser, oft stockender Stimme und deutlicher Vorsicht von den Verhältnissen in Warschau. Als ich ihm viele Jahre später wieder begegnete und seine laute Suada, die keinen anderen zu Wort kommen läßt, schon von weitem hörte, hätte ich ihn fast nicht mehr wiedererkannt.

Adolf war ein idealer Anreger und Gesprächspartner. Mit großem Engagement machte er ein vielbeachtetes anspruchsvolles Programm. Da er auch für die Produktion der Sendungen verantwortlich war, lag ihm daran, die besten Regisseure und Schauspieler zu gewinnen. Heinz von Cramer, Martin Walser, Ludwig Cremer oder der Frankfurter Schauspieldirektor Heinrich Koch übernahmen regelmäßig die Regie für Wortsendungen.

Frankfurt, in der Mitte der Bundesrepublik gelegen, war bestrebt, auch ein geistiger Mittelpunkt zu sein. München war noch kein Konkurrent, das Rheinland splitterte sich in mehrere ehrgeizige Zentren auf, Berlin litt unter seiner Teilung und Isolierung, und Hamburg war sich selbst genug mit seinem hanseatischen Kulturleben. In Frankfurt brachte nicht nur die Buchmesse neue Impulse und internationale Kontakte. Die Römerberg-Gespräche waren ein begehrtes Forum für Zeitdeuter unterschiedlicher Couleur. Der Rundfunk war immer Anlaufstation für die Diskutanten.

Ob von den vielen Tagungen und Symposien wichtige gesellschaftspolitische Impulse ausgingen? Sie waren vielleicht ein Ersatz für die fehlende Hauptstadt. Berlin war vor dem Krieg selbstverständlich der Mittelpunkt des deutschen Kulturlebens. Jetzt suchte man einen Focus des geistigen Klimas unter anderem auch auf Kongressen. Doch nicht selten produzierten diese Versammlungen kaum mehr als einen Leerlauf oder einen Jahrmarkt der Eitelkeiten. Wie heute in den Talkshows des Fernsehens trafen sich auf den Podien in verschiedenen Städten immer wieder dieselben Stars zu einem Austausch von Argumenten oder zum gemeinsamen Klagen über die bedenklichen Symptome der Zeit. Der Kulturbetrieb ähnelte manchmal einem Karussell: Die Figuren drehten sich, ihre Meinungen blieben fast unverändert. Kenner wußten schon, was sie von der nächsten Runde erwarten konnten. Doch für mich war alles neu. Ich war eine aufmerksame, aber nach wie vor unsichere kritische Zuhörerin.

Oft wurden wir von den Verlagen S. Fischer, Insel oder Suhrkamp eingeladen. Anlaß war meistens die Vorstellung neuer oder alter Autoren. Bei einem Essen zu Ehren der fast neunzig Jahre alten Annette Kolb, der Grande Dame der Völkerverständigung zwischen Frankreich und Deutschland, unterlief mir ein Kardinalfehler: Ich redete sie mit Madame an. Niemand hatte mir gesagt, daß sie ein Leben lang darauf bestand, Mademoiselle genannt zu werden. Ich konnte den schlechten Eindruck, den ich gemacht hatte, ein wenig verbessern: Als Mademoiselle Kolb ihre Handtasche fallen ließ, was offenbar auch zu ihren Eigenheiten gehörte, sammelte ich den Inhalt, der sich auf dem Teppich der Garderobe verteilt hatte, rasch auf und reichte ihr den wieder gefüllten bestickten Beutel.

Zu Klostermanns, die ihren kleinen, feinen, wissenschaftlichen Verlag mit Erfolg gegen die größere Konkurrenz behaupteten, entwickelten sich nachbarschaftliche Kontakte. Sie wohnten auf der anderen Seite des Homburger Stadtwaldes. In ihrem gastlichen Haus lernten wir Ernst und Hans-Georg Jünger, Eckhart Heftrich, Ilse Benn, die Witwe von Gottfried, und viele Geisteswissenschaftler von der Frankfurter Universität kennen.

Vittorio Klostermann verstand es, mit leiser Stimme seine Gäste zu Dialogen anzuregen. Er selbst trat vollkommen zurück. Oft kehrten wir bei einem Waldspaziergang ganz spontan im roten Haus der Klostermanns ein. Allmählich verlor sich meine Schüchternheit, und ich stand nicht immer nur stumm und verlegen lächelnd einen halben Schritt hinter Adolf, sondern mischte mich auch manchmal in Gespräche ein.

Auch Peter Suhrkamp war uns freundschaftlich und mir fast väterlich zugeneigt. Ein paarmal habe ich ihn in Königstein, wo er wegen seiner angegriffenen Lungen wohnte, abgeholt und nach Frankfurt in seinen Verlag gefahren. Er besaß kein Auto und benutzte gewöhnlich den Bus; eine Taxifahrt hielt er für Luxus. Er verstand meine Zerrissenheit zwischen meinem in der Familientradition verankerten früheren Leben mit den Kindern und dem neuen, in dem ich mich noch so unsicher fühlte. Es war tröstlich, mit ihm zu reden. Als mein ältester Sohn Constantin einmal schrieb: »Warum kommst Du nicht zurück? Ich könnte mit Vater sprechen«, weinte ich mich bei Peter Suhrkamp aus.

Mehrmals lud er uns zu »Messer«, einem kleinen Feinschmecker-Restaurant in der Königsteiner Altstadt, ein. Er bot Adolf an, als Lektor in seinen Verlag einzutreten. Aber Adolf, der es gewöhnt war, allein zu entscheiden, lehnte ab. Er kannte und schätzte Peter Suhrkamp schon seit seinen Berliner Jahren vor dem Krieg, als er auf dessen Anregung Schriftstellerporträts, Landschaftsbilder, Rezensionen und anderes für die bei S. Fischer erscheinende »Rundschau« schrieb.

Adolf bekam überhaupt immer wieder Angebote, neue reizvolle Aufgaben zu übernehmen. Sie waren allerdings meistens mit einem Ortswechsel verbunden, den er mir, die ich gerade erst zaghaft begann, Wurzeln zu schlagen, nicht zumuten wollte.

In unserem kleinen Haus in der Römerstraße, später dann in dem ebenso kleinen, leider aber sehr spießigen am Bornberg hatten wir oft Gäste. Wenn wir nicht selbst etwas unternahmen, waren wir kaum einen Abend allein. Auch einige Mitglieder der Familie meldeten sich. Onkel Friedrich aus Österreich, der Bruder meines Vaters, war einer der ersten. Er meinte mich besonders gut verstehen zu können, weil er sich auch nach seinen Kindern sehnte, die fern von ihm bei ihrer Mutter lebten und ihn nur in den Ferien besuchten.

Ich glaubte ihm anfangs kein Wort: Noch nie hatte ich etwas von seinen Kindern und seiner Geliebten gehört. So konsequent wurde in der Familie verschwiegen, was nicht den Regeln entsprach. Und warum machte Großmutter Amaly eigentlich ihrem Sohn nur insgeheim Vorwürfe, während sie doch in meinem Fall von einem Skandal sprach, der die Familienehre aufs tiefste verletzt habe? Diese Frage habe ich ihr nie gestellt.

Ewert von Dellingshausen, ein Schwager meiner Mutter, war einen Abend bei uns und frischte Erinnerungen an seine und Adolfs gemeinsame Studienzeit in München auf. Wir freuten uns, weil wir sicher sein konnten, daß er den ehrabschneidenden Gerüchten über Adolfs angeblich schillernde Person und Existenz, die vor allem die Großmütter verbreiteten, entgegenwirken würde.

Öfter kam meine Schwester Christine allein oder mit ihrem Mann Otto Stadel. Sie hatten inzwischen geheiratet – ohne mich, ich hätte als schwarzes Schaf der Familie das Fest, das Mansteins ausgerichtet hatten, gestört. Als Gastgeschenk malte Christine auf einem Kartondeckel ein üppiges Stilleben, das noch heute unsere Küche schmückt; es ist mir als Anfang ihrer Karriere als Malerin lieb und teuer. Christine hatte ihre Ausbildung in der Hamburger Meisterschule für Mode mit Bravour abgeschlossen und auch gleich eine Anstellung als Dessinateurin (Stoffmuster-Designerin) gefunden.

Als Christine und Otto Ski laufen wollten, ließen sie ihren kleinen Sohn und den Hund, eine jüngere Schwester von Percy, bei uns. Es gab keine Probleme, nicht einmal ein Jahr später, als die Eltern drei Wochen in Amerika waren. Christine und ich hatten den gleichen Hundepfiff und offenbar überhaupt sehr ähnliche Erziehungsprinzipien für Kinder und Tiere.

Einmal besuchte uns auch Fabian von Schlabrendorff, der mit einer Cousine von Hans-Conrad und mir verheiratet war. Er war damals Anwalt in Wiesbaden und noch nicht Richter am Bundesgerichtshof. Er bot seinen juristischen Rat an. Doch ich zögerte, ihn anzunehmen. Auch Fabian fand es unvernünftig, daß ich bei der Scheidung auf alles Materielle verzichtet hatte. Ich habe das aber nie bereut, einmal hatte ich mich damit konsequent an die von mir ernst gemeinte erste Vereinbarung zwischen Hans-Conrad und mir gehalten; ich war aber auch gezwungen, sofort etwas zu tun, nämlich Geld zu verdienen und zu beweisen, daß ich etwas konnte. Fabian leuchtete das ein. Für mich war sein Besuch ein Zeichen, daß nicht alle aus der Familie mich verdammten, nachdem ich Hans-Conrad verlassen hatte.

Bei meinem Vetter Achim und seiner Frau Grete von Loesch in Frankfurt, beide Volkswirte und in der Sozialpolitik engagiert, waren wir öfter. Innerhalb der Loesch-Familie waren sie wegen ihrer politischen und beruflichen Bindung an SPD und Gewerkschaften Außenseiter. Sie nahmen freundschaftlich Anteil an unseren, vielmehr meinen Problemen. Wir wurden also zumindest von einigen aus der weiter entfernten Verwandtschaft allmählich akzeptiert. Das tat mir wohl. Die Familie bedeutete mir nach wie vor viel; ich wollte nicht ausgestoßen sein.

In den ersten Jahren unseres gemeinsamen Lebens wurden wir nicht zu Familienfesten eingeladen. Adolf war nicht neugierig, meine Verwandten kennenzulernen; und einen Eklat wollte er schon gar nicht provozieren: Hans-Conrad lehnte es nach wie vor ab, mit ihm zusammenzutreffen. Doch Hans-Conrad und ich waren nun einmal verwandt, und in unserer gemeinsamen Familie hatte sich die Aufregung über meine skandalöse »Flucht« noch immer nicht gelegt. Man war sich uneinig, ob man mich ein für allemal verurteilen und schneiden sollte oder nicht.

Zum Familientag der Loeschs, der in Dortmund stattfand, fuhren wir aber doch beide hin. Eingeladen hatte mein Onkel Mark-Friedrich, der nach dem Krieg rasch zu Geld gekommen war. Er hatte eine Lizenz für Coca-Cola erworben und verwaltete außerdem den Fürstlich Salmschen Besitz am Niederrhein. Auf Schloß Dyck bei Grevenbroich residierte er fast wie in alter schlesischer Pracht.

Die jüngeren Familienmitglieder begegneten Adolf neugierig und voller Achtung, und ich ertrug die ablehnenden Blicke, vor allem der älteren weiblichen Mitglieder, mit gespieltem Gleichmut. Adolf amüsierte sich, daß er seinem Vornamen auf der alphabetisch geordneten Adressenliste der Loesch-Verwandten den ersten Platz verdankte.

Auch die Großmutter Zedlitz wollte uns nun dabei haben, als sie mit Kindern und Enkeln einen runden Geburtstag im Hotel Dreesen am Rhein feierte. Dort wurden wir plötzlich ganz herzlich und selbstverständlich aufgenommen. Offenbar hatte Ewert die Vorurteile mit Erfolg ausgeräumt.

Gäste lenkten ab, ließen keine Traurigkeit zu, die mich immer wieder, wenn ich allein war, überfiel. Horst Bienek kam mit Ilse Grubrich, die Hospitantin im Hessischen

Rundfunk war und später für die große Freud-Edition bei Fischer verantwortlich wurde. Der temperamentvolle Siegfried Unseld, der so ganz und gar anders war als sein Chef, der stille, weise Peter Suhrkamp, brachte seine Autorin Ingeborg Bachmann mit, die sich bei uns ausruhen wollte, bevor sie sich wieder von Bewunderern und Journalisten umringen ließ. Statt zur Ruhe zu kommen, bekam sie bei uns aber einen Schwächeanfall – oder waren es Entzugserscheinungen? Unseld raste jedenfalls besorgt zur Apotheke, um sie mit den nötigen Medikamenten zu versorgen. Sie tat mir leid, aber sympathisch war sie mir nicht. Sie hatte sich, vielleicht als Schutz, eine Aura von Bedeutung und scheuer Arroganz zugelegt, die mich irritierte.

Ein origineller Gast war Andreas Graf Razumovsky. Als vielbelesener Wiener kannte er natürlich auch Musils »Mann ohne Eigenschaften« und war für Adolf ein Gesprächspartner. Zur selben Zeit wie Adolf in den Hessischen Rundfunk war er als Musikkritiker ins Feuilleton der »Frankfurter Allgemeinen« eingetreten. Er provozierte das brave Abonnementspublikum gern mit seinen eigenwilligen Bewertungen von Operninszenierungen und Konzerten. Nachdem die Leser sich an einer seiner glanzvoll-boshaften Kritiken erfreut hatten, stellte sich heraus, daß die Aufführung gar nicht stattgefunden hatte. Das war nun doch zuviel. Auf Razumovskys spitze Feder wollte die Zeitung dennoch nicht verzichten: Er wechselte ins politische Ressort. Seinem Nonkonformismus blieb er auch dort treu. Es paßte zu ihm, daß er als erster deutscher Korrespondent aus dem kommunistischen Prag ausgewiesen wurde. Er hatte, ungeachtet der »Wanzen« in seiner Wohnung, kein Hehl aus seiner Verachtung für die roten Machthaber gemacht.

Andreas Razumovsky lud uns zu seiner »Brautsoirée« ins Schloß seines Schwagers in Lich ein. Wir erlebten eine Mischung aus Tradition und unbeschwertem Umgang mit

Formen. Frankfurter und Wiener Professoren und Kommilitonen waren dort ebenso eingeladen wie die weitverzweigte Familie aus hessischem oder österreichischem Adel. Mit seiner klugen Frau Dorothea, Adorno-Schülerin wie ihr Mann, verband uns bald eine herzliche Freundschaft, die auch ihre engere Familie Solms einschloß.

Wer uns besuchte, erwartete keine kulinarischen Genüsse (hoffe ich jedenfalls!). Eine Suppe und Käsebrote – selten habe ich mich mehr angestrengt. Eine passionierte Hausfrau bin ich nie gewesen. Zu meinem Glück habe ich immer jemanden gefunden, der mir das tägliche Einerlei abgenommen hat. »Unsere« Frau Hornauer ist jetzt seit fast vierzig Jahren bei uns. Ich darf mit Recht »unsere« sagen. Sie gehört zu uns, Haus und Garten sind ihr Reich, in dem sie selbständig für Ordnung sorgt.

Ich lebte ein Doppelleben. Nur zu einem Teil fühlte ich mich allmählich in dieser für mich neuen, faszinierenden Welt zu Hause. Die andere Hälfte war auf dem Fuchsberg bei den Kindern geblieben. Ich schrieb ihnen fast täglich am Vormittag. Drei dicke Aktenordner sind gefüllt mit meiner Korrespondenz an die Söhne, eng getippt in Perlschrift auf dünnem blauem oder gelbem Durchschlagpapier. Ich wollte die Kinder teilhaben lassen an dem, was ich erlebte, und selber aus der Ferne teilnehmen an ihrem Leben. Oft waren meine Briefe penetrant pädagogisch; viel zu oft habe ich leider auch über meine Krankheiten geklagt (ich litt unter psychosomatischen Störungen). Immer war mir schmerzlich bewußt, daß ich die Kinder durch meine Mitteilungen – wenn sie ihnen überhaupt ausgehändigt wurden – kaum erreichen konnte. Ich wußte, daß Hans-Conrad, aber auch die Hausdame ein sehr negatives Bild von mir malten, gegen das Briefe, und seien sie noch so liebevoll und zahlreich, wenig ausrichten konnten.

Als meine Söhne erwachsen waren, behaupteten sie, unsere Beziehung hätte sich erst, nachdem ich fort war und diese Briefe schrieb, entwickelt. Ich bezweifle das. Aber merkwürdig ist – und es gibt mir auch zu denken –, daß sie sich so wenig an ihre frühe Kindheit und unser Zusammenleben in Meckelfeld und auf dem Fuchsberg erinnern können, während mir all diese vertrauten Szenen des intensiven gemeinsamen Alltags vor Augen stehen, vom Anziehen am Morgen bis zur Gutenachtzeremonie.

Die Briefe waren für mich die einzige Möglichkeit, die Verbindung nicht abreißen zu lassen. Wenn ich längere Zeit keine Antwort bekam, schickte ich frankierte Postkarten mit Fragen, nach der Schule, den Freunden, Pferden und Hunden, dem Musikunterricht, der Fußballmannschaft und was die Söhne sonst noch beschäftigte. Meist antworteten sie prompt. Manchmal aber stellten sie auch lustlos und ehrlich fest, daß meine Fragen »doof« seien. Ich konnte sie verstehen, auch wenn es mir weh tat.

Telefonanrufe, fand Hans-Conrad, seien eine lästige Störung; er verbat sie sich. Nicht selten hatte er an meinen Briefen, die er als erster öffnete, etwas auszusetzen und gab sie den Kindern gar nicht erst weiter. Ich schrieb also vorsichtig und wußte, daß auch die Söhne nicht unbefangen antworten konnten.

Lange Briefe schrieb ich auch an die Großmütter; sie antworteten meistens ebenso ausführlich. Sie wußten, daß ich sehnlichst auf Nachrichten über die Kinder wartete. Eine seltsame Beziehung entwickelte sich zwischen den Großmüttern und mir. Sie hatten es aufgegeben, mir Vorwürfe zu machen. Ich hatte sie zwar zutiefst enttäuscht, aber sie liebten mich trotzdem – das versicherten sie mir jedenfalls immer wieder –, stellten jedoch gleichzeitig klar, daß sie mich bei meinen wiederholten Bemühungen, das Sorgerecht für meine Söhne zu erstreiten, nicht unterstützen würden. Wir gingen vorsichtig miteinander um, sorgsam darauf bedacht, daß die verbliebenen dünnen Fäden unserer Verbundenheit nicht rissen. Ich schickte ihnen auch meine ersten Zeitungsartikel und erhielt immer postwendend ein lobendes, manchmal auch kritisches Echo.

Die Hoffnung, daß die Kinder nach einiger Zeit zu uns kommen würden, habe ich nie aufgegeben. Doch nicht selten waren die Zweifel übermächtig, ob ich es jemals schaffen würde, meinen Söhnen ein neues Zuhause in Bad Homburg zu schaffen.

Aus Unsicherheit oder weil die psychische Belastung so groß war – ich weiß nicht, wie viele Tage und Nächte ich heulend verbracht habe –, begann ich plötzlich zu stottern. Eine Sprachlehrerin in Frankfurt, die auch Schauspieler und Sänger unterrichtete, half mir in wenigen Stunden, indem sie mir eine neue Atemtechnik beibrachte. Ich übte auch, ohne mich zu verhaspeln, Zungenbrecher schnell aufzusagen wie: »Fischfrevler Franz fing frech vorm Flußfall fette Fünffingerfische.« Nach der erfolgreichen Therapie bewarb ich mich beim Hessischen Rundfunk als Sprecherin für literaturkritische Texte. Die Stelle war gerade ausgeschrieben worden. Ich nahm jede Möglichkeit wahr, Geld zu verdienen.

Ich sollte innerhalb einer regelmäßigen Nachmittagssendung für Buchkritik Sammelbesprechungen von Taschenbüchern vorlesen. Meine Stimme sei intelligent, hatte der Regisseur, der mich engagierte, befunden. Ich fand die Texte nicht gut und fragte nach der dritten Sendefolge, ob ich selber einmal über einige ausgewählte Bücher schreiben dürfe. Der Versuch gelang; ich schrieb nun regelmäßig Kritiken über Taschenbücher und las die Texte selbst. So verdiente ich mein erstes Rundfunkgeld und lernte das Kritikerhandwerk. Die Buchkritik im Rundfunk blieb allerdings nur eine Episode, als Frau eines Redakteurs sollte ich besser auf diesen Nebenverdienst verzichten, wurde mir nahegelegt.

Geld zu verdienen war mir wichtig. Die Ferien mit den

Kindern waren immer teuer. Hans-Conrad verlangte, daß die Söhne nicht in unser Haus kämen und Adolf nicht begegnen dürften. Ich ging darauf ein, um außer den gerichtlich festgelegten zwei Wochen im Jahr möglichst viel zusätzliche Zeit mit den Kindern verbringen zu können. Aber nun mußte ich für jedes Treffen und alle Ferienwochen immer Hotelzimmer oder Wohnungen mieten. Für meine Söhne lebte ich deshalb noch immer in einem Niemandsland, von dem sie keine Vorstellung hatten. Der Abschied nach solchen gemeinsamen Wochen und Tagen war jedesmal herzzerreißend, für die Kinder wie für mich.

Adolf fühlte sich zu Recht ausgeschlossen; für ihn war dieser aufgezwungene Kompromiß eigentlich unzumutbar. Auf diese Weise konnte sich kein vertrautes, selbstverständliches Verhältnis zwischen ihm und meinen Söhnen entwickeln. Er ertrug es mir zuliebe, wie er meine zeitweise Traurigkeit und überhaupt meine Zerrissenheit mit großer Geduld hinnahm.

1958, im ersten Sommer nach meiner Trennung von Hans-Conrad, war ich mit den Kindern in Nordwijk. Eine Schulfreundin verbrachte dort zufällig auch die Ferien mit ihren drei Kindern. Sieben Wochen waren wir zusammen (verlängert durch einen Klinikaufenthalt von Jürgen, dessen Blinddarm in Leyden operiert werden mußte), eine ganz intensiv erlebte, fast ungetrübte Zeit.

Ferienmutter zu sein ist natürlich ein Ausnahmezustand. Es fallen die alltäglichen Reibereien fort. Man entdeckt gemeinsam Neues und hat unbegrenzt Zeit füreinander. Ich habe mich in diesen Wochen immer um einen Idealzustand von Harmonie und Zuwendung bemüht. Das unaufschiebbare Ende blieb allerdings eine allgegenwärtig spürbare Belastung.

Im darauffolgenden Sommer hatte ich ein altes, bemaltes Bauernhaus im Chiemgau gemietet. An die riesigen, behaarten Spinnen, die wir nicht stören durften und die unsere schrullige Vermieterin sogar regelmäßig liebevoll streichelte, mußten wir uns allerdings erst gewöhnen; überall in den Ecken hingen ihre staubigen Netze, vor denen wir uns ekelten. Wir fuhren jeden Tag zum Schwimmen an den Siemsee oder an den Chiemsee. Bei Regenwetter gingen wir in Münchener Museen und ins Kino. Ich stopfte immer soviel wie möglich – und sicherlich oft zu viel – in die kostbaren Tage hinein.

Wir besuchten auch Onkel Friedrich in Österreich. Er freute sich, daß wir ihm halfen, mit seiner selbstgebastelten Presse Beton-Dachpfannen für seinen Meierhof herzustellen. Nachdem er das Schloß und den größten Teil des Gutes verloren hatte, versuchte er jetzt von früh bis spät, wenigstens den Meierhof samt Käserei zu erhalten. Er machte alles selbst; er mauerte und besserte aus oder brachte den uralten Traktor wieder in Gang. Ungeschickt turnte er auf dem schadhaften Dach herum. Selten habe ich jemanden so schwer arbeiten gesehen. Außer der treuen Elsbeth aus Hennersdorf, die früher Haushälterin bei Großmutter Amaly gewesen war, half ihm niemand.

Zweimal überließ mir der »Handelsblatt«-Verleger für die Sommerferien sein schönes Haus, eine alte Ölmühle, oberhalb von Magadino am Lago Maggiore. Mit Hubertus und Jürgen fuhr ich auf Umwegen ins Tessin. Ich zeigte ihnen vorher Heidelberg, Straßburg und Colmar. Wir zelteten am Genfer See, was auch für mich neu und abenteuerlich war.

Constantin hatte in seinem hessischen Internat später Ferien und kam mit dem Zug nach. Er brachte in einem großen Sack ein Schlauchboot mit, das ich bestellt, aber nicht rechtzeitig vor unserer Abreise erhalten hatte. Fast täglich ruderten wir nun zu einer sandigen Insel in der Mündung des Ticino. Das Wasser dort war zwar eisig, aber wir hatten Platz zum Ballspielen und konnten mit angeschwemmtem Holz sogar ein Feuer machen und Würstchen grillen.

Am 13. August 1961, als Ulbricht in Berlin die Mauer

bauen ließ und die Gefahr eines Krieges bedrohlich wurde, genossen wir gerade unbeschwerte Ferien im Tessin. Fast fünfzigtausend Menschen waren im Monat zuvor, solange es noch möglich war, von Ost-Berlin in den Westen geflohen. Ein Aderlaß, der die Wirtschaft und das Geistesleben der DDR empfindlich beeinträchtigte.

Wir wagten kaum, aus dem Haus zu gehen, um die Nachrichten nicht zu verpassen. Ich begann bereits die Koffer zu packen. Ich rechnete mit dem Schlimmsten. Zwar hatte es schon mehrmals Krisen gegeben, die das empfindliche Gleichgewicht zwischen den Großmächten ins Wanken gebracht hatten – die Berliner Blockade, der Koreakrieg oder der ungarische Volksaufstand –, doch diesmal waren auf deutschem Boden Schüsse gefallen. Die willkürliche Teilung des Landes war lebensbedrohlich geworden.

Der Protest der westlichen Alliierten blieb wirkungslos. Wie machtlos die Bundesregierung war, zeigte sich von neuem. Die DDR feierte den Bau der Mauer als »Sieg des sozialistischen Lagers«. »Antifaschistischer Schutzwall« hieß die Sprachregelung in Ost-Berlin. Daß die Deutschlandpolitik der Adenauer-Regierung gescheitert, eine Wiedervereinigung also in weite Ferne gerückt war, wurde nun deutlich.

Auf unseren Fahrten besichtigten wir – oft, bis die Kinder streikten – Kirchen, Museen und alle Sehenswürdigkeiten, die der Reiseführer verzeichnete. »Muß das sein?« stöhnten meine Söhne manchmal und ließen mich die Fresken oder Flügelaltäre in Dorfkirchen allein betrachten. Zum Glück gab es meistens in der Nähe eine Eisdiele. Mit meinem Bildungseifer, den ich auf die Kindern übertragen wollte, habe ich sie oft überfordert und dadurch das Gegenteil erreicht: Bildungsmuffelei, ja absolute Verweigerung. Sicherlich habe ich da etwas falsch gemacht. Die Ablehnung war allerdings nicht von Dauer.

Die Ferien waren zwar ungetrübt von Alltagsreibereien,

aber natürlich mußte ich die Selbstverständlichkeit zwischen uns immer wieder von neuem aufbauen und war glücklich über jeden Vertrauensbeweis. Mein ältester Sohn Constantin war der erste, der eines Tages sagte, er könne verstehen, daß ich vom Fuchsberg in Rönneburg geflohen sei. »Du wärst da kaputtgegangen.«

Das erste Weihnachtsfest ohne meine Kinder war für mich am schlimmsten. Ich hatte für sie eine Pferdegeschichte geschrieben. Sie handelte von der Flucht im Winter 1945 und den Nachkriegsjahren in Schleswig-Holstein. Mein erstes Buch. Ich hatte es sorgfältig binden lassen. Nicht nur meine getuschten Illustrationen waren reichlich naiv. Die Geschichte eines zwölfjährigen Jungen, der für seine kränkelnde Mutter und die kleine Schwester Geld verdient, indem er für einen Bäcker Brot und Brötchen ausfährt und damit auch noch die beiden geliebten geretteten Pferde durchfüttern kann, ist hochmoralisch. Die Guten und die Bösen sind klar zu erkennen. Natürlich siegt das Gute: Der Junge gewinnt am Schluß mit seinem Pferd ein Rennen, die Mutter bekommt eine Stelle als Lehrerin, der vermißte Vater kehrt aus der Gefangenschaft zurück, die Diskriminierung hört auf, und eine größere Wohnung ist auch in Sicht.

Ein Echo auf dieses Werk habe ich nie erhalten.

Adolf und ich flohen an diesem ersten Weihnachten bis nach Sizilien. In einer geschützten Bucht konnten wir in den ersten Tagen sogar noch baden. Doch auch in Taormina, beim Tee im Kloster San Domenico, überfiel mich heulendes Elend, und alle Sehenswürdigkeiten, Agrigent und Palermo eingeschlossen, nahm ich nur durch einen Tränenschleier wahr.

Auf dem Hinweg hatten wir in Rom Adolfs Schulfreund Gustav René Hocke besucht, der neben seinem journalistischen Brotberuf an seinem großen Werk über den Manierismus arbeitete und uns die gestapelten Kästen zeigte, in denen er die Illustrationen dafür aufbewahrte.

Im Café Greco, dem ältesten Café Roms, trafen wir Hermann Kesten. Klein und zerknittert saß er auf einer mit rotem Samt bezogenen Eckbank vor einem Marmortischchen, auf dem zwischen den Manuskriptseiten Aschenbecher und Espressotasse kaum Platz fanden. Höflich forderte er uns zum Hinsetzen auf. Doch wir störten, das war ihm anzumerken. Das Greco war sein Arbeitszimmer, der frühe Nachmittag seine beste Arbeitszeit. Wenig später wurde er Präsident des Deutschen P.E.N.-Clubs und zog nach München um.

Wir besuchten auch Hansjakob Stehle, der als Journalist für die »Frankfurter Allgemeine« die besten Berichte aus Polen geliefert hatte und nun römischer Korrespondent für »Die Zeit« und den Rundfunk war. Seine hochherrschaftliche Marmorwohnung in der Nähe des Pincio war so groß, daß sein kleiner Sohn mit seinem Spielzeugauto Rennen durch Zimmerfluchten und Flure veranstaltete. Auch sein Freund Hocke residierte sehr prächtig. »Korrespondent in Rom«, meinte Adolf, »das scheint ein fürstlicher Posten für einen Journalisten zu sein.« – »Aber du müßtest dann auch vor dem Papst knien«, gab ich zu bedenken.

Die Wirtin unserer Pension in der Nähe der Spanischen Treppe erwartete uns pünktlich zur Cena, zum Abendbrot. Wir saßen nicht allein mit ihr am runden Tisch: Zwei Boxer-Rüden hatten artig auf den Stühlen uns gegenüber Platz genommen. Nachdem ihre Herrin ihnen Servietten um den Hals gebunden hatte, schlangen sie, schneller als wir, die Spaghetti aus tiefen Tellern. Das strenge Gesicht ihrer Besitzerin verbot uns das Lachen.

Drei Jahre nach unserer Scheidung heiratete Hans-Conrad zum zweiten Mal. Er hatte nun kein Interesse mehr, den Kontakt zwischen den Kindern und mir auf das knappste zu beschränken. Damit wurde manches leichter. Ich machte mir Hoffnung, daß zumindest die beiden jüngeren Söhne ganz zu uns kommen würden, und nahm wieder Kontakt zum Vormundschaftsgericht auf. »Irgendwann müssen die Zustände doch mal normal werden«, schrieb Constantin, der inzwischen auf eigenen Wunsch im Internat war. Er wünschte sich, »daß alles wieder friedlich wird«.

Es hat allerdings noch lange gedauert, bis sich die Spannung lockerte. Hans-Conrad und ich waren uns zuerst auf Beerdigungen nächster Verwandter begegnet. Zu seinem siebzigsten Geburtstag lud er mich aber feierlich nach Rönneburg ein. Da war auch seine zweite Ehe gescheitert. Er war krank und ziemlich einsam. Doch sein Geburtstag sollte noch einmal als großes Familienfest begangen werden.

In seinen letzten Lebensjahren, die er pflegebedürftig im Haus unseres ältesten Sohnes Constantin verbrachte, habe ich ihn oft gesehen. Er freute sich, wenn ich kam. Er habe Fehler gemacht, gab er zu. Er wollte mit mir seinen Frieden schließen. Er erinnerte sich gern an unsere gemeinsamen Jahre. Als er im Herbst 1987 starb, war ich gerade zu einem Wochenendbesuch angekommen.

Ich muß noch einmal zurückgehen in die Anfangszeit meines Lebens mit Adolf Frisé in Bad Homburg. Constantin war unterdes im Internat in Hemmelmark bei Rendsburg. Doch er war dort sehr unglücklich. »Sprich doch bitte mit Vater!« schrieb er. »Viele Grüße sendet Dein immer treu bleibender Constantin.« Regelmäßig fügte er seinen Briefen eine Liste bei mit seinen Wünschen für das nächste Freßpaket: Nescafé, Schokolade, Nüsse, Brühwürfel, Würstchen, Edamer »und, auch wenn Du das nicht gut findest: ein Päckchen Zigaretten«.

Die Internatsschüler mußten in das überfüllte Gymnasium in Rendsburg gehen. In Constantins Klasse waren dreiundvierzig Schüler. Blaß und wie ein verschüchterter Osterhase, sagte seine wohlmeinende Klassenlehrerin, säße Constantin auf der hintersten Schulbank. Er sei verstört, daher seine schlechten Zensuren. Sie kannte die Verhältnisse in Hemmelmark; ich solle Constantin unbedingt aus dem Internat herausnehmen, riet sie.

Nach mehrfachen Telefongesprächen und nachdrücklichen Briefen, in denen ich auch die drakonischen, demütigenden Strafen für kleinste Vergehen im Internat erwähnte – Stockschläge auf das nackte Hinterteil (im Jahr 1958!) –, erreichte ich, daß Constantin in das liberale Hermann-Lietz-Landschulheim in Bieberstein bei Fulda wechseln durfte. Dort gewöhnte er sich schnell ein und bekam endlich wieder gute Noten. Seine musikalische Begabung wurde gefördert. Bald spielte er auch mit seiner Klarinette oder auf dem Klavier in einer Jazzband, die nicht nur im Internat, sondern gelegentlich auch in Fulda in einem Kellerlokal auftreten durfte.

Am Wochenende konnten wir uns nun öfter in Bieberstein sehen. Auf den einsamen schmalen Straßen der Rhön lernte Constantin Autofahren – mit vierzehn! Mein Auto hat es gut überstanden. Er war der erste meiner Söhne, der zu Besuch, auch zu Wochenendbesuchen, in unser kleines Haus in Bad Homburg kam.

Die letzten Schuljahre bis zum Abitur verbrachte er auf Spiekeroog, wo die Oberstufe der Lietzer schon ziemlich viele Freiheiten genoß. Constantin vertrat den kranken Insel-Organisten, studierte mit seinem Lehrer ein Klavierkonzert von Brahms als Abschlußarbeit ein und hatte Zeit genug für seine Jazzband. Er hat die Internatszeit in bester Erinnerung.

Hemmelmark behielt für mich trotz Constantins schlechten Erfahrungen eine Bedeutung: Ich schrieb einen Bericht über meine zwiespältigen Gefühle bei einem Elternbesuchstag dort, zeichnete wie immer mit meinem Mädchennamen, unter dem mich kaum jemand kannte, und sandte das Manuskript an die »Frankfurter Allgemeine«. Zum ersten Mal schickte ich einen Text weg, ohne ihn vorher Adolf zu zeigen. Mein Beitrag erschien unverändert gleich am nächsten Samstag in der Kupfertiefdruck-Beilage »Bilder und Zeiten«. Es war mein erster ganz und gar selbständiger Schritt als Journalistin.

Helene Rahms, die verantwortliche Redakteurin für die Seite »Die Frau«, fragte sogleich, »wer sind Sie, und was machen Sie? Könnten wir weitere Beiträge verabreden?« Ich schlug daraufhin ein Dutzend neue Artikel vor, ordentlich angekündigt mit Haupttitel und Unterzeile. Fast alle – meist waren es soziale Themen – habe ich dann nach und nach für die Zeitung geschrieben. So erfreulich begann meine Mitarbeit bei der »Frankfurter Allgemeinen«.

Nachdem 1958 mein erster Beitrag für diese Zeitung so gut aufgenommen worden war, brachte ich meinen zweiten, eine Reportage über die Misere in Altersheimen, gleich selber in die Redaktion. Ich wollte die Redakteure kennenlernen. Damals hausten sie noch in drangvoller Enge in dem alten Haus in der Börsenstraße, im Herzen von Frankfurt. Die Flure waren vollgestellt mit Aktenschränken und Regalen; einige Journalisten hatten sich dazwischen provisorische, ziemlich lichtlose Arbeitsplätze eingerichtet.

Den Umzug in das zehnstöckige Gebäude in der öden Mainzer Landstraße mit ihren Reifenlagern und Geschäften für Gebrauchtfahrzeuge haben trotzdem viele Redakteure bedauert. Denn nun war es vorbei mit den reizvollen Verabredungen in den wenige Schritte entfernten kleinen Lokalen der Freßgasse oder anderswo rund um die Frankfurter Hauptwache. Dafür war die Sozietätsdruckerei, wo die Zeitung hergestellt wurde, nebenan, und Platz gab es natürlich auch in dem neuen, phantasielosen, blau verblendeten Bau. Die Architekturkritiker und Ästheten der Zeitung empfanden ihn immer geradezu als persönliche Kränkung: Man hatte sie bei der Planung nicht hinzugezogen.

Ende der fünfziger Jahre, als ich mit der freien Mitarbeit bei der »Frankfurter Allgemeinen« begann, waren die

Chancen dafür sehr günstig. Gut schreibende Journalisten waren rar. Die noch kleine Redaktion bestand aus hochqualifizierten Spezialisten, die gerne Beiträge mit »Freien« verabredeten. Ich kam schon nach meinem ersten Besuch mit drei, vier Aufträgen, sogar aus anderen Ressorts, zurück. Man versicherte mir auch, man würde mich anrufen, wenn sich kurzfristig Dringliches anböte. Ich hatte also Arbeit genug, und da die meisten meiner Artikel für die »Frankfurter Allgemeine« von anderen Zeitungen in der Provinz nachgedruckt oder von Rundfunkstationen gesendet wurden, kam ich auch mit den damals sehr bescheidenen Honoraren auf meine Kosten.

Man traute mir viel zu. So wurde ich zum Münchener Fasching geschickt, feierte drei Tage lang als »Fair Lady« im eigenen weißen Abendkleid, aber mit einem ausgeliehenen riesigen, schwarzen Hut mit und lieferte anschließend, ohne viel zu schlafen, meinen Bericht ab. Zu den originellsten exklusiven Festen brachten mich gut informierte Taxifahrer. Sie besorgten mir auch die begehrten Eintrittskarten. Anschließend konnte ich mich im Swimmingpool des »Bayrischen Hofes« erholen und mich obendrein mit aktuellem Klatsch versorgen, den ein Münchner Gesellschaftsreporter dort lauthals zum besten gab.

Seltsam, bei solchen Veranstaltungen verlor ich meine Schüchternheit ganz und gar. Das Amüsement im Auftrag der Zeitung gelang mir mühelos. Mit dieser Absicherung im Rücken mokierte ich mich über den Debütantenball im Wiesbadener Kurhaus, besuchte das Pferderennen in Iffetzheim oder einen Rednerkurs am Starnberger See.

Aber insgesamt waren »Spaßthemen« sehr selten, und anderes war mir auch viel wichtiger. Als Amnesty International den Friedensnobelpreis erhielt, schrieb ich für »Bilder und Zeiten« in konzentrierten Nachtstunden die Laudatio. Es war eine Ausnahme, ich nahm mir gewöhnlich viel Zeit und tüftelte lange an meinen Texten herum.

Daß ich unabhängig von Adolfs Korrekturen wurde, war längst fällig. Drei Jahre Lehrzeit waren genug. Adolf war zudem neben seiner Tätigkeit beim Rundfunk mehr und mehr von seiner Arbeit als Musil-Herausgeber okkupiert. Zwei Emigranten, die in England lebten, hatten seine Edition angegriffen, sie wurden zwar widerlegt, doch Adolf nützte nun die Möglichkeit zu einer fälligen revidierten und wesentlich erweiterten Neuausgabe der Werke Musils. Für Reisen, Theater und Geselligkeit – und schließlich auch für mich – blieb kaum noch Zeit.

Jede freie Minute opferte Adolf dem schwierigen Nachlaß, den er in Rom ungeordnet in mehreren Kisten in der Wohnung von Musils Stiefsohn vorgefunden hatte. Ich hatte oft den Eindruck, daß er wie Sisyphus seinen Musil-Felsbrocken immer wieder hochstemmen mußte. Was andere Editoren mit Hilfe eines großen universitären Mitarbeiterstabs bewältigen, schaffte Adolf in jahrzehntelanger Nachtarbeit, neben der Tätigkeit im Rundfunk, weitgehend im Alleingang.

Die intensive Editionsarbeit und der damit verbundene Termindruck veränderten unser Leben. An einen gemeinsamen Urlaub war gar nicht mehr zu denken, und nur noch äußerst selten konnten wir gemeinsame berufliche Reisen planen. Wir hatten beide einfach zu viel zu tun. Eigentlich waren wir immer zwischen Terminen eingespannt. Notgedrungen gewöhnte ich mich an diesen manchmal mehr als anstrengenden Zustand.

Wenn die Kinder zu Besuch kamen – jetzt hinderte sie der Vater nicht mehr –, ließ ich stets alles andere stehen und liegen. Doch auch sie mußten Rücksicht nehmen: kein Lärm, keine Musik; außer zu den Mahlzeiten sahen sie Adolf oft gar nicht. Daß sie für ihn und seine Arbeit viel Verständnis aufgebracht hätten, wäre zuviel verlangt gewesen. Sie erlebten ihn als Musil-Mönch, der Abend für Abend in seiner Klause saß und nicht abgelenkt oder gestört werden wollte. Manchmal zweifelte ich, daß es für die Kinder die bessere Lösung gewesen wäre, wenn sie gleich nach meiner Scheidung zu uns gekommen wären.

Ich wurde selbständig. Meine Texte zeigte ich Adolf jetzt immer erst, wenn sie gedruckt worden waren. Selten hatte er etwas daran auszusetzen. Meist waren es Themen, die ihn nicht besonders interessierten, doch er lobte mich regelmäßig wie ein Lehrer seine Musterschülerin.

Ich unternahm nun vieles allein. So verschaffte ich mir Eintritt zum Auschwitz-Prozeß (1963–1966), der jetzt, nachdem er jahrelang im Frankfurter Römer verhandelt worden war, im Bürgerhaus des Gallusviertels, nicht weit von der »Frankfurter Allgemeinen«, fortgesetzt wurde. In dem dürftig beleuchteten Saal saßen die Zeugen und Opfer zusammengesunken auf ihren Stühlen. Leise und unsicher antworteten sie auf die überlauten Fragen der Richter und Staatsanwälte. Oft konnten sie sich schlecht oder gar nicht erinnern, wie es in den Baracken ausgesehen hatte, aus denen sie jeden Morgen die Toten hinaustragen mußten, die Hunger, Mißhandlungen und Strapazen nicht überstanden hatten. Die Anhörung glich nicht selten einem Verhör. Ich fand es empörend, wie die insistierenden Fragesteller die Zeugen bedrängten und allein durch den Tonfall ihrer Fragen einschüchterten.

Ein paar Jahre später war ich in Auschwitz. Ich begleitete meinen ältesten Sohn, der einen Kleintransporter mit Medikamenten, Lebensmitteln und anderen Hilfsgütern – alles Spenden für bedürftige Deutsche in Nieder- und Oberschlesien – vollgeladen hatte. Wir wollten auch Krakau besichtigen. Auf der Strecke von Gleiwitz dorthin bogen wir in Richtung Auschwitz ab. Es war alles so, wie ich es von Bildern kannte, und doch wurde erst jetzt das, was hier geschehen war, für mich zur furchtbaren Realität. Schweigend blieben wir vor der schwarzen Mauer stehen, wo die Erschießungen stattgefunden hatten, sahen in einer der Baracken die Haufen von Haaren, Brillen und Schuhen und im engen Korridor die vergrößerten Paßbilder von kahlgeschorenen Häftlingen, deren aufgerissene Augen uns aus den abgezehrten Gesichtern in unendlicher Trauer anblickten.

Ich konnte die ehemaligen Häftlinge verstehen, die in Frankfurt unfähig waren, ruhig und gefaßt über ihr Überleben in Auschwitz Zeugnis abzulegen.

1964 waren Adolf und ich zum ersten Mal als Journalisten Konkurrenten. Wir folgten einer Einladung nach Moskau und Leningrad, wohin man damals nur mit größten Schwierigkeiten reisen konnte. Ich beschränkte mich auf Randthemen für »Bilder und Zeiten«, wie Kindertheater, Frauen in Männerberufen, Studentenwohnheime, und überließ Adolf die Berichte über Begegnungen im Kreml, beim Obersten Sowjet oder beim Leningrader Bürgermeister, die er ebenfalls in der »Frankfurter Allgemeinen« veröffentlichte. Einmal waren wir beide gleichzeitig in der Wochenausgabe »Bilder und Zeiten« abgedruckt.

Die deutsch-sowjetische Friedensgesellschaft, die uns eingeladen hatte, war uns nicht recht geheuer, doch unsere kleine Reisegruppe war über jeden Verdacht kryptokommunistischer Neigungen erhaben. Gustav Heinemann und Eugen Kogon gehörten dazu, aber auch die Übersetzerin Hedy Pross, Kirchenmänner, der Rechtsanwalt Heinrich Hannover mit seiner Frau, Horst Krüger und die Witwe eines russischen Komponisten, die ihre Honorarforderungen durchsetzen wollte.

Heinemann war als Innenminister zurückgetreten, wurde aber bald darauf Bundesminister für Justiz und 1969 für fünf Jahre Bundespräsident. Durch seine Kontakte zur Ostkirche öffneten sich für uns nicht nur im Kloster Zagorsk Türen, die sonst Touristen, aber auch Journalisten aus dem Westen verschlossen blieben. Die deutschen Moskau-Korrespondenten beneideten uns.

Auch von Eugen Kogons Kontakten profitierten wir. Als Herausgeber der »Frankfurter Hefte« und Autor des ersten Buches über das Konzentrationslager Buchenwald, »Der SS-Staat«, aber auch als Präsident des »Zentralkomitees der Union europäischer Föderalisten« hatte er in Moskau Freunde. Wir wurden wie eine hochwillkommene Delegation aus dem Westen behandelt.

Das Hotel »Metropol« am Platz der Revolution, gleich neben dem Roten Platz gelegen, empfing uns mit der vergilbten Pracht des Jugendstils. Aus unserem Fenster konnten wir die dunklen Gefängnismauern des Lubjanka-Blocks erkennen. Auf dem langen Flur bewachte eine korpulente ältere Frau im weißen Kittel unsere Zimmerschlüssel. Ich war versucht, ihr vorwurfsvoll die beiden Kakerlaken zu zeigen, die ich im Badezimmer gefangen hatte. Aber dann spülte ich sie doch mit dem spärlichen Wasser hinunter, das aus den verkalkten Rohren rann. Das Hotel hatte bessere Zeiten gesehen. Im palmengeschmückten Speisesaal sollen sich zur Zarenzeit wohlhabende Kaufleute an leichtbekleideten Mädchen erfreut haben.

Auf dem Roten Platz mußten wir uns nicht in die lange Schlange einreihen, die geduldig wartete, um im kaum erhellten Mausoleum an Lenins wächserner Mumie vorbeizudefilieren. Wir waren besondere Gäste, und niemand in der Schlange murrte, als wir an die Spitze geleitet und sofort eingelassen wurden. Ich war erstaunt über die immer noch fast religiöse Verehrung für den Revolutionär.

In der Lomonossow-Universität auf den Sperlingsbergen war davon nichts zu spüren. Die Studenten dort hausten zu sechst in den engen Zimmern des Wohnheims. Sie fühlten sich trotzdem privilegiert gegenüber ihren Altersgenossen, die auf dem Universitätsgelände kein Unterkommen gefunden hatten und deshalb täglich bis zu fünf Stunden und länger in Vorortzügen verbringen mußten, um hier studieren zu können.

In Moskau erlebten wir so etwas wie Tauwetter in der letzten Phase der Chruschtschow-Zeit. Germanistik-Studenten lasen »Stern« und »Spiegel« und waren durch die

Deutsche Welle wohlinformiert über die Verhältnisse in der Bundesrepublik. Im überfüllten Hörsaal der alten Universität im Herzen der Stadt, wo Adolf einen spontan anberaumten Vortrag über Robert Musil und die zeitgenössische Literatur hielt und anschließend mit den jungen Zuhörern diskutierte, war von einer Beschränkung der Gedankenfreiheit nichts zu spüren. Es würde besser werden, das hofften alle, selbst der vorsichtige Korrespondent der »Frankfurter Allgemeinen«, Hermann Poerzgen, der seit Jahrzehnten in Moskau lebte.

Nur Lew Kopelew, der uns am nächsten Morgen nach dem Frühstück im Hotel zu einem Rundgang durch Moskau abholte, blieb skeptisch. Er war erst wenige Wochen zuvor aus einem sibirischen Arbeitslager entlassen worden. Nach seinem Kriegsbuch »Aufbewahren für alle Zeit«, in dem er auch die Greueltaten von Rotarmisten in Ostpreußen beschrieben hatte, war er zu langjähriger Haft verurteilt worden. Heinrich Böll erreichte wenig später, daß Kopelew, der vorzüglich deutsch sprach, mit seiner Frau Raissa in die Bundesrepublik ausreisen durfte. Er bot ihm auch lange Zeit ein Refugium in seinem Haus an.

Der graubärtige Lew Kopelew war verbittert und wütend. Er machte aus seiner Meinung über die Zustände in seinem Land kein Hehl. Mit wehendem Mantel führte er uns durch die Altstadt Moskaus, aß mit uns in einer Garküche roten Borschtsch und schimpfte mit dröhnender Stimme über das »verkommene System«. »So schnell werden sie mich nicht wieder einsperren«, meinte er, als wir ihn mahnten, vorsichtiger zu sein und vor allem leiser zu reden. Die richtigen Apparatschiks, warnte er, würden wir beim Verband der Sowjetischen Schriftsteller kennenlernen, der im Palast des Fürsten Rostow, den wir aus Tolstois »Krieg und Frieden« kannten, sein prachtvolles Domizil hatte. Dorthin mochte Kopelew uns auf keinen Fall begleiten. Er wollte seinen Denunzianten nicht begegnen.

In Leningrad lernten wir, angekündigt von Kopelew,

Jefim Etkind, den Übersetzer Bertolt Brechts, kennen. Er lud Adolf und mich in seine Zweizimmerwohnung ein, die er mit seiner Frau und zwei Kindern teilte. Er hielt wie seine Frau Vorlesungen an der Universität, doch die beiden Professorengehälter waren so niedrig, daß eine größere Wohnung für die Etkinds unerschwinglich war. Im Sommer zog sich die Familie auf ihre Datscha zurück, erntete Gurken für den Winter – in hohen Tontöpfen standen sie auf allen Schränken – und sammelte im Wald Pilze und Beeren. Wahrscheinlich, meinte Etkind, seien in seiner Wohnung Abhörwanzen angebracht. Es schien ihm nichts auszumachen, er sei ohnehin auf dem Absprung: Er hatte eine Professur in Paris in Aussicht.

So schön die Stadt im silbrigen Septemberlicht war, die breiten Prospekte, die gut restaurierten Fassaden der Paläste und repräsentativen Häuser (hinter denen es allerdings oft sehr trist und verkommen aussah) – am eindrucksvollsten war das endlose Gräberfeld vor der Stadt. Seine Besichtigung gehörte wie auch die Filmvorführung dort über die Blockade Leningrads durch deutsche Truppen im Winter 1941/42, bei der mehr als eine Million Einwohner an Hunger und Krankheiten starben, zu unserem Pflichtprogramm. Danach konnte ich nicht mehr unbefangen Museen besichtigen oder abends Ballett und Theater genießen. Brechts »Arturo Ui« sah ich zum ersten Mal in Leningrad.

Nicht nur, weil ich hoffte, daß meine Söhne jetzt (nach der neuen Ehe ihres Vaters) zu uns kommen würden, suchte ich ein größeres Haus. In unser Hüttchen am Bornberg wollten die Besitzer selbst einziehen. Wir mußten uns also ohnehin nach einer neuen Bleibe umsehen. Doch alles, was uns angeboten wurde, schien uns zu teuer. Beim Spazierengehen entdeckte ich am Rande von Bad Homburg zwei Rohbauten mit Innenhöfen im Bauhaus-Stil. Es waren die beiden ersten von einem Ensemble von elf Flachdach-Häusern, die um einen kleinen Platz herum entstehen sollten. Der junge Architekt erklärte mir seine Idee: Nachbarschaft, vielleicht sogar Geborgenheit auf begrenztem Raum, eine klare architektonische Zuordnung, die Sinn machte. Er plante sogar die Gärten als zaunlose Gesamtanlage nach seinen Vorstellungen. Leider waren sie mit den sehr unterschiedlichen Bauherren nicht zu verwirklichen.

Zwei schmale Grundstücke waren noch frei; und der idealistische Architekt winkte nicht einmal ab, als ich ihm bekannte, wie wenig Geld wir, selbst wenn wir alles zusammenkratzten, zur Verfügung haben würden, die Lebensversicherung, den Bausparvertrag und das Geldgeschenk der Zedlitz-Großmutter aus ihrem Lastenausgleich eingeschlossen.

Ich kaufte mir Millimeterpapier und begann zu zeichnen und zu planen. Von nun an hatten meine Spaziergänge mit Percy nur noch ein einziges Ziel: den Bauplatz »Am Zollstock«, wie die Straße heißt. Von März bis Ende Dezember war ich mit kurzen Unterbrechungen fast ausschließlich damit beschäftigt, »daß aus Mauern ein Haus wird«, so war mein Bericht überschrieben. Zum ersten Mal führte ich ein Tagebuch. Aus meinen Notizen entstand ein Beitrag für die »Frankfurter Allgemeine« über die Nöte und Freuden einer Bauherrin; er ist oft in anderen Zeitungen nachgedruckt worden. Ich hatte zwar schon einmal das große Haus in Rönneburg »mitgebaut«, aber damals kaum eigene Ideen verwirklichen können. Dieses kleine sollte nun tatsächlich »mein« Haus werden.

Es war gar nicht einfach, Adolfs Einverständnis zu erhalten. Er wollte, im Gegensatz zu mir, »kein Besitzbürger« werden und fürchtete die finanziellen Belastungen auf Jahre hinaus. Vor allem konnte er sich nicht vorstellen, auf Dauer seßhaft zu werden, was ich ja gerade mit aller Kraft anstrebte. Er hatte in seinem Leben immer wieder nach wenigen Jahren, manchmal auch nur Monaten

Wohnungen, Standorte und Aufgabenbereiche gewechselt. Das Aus-dem-Koffer-Leben war für ihn nach wie vor das Sinnbild für eine ideale ungebundene Existenz. Er spielte zu gern mit den verschiedensten Möglichkeiten. »Und der Musil-Nachlaß«, erinnerte ich ihn, »wo willst du den denn unterbringen, all die Kisten, Kartons und Aktenordner?«

Er sträubte sich mit Händen und Füßen, Hausherr zu werden, schon gar nicht in so enger Nachbarschaft zu Menschen, die ihm fremd seien und bleiben würden. Eigentlich sei er ein Großstadtmensch (obwohl er in der Kleinstadt Viersen aufgewachsen war), sagte Adolf immer wieder; er brauche das urbane Ambiente. Nur mir zuliebe wolle er sich auf das Abenteuer Hausbau einlassen, jedoch unter der Bedingung, daß unsere künftige monatliche Zinslast nicht höher sein würde als die Miete, die wir bisher zahlen mußten.

Das bedeutete allerdings, daß mein großzügiger Plan für unser Haus empfindlich schrumpfen mußte. Auf dem Millimeterpapier schob ich die Räume zusammen und knapste, wo es irgend ging. Ich wußte genau, was wir uns würden leisten können: Ein Kubikmeter umbauter Raum hatte einen Festpreis, ein Maß, nach dem man die Gesamtkosten ungefähr ausrechnen konnte. Nur keine hohen Schulden machen, hieß die Devise.

Adolf hatte sich einen Arbeitsurlaub geben lassen, den er in Paris verbringen wollte. Endlich weg aus der deutschen Provinz, sagte er, und vermutlich wollte er auch weg von dem bedrohlichen, lehmigen Loch, aus dem unser Haus wachsen sollte. Er erhoffte sich in Paris das richtige Klima, um schreiben und recherchieren zu können. Im Rundfunk glaubte er vorgesorgt zu haben.

Es kam dann aber alles anders: Sein Vertreter versagte, und außerdem wurde ihm der Posten eines Hauptabteilungsleiters beim Hessischen Rundfunk angeboten. So wurde aus dem Arbeitsurlaub nur eine Atempause und ein anregender, viel zu kurzer Aufenthalt in Paris. Adolf brach die kostbare und mühsam erkämpfte Freizeit vorzeitig ab.

Ich hatte mich unterdessen weitgehend allein um den Hausbau gekümmert. Zwischen dem Architekten und mir war ein Kontakt entstanden, der dem zwischen einem Hausarzt und einer chronisch Kranken ähnelte. Wohl dosiert erhielt ich Linderungsspritzen für meine Ungeduld (»nächste Woche bekommen Sie Wasseranschluß« oder »der Estrich wird noch in diesem Monat gegossen«). Nach Hiobsbotschaften wie den um zweitausend Mark überschrittenen Kostenvoranschlag für die sanitären Anlagen hatte er sofort ein Trostpflaster bereit (»dafür wird die Haustür um zwanzig Mark billiger«). Pannen, die ich nicht selbst entdeckte, verschwieg er mir schonend. Daß unser Bauunternehmer, der das billigste Angebot für den Rohbau geliefert hatte, Insolvenz anmeldete und überhaupt eine Katastrophe war, gestand er mir erst, nachdem er als Ersatz eine solide, allerdings auch wesentlich teurere Firma gefunden hatte.

Nie vergaß er Bauherren zu erwähnen, die viel schlimmer dran waren als wir. Einer von ihnen wartete beispielsweise bereits seit zwei Jahren auf den Einzug ins eigene Heim. Bauämter und andere böse Behörden lauerten darauf, auch uns und unserem Architekten das Leben schwer zu machen. Es blieb mir gar nichts anderes übrig, als blindes Vertrauen zu unserem genialen und sympathischen Baukünstler zu entwickeln, der zwanzigstöckige Bürotürme und ganze Stadtteile plante und trotzdem keinen weißen Porsche fuhr, sondern einen simplen grauen Volkswagen.

Als endlich die Mauern hochgezogen waren und ein stabiles Dach – sieben Schichten unter der Dachpappe – vor Sturm und Regen schützte, gab es neue Aufgaben für mich: Morgens kochte ich Kaffee für alle am Bau, mittags sorgte ich für Bier und Zigaretten, und am Nachmittag, wenn die Handwerker das Feld geräumt hatten, durfte ich auskehren. Täglich mindestens zwei Schubkarren Abfall gaben mir das Gefühl, nützlich gewesen und dem Einzugstermin ein Stückchen näher gekommen zu sein.

Manchmal sah es allerdings so aus, als wollten sich die Handwerker in unserem Rohbau gemütlich für den Winter einrichten. Getrennt nach jeweiliger Zunftzugehörigkeit, hatten sie sich in verschiedenen Ecken breitgemacht, saßen in den Pausen auf umgedrehten leeren Eimern, lasen die »BILD-Zeitung« und wollten nicht gestört werden.

Dagegen half nur eins: Ich zog einfach ein. Die Fenster waren immerhin schon eingesetzt, doch außer dem Bretterprovisorium am Eingang gab es keine Türen. Der Teppichboden fehlte auch noch. Im Schutz von vierzig Bücherkartons schlug ich mein Bett auf rohem Beton auf. Unseren bescheidenen Hausrat stapelte ich in einem einzigen Zimmer.

Handwerker müsse man hinauswohnen, hatte mir eine Freundin geraten. Das nahm ich wortwörtlich. Wir wurden eine fast harmonische Baufamilie. Ich leistete Handlangerdienste, holte auch mal vergessenes Gerät herbei, hörte mir die verschiedenen Klagen und Verdächtigungen an, schlichtete Streit, telefonierte und versuchte zu koordinieren und zu verhindern, daß die eine Zunft die andere allzusehr bei der Arbeit behinderte.

Bei den Malern fühlte ich mich am wohlsten. Bald konnte ich den Pinsel in der vorschriftsmäßigen Schräglage halten. Daß meine Streichkünste nicht makellos waren, nahmen die Maler nach anfänglichem Spott achselzuckend hin. Sie rührten mir die Farbe für die Regalbretter bereitwillig an. Es kam schließlich nicht so genau darauf an: Die vielen Bücher würden ohnehin meine Schlieren verdecken.

Pünktlich um sieben rückte der erste Trupp der Handwerker an. Bis zur Frühstückspause waren zwanzig fleißige Männer zum Endspurt versammelt. Hämmernd, sägend, bohrend, klopfend, pfeifend und pinselschwingend tummelten sie sich auf hundertdreißig Quadratmetern. Es war imponierend, was alles in den letzten Wochen zustande kam.

Adolf kehrte wenige Tage vor Weihnachten aus Paris zurück. Das erste, was er im neuen Haus bemerkte, war die Luftheizung, für die wir uns aus Kostengründen entschieden hatten. Sie erwärmte mit unüberhörbarem sporadischem Brausen die Räume. Lärm im eigenen Haus! Am liebsten wäre Adolf auf der Stelle umgekehrt. Ich war tief enttäuscht und nicht einmal zu Mitleid fähig, als er in seinem Zimmer die Luftschächte mit Kissen vollstopfte und fortan die Wintermonate grollend in polarer Eiseskälte mit einer Decke um den Bauch verbrachte.

Empört reagierte er auf kleinste Fehler, wie die falsch verlegten Steckdosen und Lichtschalter (da hätte ich natürlich besser aufpassen können!). Und während ich immer noch glücklich im eigenen Haus herumwerkelte, reklamierte er dies und das mit wütender Beharrlichkeit. Manchmal fürchtete ich, daß ich Adolf mit meiner Sehnsucht nach einem eigenen Haus einfach überfordert hatte.

Der Hausbau und seine Kosten, die leider trotz aller Knapserei doch die Voranschläge erheblich überschritten hatten, war eine Zeitlang Anlaß für wiederholten Streit zwischen uns. Und täglich kamen nachträglich noch Rechnungen und fachten den Zwist aufs neue an. Doch ich blieb stur. Dies war »mein« Haus, und ich wollte alles tun, um es möglichst schnell abzuzahlen. Nicht selten zweifelte ich allerdings, ob Adolf sich jemals dort würde wohl fühlen können.

Im Frühjahr ließen wir dann eine neue Heizung einbauen. Zum Glück verteilte die Großmutter Zedlitz gerade eine zweite Rate aus ihrem Lastenausgleich an Töchter und Enkel. Es blieb sogar so viel übrig, daß die Lehmberge auf dem Grundstück planiert werden konnten.

Ich hatte immer davon geträumt, einen Garten anzulegen. Es sollte ein kleiner Park werden, großzügig trotz der beschränkten Fläche, die zur Verfügung stand. Und außerdem sollte auch noch genug Platz sein für ein Durcheinander von Blumen, wie man sie in Bauerngärten findet. Ich habe jeden Strauch, jeden Baum und natürlich auch die Rosen und Stauden ausgesucht und selbst gepflanzt. Darauf bin ich noch heute stolz; die Bäume haben inzwischen die stattliche Höhe von dreißig Metern erreicht. Für den Rasensamen wählte ich die Sorte »Sportplatz«. Sie hat sich bewährt: Kinder und Enkel können darauf, ohne sichtbaren Schaden anzurichten, Fußball oder Federball spielen.

Gartenarbeit ist für mich Erholung. Nichts Schöneres, als im Frühjahr mit bloßen Händen den Komposthaufen umzusetzen und den Humus auf die Staudenbeete zu verteilen! »Du wühlst ja mal wieder sehr glücklich in der Erde«, stellte Adolf fest, »ich sollte dir einen Bauernhof schenken.« Meine »Bodenhaftung« nannte er es.

Ich habe mir tatsächlich jahrelang vorgestellt, als Pensionärin einen Resthof mit Koppeln und Obstgarten zu erwerben und mit Mann, Pferd und Hund, vielleicht auch noch einem Pony für die Enkel, ein neues ländliches Leben in Norddeutschland zu beginnen, wo der größte Teil meiner Familie wohnt. Dafür hatte ich gespart. Als es beinahe soweit war, sagte Adolf ruhig, doch ganz entschieden, »ohne mich«. Damit war dieser Traum abrupt ausgeträumt. Ich wurde aber mit der geplatzten Illusion sehr schnell fertig. Das gesparte Geld konnte ich wenig später gut gebrauchen, um meinem jüngsten Sohn beim Kauf seines Hauses in München zu helfen.

Adolf war kein Landmensch, das wußte ich. Kaum daß er die Pracht in Feld und Flur flüchtig zur Kenntnis nahm, nachdem ich aufgezählt hatte, was alles gerade blühte und überaus üppig gedieh. Gartenarbeit war nichts für ihn. Er sah mir gern zu beim Hacken und Jäten, erst recht, wenn ich vergeblich versuchte, einen Maulwurf zu fangen. Trotzdem habe ich ihm einmal zu seinem Geburtstag im Mai einen Rasenmäher geschenkt, unverdrossen hoffend, daß er sich zumindest mit diesem Gerät nützlich machen würde. Vermutlich war mir nichts Besseres eingefallen. Adolf zu beschenken war schwer; er kaufte sich am liebsten selbst, was ihm Freude machte.

Unser Haus ist (trotz des wegen Geldmangels zusammengeschobenen Grundrisses) mit seinen zwei Innenhöfen, meinem Miniaturpark und der Wildrosenhecke, über die man auch heute noch über weite Felder – wie in Schlesien – bis zum Kirchturm des nächsten Dorfes sieht, originell geworden. Ich finde es nicht nur zweckmäßig, sondern sogar beinahe schön, weil es konsequent und ganz und gar rational ist (etwas größer könnte es allerdings sein).

Auch Adolf lernte nach einer Weile unsere »Hütte« zu lieben. Der Hausbau sei meine beste Idee gewesen, beteuerte er wiederholt. Er pries die Ruhe am Feldrand – also doch ein wenig Landleben! –, die uns zum Glück erhalten geblieben ist. Seine Sehnsucht nach großstädtischem Ambiente, inklusive Kneipe an der Ecke, hatte sich ganz und gar verloren.

Ich hatte mir von meinem eigenen Geld einen winzigen grauen Fiat 500 gekauft, fünfzehn Jahre alt, mit Faltdach und überall beklebt mit frommen Sprüchen. Er hatte einem Zeugen Jehovas gehört. Den Aufkleber über dem vorderen Spiegel kratzte ich nicht fort: »Das Auge Gottes wacht!« Das sollte so bleiben. Nun brauchte ich mir nicht mehr Adolfs Auto zu leihen.

Mit dem grauen Vehikel, Moppel genannt, fuhr ich bei Glatteis bis nach Kiel, um Massentierhaltung, sprich Legebatterien, zu studieren oder im Auftrag des Reiseblatts der »Frankfurter Allgemeinen« die Holsteinische Schweiz kennenzulernen. Im Winter hatte Moppel zwar oft seine Mucken – er sprang nicht an –, doch da er so leicht und handlich war, fanden sich immer Helfer, die ihn anschoben, bis er sich endlich stotternd in Gang setzte.

Moppel war langlebig: Nach dem Abitur fuhr ihn Constantin ein Jahr lang, dann erbte ihn Hubertus, und Jürgen hat ihn auch noch eine Weile gefahren. Zum Schluß verkaufte ich ihn einem Tankstellen-Besitzer, der ihn türkisgrün lackierte und seiner Frau zu Weihnachten schenkte. Ich hatte unterdes einen nagelneuen hellblauen Volkswagen erworben.

Meine Mitarbeit bei der »FAZ« hatte sich sehr zufriedenstellend entwickelt. Ich bekam laufend Aufträge der verschiedensten Art, gelegentlich auch aus dem politischen Ressort, und meine Berichte wurden nahezu regelmäßig in Provinzzeitungen nachgedruckt oder im RIAS Berlin gesendet. Vor allem die ironischen Glossen und kurzen Beiträge mit Themen aus dem familiären Umkreis waren bei den Lesern beziehungsweise Hörern beliebt.

Ich stützte mich oft auf Selbsterlebtes. Ich machte mich gern über mich selbst lustig; so zum Beispiel in einer Reportage über das Goldene Sportabzeichen mit Vierzig (das ich übrigens, anders als in meinem Bericht, ohne zu üben an einem einzigen Abend erwarb) oder über meine vergeblichen Versuche, meine Söhne zur Ordnung zu erziehen. Um sie nicht ständig mit Ermahnungen und Vorwürfen zu nerven, überließ ich sie einfach ihrem chaotischen Durcheinander. Eine pädagogische Kapitulation natürlich.

Karl Korn, einen der Mitherausgeber der »Frankfurter Allgemeinen« und verantwortlich für das Feuilleton, lernte ich jetzt besser kennen. Wir wurden Nachbarn und sahen uns öfter. Korns hatten sich ein repräsentatives Haus am Kurpark von Bad Homburg gekauft. Oft gab Korn mir die Fahnen eines Romans zu lesen, der eventuell in Fortsetzungsfolgen abgedruckt werden sollte, und bat mich um ein kurzes Gutachten. So hatte ich mehrmals schon den »FAZ-Roman« ausgesucht und empfohlen, bevor ich der Redaktion angehörte. Es war eine schöne Aufgabe, gerade das Richtige für meine Leselust. Außerdem stellte ich fest, daß Loben mehr Spaß macht als Kritisieren.

Auch meine ersten Kurzgeschichten zeigte ich Karl Korn. Er mochte sie und druckte sie gern. Mit den Kurzgeschichten – sie sind fast ausnahmslos zuerst in der »Frankfurter Allgemeinen« erschienen und von anderen Zeitungen nachgedruckt worden – begann ein neuer Abschnitt meiner beruflichen Biographie.

Adolf schlug vor, ich solle nun mit meinem angeheirateten, also mit seinem Familiennamen zeichnen, offenbar hielt er das für eine Ehre, der ich mich endlich für würdig erwiesen hatte. Ich legte meinen Mädchennamen ohne Bedauern ab. Ohnehin hatte es öfter Verwechslungen gegeben: Zwei Tanten, mit denen ich außer der Namensgleichheit wenig gemein hatte, hießen genauso wie ich. Ich mußte regelmäßig einigen Lesern die Verwechslung erklären und die Anschriften der Tanten mitteilen.

Meine Alltagsgeschichten empfahl Adolf seinem Freund Ledig-Rowohlt, der enthusiastisch darauf reagierte. Rote Rosen vom Verleger – es machte mich geradezu verlegen. Ledig schickte auch gleich einen Vertrag. Die ersten zehn Stories kamen bald unter dem Titel »Hühnertag und andere Geschichten« heraus. Das Urteil der Kritiker war sehr freundlich. Einer verglich mich mit Katherine Mansfield, worüber ich mich freute. Die Mansfield bewundere ich noch heute.

Ledig meinte, ich müsse einen Roman schreiben, mit Kurzgeschichten könne man sich in Deutschland nicht durchsetzen. Er überwies auch sofort monatlich einen für meine Verhältnisse stattlichen Vorschuß. Doch aus meinen Versuchen ist nichts geworden. Ich bin wohl zu kurzatmig. Die epische Breite liegt mir nicht. Ich blieb bei den Kurzgeschichten und schickte den Vorschuß zurück; ich wollte mich nicht belasten mit Erwartungen, die ich offensichtlich nicht erfüllen konnte. Auch Katherine Mansfield hat nie einen Roman geschrieben, tröstete ich mich.

Und außerdem: Journalismus war (und ist) für mich eine ganz ideale Möglichkeit, meinen vielfältigen Interessen nachzugehen. Um einen Roman zu schreiben, hätte ich mich lange Zeit auf nichts anderes konzentrieren müssen.

Die Söhne begannen meine Texte in der Zeitung zu lesen und sparten nicht mit Lob. Vor allem Hubertus ging auf mich ein; er wollte auch immer öfter meine Meinung über Bücher, Politiker oder Bilder, mit denen er sich gerade beschäftigte, wissen. »Mit Dir kann man reden, wie man selbst mit den Freunden nicht reden kann«, schrieb er. »Was hältst Du von Camus, von Alfred Andersch oder Böll?«, fragte er. Noch heute lesen wir oft dieselben Bücher und freuen uns, wenn wir einer Meinung sind, akzeptieren aber auch den Standpunkt des anderen.

Jürgen und er wollten weg aus Rönneburg. »Mach bloß schnell mit der Gerichtssache«, schrieben sie, »wir halten es hier nicht mehr aus.« Doch die Mühlen des Vormundschaftsgerichts mahlten wie immer langsam. Hans-Conrad wollte nicht zugeben, daß der Graben zwischen ihm und den Söhnen nach seiner Heirat und den kurz darauf geborenen Zwillingen – später wurden noch zwei weitere Söhne geboren – breiter geworden war.

Jürgen kam auf ein Internat in Louisenlund an der Schlei. Hubertus aber, der gute Freunde in seiner Klasse hatte und zudem Freundinnen, die wie er ritten – meine Pferde waren ja in Rönneburg geblieben –, arrangierte sich, so gut es ging. Ihm war es gelungen, sich unabhängig vom Vaterhaus eine eigene Welt aufzubauen.

Meine Anträge beim Vormundschaftsgericht waren vergeblich. Erst nach dem Abitur kam Hubertus zu uns nach Bad Homburg. Wir fanden in einem nahe gelegenen Bauernhof eine »sturmfreie« Bude für ihn; und er begann in Frankfurt sein Medizinstudium. Nach dem Physikum wechselte er nach München über.

Jürgen haßte das Internat. Er wehrte sich auf seine

Weise, weigerte sich zu lernen, riß aus und legte es geradezu darauf an, rausgeworfen zu werden. Endlich war sein Vater bereit, ihn zu uns zu schicken. Obwohl der Direktor des Kaiser-Friedrich-Gymnasiums in Bad Homburg dringend empfahl, daß der neue Schüler eine Klasse tiefer beginnen sollte, wollte Jürgen unbedingt den großen Rückstand allein aufholen. Das bedeutete eisernes Pauken. Er hat es durchgehalten und schließlich mit siebzehn ein gutes Abitur gemacht.

Für mich begann nun wieder ein neuer Lebensabschnitt. In Jürgens kurzen Schuljahren bei uns, von 1964 bis 1968, habe ich versucht, soviel wie möglich nachzuholen, was er entbehrt hatte. Doch mir war auch klar, daß Nestwärme nicht in Konzentration nachzuliefern ist. Ich stellte mich auf meinen jüngsten Sohn ein, half ihm – nicht immer mit Erfolg – bei Referaten und Interpretationen im Deutschunterricht oder bei Englischarbeiten und ertrug seine unausgeglichenen Stimmungen mit Geduld und Nachsicht.

Die Brüder kamen sich wieder näher. Hubertus war Jürgen zwar zu diesem Zeitpunkt überlegen; er nutzte seine uneingeschränkte Freiheit in seiner Bude über dem Schweinestall des Bauern, aber zu allen Mahlzeiten und meistens auch zum Pauken kam er zu uns.

Ich erlebte bei meinem jüngsten Sohn, wie schwierig die Pubertät sein kann, wie sich heranwachsende Kinder verschließen und noch so hilfsbereite Eltern gar nicht an sich heranlassen. Oft erregten meine gutgemeinten Annäherungsversuche nur wütende Ablehnung. Ich war unsicher und machte gewiß auch Fehler. Die alten Schuldgefühle kamen wieder hoch: Lag es an mir, daß mein Sohn so schwer mit diesem Übergang in die Erwachsenenwelt fertig wurde? Hatte es ihn so tief verletzt, daß ich ihn, als er noch klein war, verlassen hatte? Ich neige auch heute noch dazu, für alles, was meinen Kindern an Schmerzlichem widerfährt, zunächst einmal die Schuld bei mir zu suchen.

Kurz nachdem Jürgen nach seinem Abitur aus dem

Haus ging und widerwillig seinen Wehrdienst in der Nähe von Hamburg antrat, bot mir Karl Korn eine Stelle als Redakteurin im Feuilleton der »Frankfurter Allgemeinen« an.

Die »Frankfurter Allgemeine« glaubte ich längst auch von innen zu kennen. Als ich 1968 meinen Einstellungsvertrag unterschrieb, hatte ich bereits zehn Jahre freie Mitarbeit hinter mir und gelegentlich eine Kollegin im Urlaub vertreten. Ich war zweiundvierzig Jahre alt. Soziales und Familie waren meine Themen, typisch für Frauen. Aber auch Reiseberichte, Film- und Fernseh-, vor allem Literatur- und Sachbuch-Kritik gehörten zu meinem Repertoire. Am liebsten schrieb ich ganzseitige Reportagen für »Bilder und Zeiten«, die Hochglanz-Beilage am Samstag.

Ich war vielseitig, Drogensucht oder Denkmalschutz interessierten mich genauso wie die Gebietsreform oder die Aktion »Unser Dorf soll schöner werden«. Ich sah bei Operationen am offenen Herzen zu, besuchte Frauenhäuser, einen Gewerkschaftskongreß oder einen umstrittenen Landrat in Oberfranken.

Einmal, während der Sommerferien, als viele Kollegen verreist waren, meldete ich mich zur Berichterstattung über den großen Waldbrand in der Lüneburger Heide. Ein unvergeßliches Bild: Hirsche, die sich auf eine Sumpfinsel im Flammenmeer gerettet hatten und sich dort wie eine Rinderherde eng zusammendrängten. Ich war mit einem Hubschrauber mitgeflogen, der gezielt Wasserbomben auf die Brandherde abwarf.

Die Mode war in der Zeitung ein bislang vernachlässigtes Feld. Ich betrachtete sie als Ausdruck des Zeitgeistes und genoß das Schauspiel, wie es in Paris, Rom, Florenz, München, Düsseldorf oder Venedig aufgeführt wurde. Vor allem die Italiener verstanden zu feiern. Sie behandelten die Journalisten im Gegensatz zu den Franzosen als Gäste, denen sie etwas bieten wollten. In Paris herrschten dagegen die jeweiligen Pressedamen oder -herren wie Zerberusse; hochmütig demonstrierten sie ihre Verachtung für die schreibende Zunft. Sie hofierten nur die Vertreterinnen einer Handvoll internationaler Zeitschriften und Zeitungen und natürlich einige Stars und ihre Stammkundinnen, von den Rothschilds an aufwärts. Aber auch diese Auserwählten mußten auf den harten goldenen Stühlchen – freilich in der ersten Reihe – dicht gedrängt Platz nehmen.

Die »Frankfurter Allgemeine« zählte damals bei den Mode-Zerberussen leider nichts. Bis in die erste Stuhlreihe habe ich es trotz höflicher Bittbriefe nie geschafft. Ich hätte von dort aus besser fotografieren können. Das Gedränge bei den Vorführungen in schlecht klimatisierten Sälen war eigentlich eine Zumutung. Aber die wunderbaren Städte, in denen es stattfand, lohnten die Anstrengung. In Paris hatte ich zudem stets ein gastliches Refugium: die Redaktionsräume der »Frankfurter Allgemeinen« in unmittelbarer Nähe des Élysée-Palastes.

Regina May hatte mit ihren präzis gezeichneten Figurinen für die »Frankfurter Allgemeine« jahrelang einen besonderen, oft imitierten Stil der Mode-Illustration geschaffen. Nach ihren Zeichnungen ließen sich sogar Schnittmuster entwerfen. Sie brauchte allerdings Ruhe für ihre Beobachtung. Deshalb besuchte sie nicht wie ich die Premieren, wo sich das Modevolk auf die Füße trat, sondern die weniger überfüllten zweiten oder dritten Vorführungen. Das bedeutete jedoch, daß die Zeitung ihre Modeberichte immer nur wesentlich später als die Konkurrenz veröffentlichen konnte.

Ich wollte aber – wie die Kolleginnen im Blätterwald – über Mode als aktuelles Spektakel schreiben. Deshalb begann ich selber zu fotografieren, ohne es je gelernt zu haben. Ich war ehrgeizig, und oft hatte ich Erfolg. So etwas wie Jagdfieber kam da auf. Das Wort »Schnappschuß« ist durchaus zutreffend. Als der »Stern« für eine Haute-Couture-Reportage ein Foto von mir nachdruckte, war ich sehr stolz. Ich war da in bester Fotografen-Gesellschaft und konkurrierte mit Lord Snowdon und anderen Größen der Modefotografie. Später fand dann auch der FAZ-Starfotograf Wolfgang Haut Freude am Modetheater und seinen extravaganten Darstellerinnen auf dem Laufsteg. Wir haben zusammen sehr schöne Kupfertiefdruck-Seiten für »Bilder und Zeiten« gemacht.

Nachdem ich der Redaktion in Frankfurt ein, zwei aktuelle Berichte übermittelt hatte, blieb ich auf eigene Kosten oft noch einen Tag länger. Ich wollte die berühmten Städte erkunden, Museen und Kunstausstellungen besuchen und möglichst einen mir noch unbekannten Stadtteil kennenlernen oder mit dem Bus in die nähere Umgebung fahren.

Ob es der Champagner war, der bei den Modeschauen reichlich floß, oder ob mir überhaupt Paris ein wenig zu Kopfe gestiegen war – jedenfalls entdeckte ich am letzten Tag in einem Schaufenster auf den Champs-Élysées, nicht weit vom Arc de Triomphe, mein Traum-Auto, einen kleinen weißen Sportwagen mit abnehmbarem Verdeck. Ich kam mir sehr verwegen vor, als ich den Verkäufer fragte, ob er mir den FIAT-Prototyp (als Serie wurde er viel später erst hergestellt) bis zum nächsten Tag fahrbereit machen könne, zwar hätte ich nicht so viel Geld auf dem Konto, aber mein Bankdirektor in Bad Homburg würde ihm sicherlich gern eine beruhigende Zusicherung geben.

Das Geschäft wurde tatsächlich nach einem Telefongespräch mit der Bank sowie einem (ungedeckten) Scheck und der Visitenkarte, die mich als Mitglied der FAZ-Redaktion auswies, abgeschlossen. Ich erhielt eine rote Pariser Nummer und fuhr am nächsten Tag nach Deutschland zurück, stolz und auch ein bißchen verwundert, daß ich mal richtig leichtsinnig gewesen war. Statt einer Gebrauchsanweisung erhielt ich den Rat, alle hundert Kilometer zu halten und eine Tasse Kaffee zu trinken.

Fünf Jahre lang habe ich mich an dem eleganten Flitzer, der keineswegs so schnell war, wie er aussah, erfreut. Ich fürchte, meine Kinder haben sich ein bißchen geniert, daß ihre ja nicht mehr junge Mutter sich so ein auffallendes Cabrio zugelegt hatte, und ob ich den Kollegen in der Zeitung damit imponierte oder ob sie mich nun für unsolide hielten, weiß ich auch nicht. Adolf jedenfalls lachte nur, gönnte mir den Spaß und schenkte mir den fehlenden Betrag auf meinem Konto.

Die Schwarzweißfotografie in der Sonntagsbeilage war eine Augenweide. Barbara Klemm hat viele ihrer mehrfach mit Preisen ausgezeichneten und in Fotoausstellungen präsentierten Bilder dort zuerst veröffentlicht. Mit ihr zusammenzuarbeiten war eine Freude. Ich brauchte ihr nur zu sagen, was ich vorhatte und was ich mir vorstellte, sie lieferte immer die idealen Illustrationen. Auch die Kollegen, vor allem die Auslandskorrespondenten, wünschten sich immer Fotos von Barbara Klemm für ihre Berichte. Sie wollte möglichst dabeisein, wenn das Layout von »Bilder und Zeiten« festgelegt wurde. Ich bewunderte ihr sicheres Gefühl für Proportionen und die Wirkung ihrer Bilder.

Ein paarmal konnte ich sie bei ihrer Arbeit beobachten. Behutsam näherte sie sich Menschen oder Szenen, die sie aufnehmen wollte. Mühelos gelang es ihr, anfängliche Befangenheit aufzuheben. Niemand, so schien es, fühlte sich gestört. Sie mußte sich nicht einmal unsichtbar machen, sie gehörte einfach dazu. Schade, daß das »blanke Blatt« aus Kostengründen aufgegeben worden ist; es war ein ideales Forum für die Kunst der Fotografie und überhaupt für das Besondere im Zeitungsdschungel.

Sehr gern habe ich auch die Aufträge des Reiseblatts angenommen. Wenn jemand ausfiel, sprang ich ein, so es nur irgend ging. So habe ich Mexiko, Japan, Griechenland oder die Karibik kennengelernt. Meistens habe ich diese

Reisen von einem Tag zum anderen angetreten, weil ein Kollege erkrankt war. Zwar erhielt ich vorwiegend nur flüchtige Einblicke, doch ich konnte sie zu Haus durch Lektüre vertiefen.

Reisen für das Reiseblatt waren immer ein Gewinn: Es wurde einem leicht gemacht, einen ersten Eindruck von Land und Leuten zu bekommen und schließlich die Annehmlichkeiten guter Hotels und Restaurants zu genießen, wobei man – ein unlösbarer Konflikt – als FAZ-Redakteur stets angehalten wurde, möglichst wenig Reklame für die jeweiligen Gastgeber zu machen. In einem Kästchen eingerahmt durften dann schamhaft Namen und Preise genannt werden. Im Reiseblatt der »Frankfurter Allgemeinen« unter der jahrzehntelangen Verantwortung von Friedrich A. Wagner wurde ein Reportagestil auf ambitiösem literarischem Niveau gepflegt. Aus den Texten sind viele Bücher entstanden.

Die originellsten Touren waren Pilotprojekte für Reiterreisen, die in den siebziger Jahren aufkamen. Die Reiseunternehmer für die damals noch neuen »Horse-Tours« suchten ein paar sattelfeste und schreibgewandte Begleiter, um zu testen, was sich kommerziell ausbauen ließe. So habe ich die Rocky Mountains oder die Sierra Nevada zu Pferde durchquert, bin durch englische, schottische und irische Moore geritten und einmal drei Tage lang zu sechst mit einem Ranger, einem Cowboy, Packpferden und Zelten durch die nordkalifornische »Wilderness«, ein großartiges Abenteuer in einem riesigen Naturschutzgebiet.

Es machte mir Spaß, die verschiedensten Pferde zu reiten: englische Vollblüter und irische Hunter, Quarterhorses oder Araber. Unter den Kollegen der »Frankfurter Allgemeinen« war ich die einzige, die mehrere Stunden im Sattel ohne schmerzhafte Folgen durchhalten konnte.

Meine etwas verrückte Reitleidenschaft hat mir nicht nur beruflich viele Freuden und Begegnungen mit ungewöhnlichen Menschen eingebracht. Daß ich das Reiten nie für längere Zeit aufgegeben habe, hat sich gelohnt. Das damit verbundene frühe Aufstehen ist mir zur Gewohnheit geworden. Nachdem ich morgens eine Stunde mit meinem Pferd im Wald verbracht hatte, kam ich stets gutgelaunt in die Redaktion.

Nach einer erzwungenen Pause war ich im Bad Homburger Reit- und Fahrverein wieder meiner alten Passion gefolgt. Gleich nach dem ersten Abteilungsreiten in der Halle des Vereins bekam ich eine elegante Rappstute zugeteilt, die mehr konnte als ich. Bald stellten ihre Besitzer sie jedoch einem hochbegabten Studenten für Turniere zur Verfügung. Ich ritt danach das sehr großrahmige junge Pferd eines freundlichen Mannes, der von mir kein Geld erwartete. Ich sollte dafür seinen Fuchs geländesicher machen. Ich durfte auch springen und allein ausreiten. Obwohl der gut veranlagte Fuchs schnell lernte und zuverlässig wurde, war er nicht ideal für mich, er hatte einfach zu mächtige, anstrengende Bewegungen.

Gleich nachdem ich bei der »Frankfurter Allgemeinen« als Redakteurin angestellt wurde, also ein festes Einkommen hatte, kaufte ich mir, von Onkel Christian vermittelt, eine kleine schokoladenbraune Halbblut-Stute aus Ungarn. Endlich besaß ich wieder ein eigenes Pferd, das ich mir zureiten konnte. Die dreijährige Zsuzsa war in der Puszta aufgewachsen; sie hatte nur ein paarmal einen Sattel getragen und fürchtete sich vor allem, vor Maschinen und Fahrzeugen, vor Geräuschen und Geräten, nur vor Menschen hatte sie keine Angst. Wie in meiner Kindheit mit unseren jungen Pferden zu Hause redete ich mit ihr und brachte ihr alles bei, was ein Vielseitigkeitspferd können muß. Sie war gelehrig. Es dauerte gar nicht lange, bis auch die Kinder im Reitstall sie nachmittags reiten konnten, wenn ich keine Zeit hatte. Nach Jagdreitertagen im Wendland – vier Jagden nacheinander, die ich mit einer Hand reiten mußte, weil ich mir beim Verladen eine Sehne verletzt hatte – wollte ein Mitreiter meine Zsuzsa unbedingt für einen erstaunlich hohen Preis kaufen. Ich lehnte ohne zu überlegen ab. Zsuzsa ist dreiundzwanzig Jahre alt geworden; sie durfte auf dem Reiterhof frei herumlaufen.

1968: Die Studenten probten den Aufstand, und erregte Diskussionen fanden auch in der konservativen »Frankfurter Allgemeinen« statt. Redeschlachten wurden vor allem im Feuilleton geschlagen, engagiert und oft sehr theoretisch. Einige der jüngeren Redakteure waren fasziniert von den Protestmärschen auf der Straße. Sie wußten immer, wo etwas los war, kannten nicht nur Daniel Cohn-Bendit, Jürgen Krahl und andere Anführer der außerparlamentarischen Opposition in Frankfurt. Im sturmerprobten Parker (aus Bundeswehrbeständen) mischten sie sich unter die Demonstranten und berichteten erregt, als kämen sie von einem Kriegsschauplatz.

Als die Baader-Meinhof-Gruppe mit Banküberfällen und terroristischen Anschlägen aus dem Untergrund die Gesellschaft in Angst und Schrecken versetzte, wollte einer der Kollegen in der Feuilleton-Konferenz den Begriff »Sympathisant« klären. »Bin ich das«, fragte er, »wenn ich Ulrike ein Nachtquartier anbiete, ohne die Polizei zu informieren?« Für ihn, der Ulrike Meinhof seit Jahren kannte, schien das eine dringende Gewissensfrage zu sein.

Die Zeitung war auf Abwehr eingestellt. Mit den »Achtundsechzigern« wollte sie nicht das geringste zu tun haben. Mich ging vor allem die neue Frauenbewegung etwas an, die damals entstand. An Demonstrationen habe ich mich allerdings nie beteiligt. Die schrillen, Männern gegenüber oft feindseligen Töne stießen mich ab. Doch ich fand, es war höchste Zeit, daß Frauen sich regten und auf ihren Rechten bestanden.

»Neuer Anfang mit Vierzig« hieß einer meiner Beiträge, in denen ich mich auf meine eigenen Erfahrungen stützte. Frauen zwischen Familie und Beruf, vielmehr Frauen, die beides vereinen wollten, gleichzeitig oder auch nacheinander – das war mein Thema. Die Emanzipationsliteratur habe ich wohlwollend-kritisch begleitet; nicht selten war sie in einer fürchterlich pseudowissenschaftlichen Sprache geschrieben. Es waren ja immer auch meine eigenen Probleme, die da behandelt und untersucht wurden: Wie wird man seiner Familie gerecht und kann gleichzeitig erfolgreich im Beruf sein?

»Die Doppelrolle der Frau« von Alva Myrdal und Viola Klein war für mich eins der wichtigsten Standardwerke. Für die Vereinbarkeit von Familie und Beruf, die damals für Frauen weit schwieriger war als heute, habe ich mich von Anfang an eingesetzt. Wie zu erwarten, gaben mir einige Herausgeber und Kollegen deutlich zu verstehen, daß sie ganz anderer Ansicht seien; offenbar fürchteten sie, daß die für sie sehr bequeme Ordnung daheim bei jeder Veränderung in Richtung Gleichberechtigung und Berufstätigkeit der Frau gefährdet würde.

Seit Juli 1958 war zwar das Gleichberechtigungsgesetz in Kraft – die Wirklichkeit hinkte allerdings immer noch hinter der Gesetzgebung her. Ich erhielt regelmäßig auf meine Beiträge Protestbriefe von Leserinnen, die sich als »Nur-Hausfrauen« in Frage gestellt oder diffamiert fühlten, oder von Männern, die die »natürliche Ordnung« priesen, wonach der Mann der Ernährer ist und die Frau ihm den Rücken stärkt und allein für Kinder und Haushalt verantwortlich bleibt.

Trotz der Einwände der meist älteren Kollegen, die sich in den Konferenzen kritisch äußerten, konnte ich meine Artikel im Blatt ohne Hindernisse veröffentlichen. Schließlich war die »Frankfurter Allgemeine« eine liberale Zeitung, in der auch unterschiedliche Meinungen ihren Platz fanden – sogar als Leitartikel auf Seite eins.

»Erbarmen mit den Männern – Gedanken zum Thema Männer, Frauen und Familien« heißt das Buch, in dem meine einschlägen Texte aus der »Frankfurter Allgemeinen« versammelt sind. Über das veränderte Rollenverständnis der Geschlechter, Erziehung, die Krise der Familie, die kinderfeindliche Umwelt, den Wandel der Leitbilder und unverdrossen die »Frauenfrage«, zu der Emanzipation und Selbstverwirklichung gehören, habe ich immer wieder Stellung genommen.

Wenn ich in meinen alten Artikeln blättere, fällt mir auf, daß ich schon vor fünfundzwanzig, dreißig Jahren geschrieben habe, was noch heute aktuell diskutiert wird: »Kinder – eine Rechenaufgabe?« oder »Die bessere, die weibliche Welt«, und ebenfalls über die Schulmisere oder die überfüllten Universitäten.

Innerhalb der »Frankfurter Allgemeinen« war ich rasch zur Spezialistin für diese Themenkreise geworden. Mir ging und geht die Entwicklung hin zu realer Gleichberechtigung viel zu langsam voran. Ich plädierte dafür, den Kampf zwischen den Geschlechtern zu beenden und großmütig und verständnisvoll nach neuen Gemeinsamkeiten zwischen Frauen und Männern zu suchen.

»Erbarmen mit den Männern« war natürlich ironisch gemeint. Mein Vorschlag, die armen, verunsicherten Männer sollten sich auf ihre starken Frauen stützen, ihre angemaßte Überlegenheit aufgeben und echte Partner mit allen Rechten, Pflichten und Freuden werden, fand allerdings bei den Lesern der »Frankfurter Allgemeinen« keine allgemeine Zustimmung.

Rezensionen für die Sachbuchabteilung schrieb ich besonders gern. Es war für mich immer eine Gelegenheit, mein Wissen zu erweitern. Helmut Scheffels mit Büchern vollgestopftes Zimmer war eine Oase im langen Feuilletonflur. Er hatte stets Zeit und immer die vielfältigsten Anregungen parat. Als Romanist und renommierter Übersetzer hatte er der Literaturredaktion angehört, bis Reich-Ranicki ihn ins Sachbuchressort drängte. Aber was hat er daraus gemacht! Die Sparte wurde unter seiner Regie lebendig und vielseitig wie nie. Die Rezensenten liebten ihn nicht nur wegen seiner vollendeten Höflichkeit. Er ließ sie in seinen Bücherbergen stöbern und das aussuchen, was sie interessierte. Er war ein guter Zuhörer und kundiger Gesprächspartner. Unter den oft lauten und eitlen Feuilletonisten wirkte er fremd. Nur manchmal korrigierte er in der Tageskonferenz leise die unhaltbare These eines Kollegen. Sein Wissen machte ihn überlegen, doch er zeigte es nur selten und überaus taktvoll.

Auch ich stöberte gern in Helmut Scheffels Bücherschätzen und suchte mir aus, was mich anging. So wurde ich allmählich eine Expertin für Alltagspsychologie und soziologische Untersuchungen über die Familie sowie über Kinder-, Jugend- und Altersprobleme. Mit Hilfe der Bücher konnte ich vieles verarbeiten, was in meinem eigenen Leben nach wie vor schwierig war. So interessierte mich die Reform des Ehe- und Scheidungsrechts, insbesondere des Sorgerechts für Kinder, verständlicherweise auch aus persönlichen Gründen.

Anregungen für diese Gebiete holte ich mir nicht nur aus Büchern; ich fuhr auch zu Tagungen wie dem Familienrechtstag in Brühl, zu dem auch Psychologen und Sozialarbeiter eingeladen wurden, dem Jugendgerichtstag in Hannover oder zu Veranstaltungen des Deutschen Jugendinstituts in München. Regelmäßig lud auch das Bundespresseamt nach Bonn zu Informationsgesprächen in verschiedenen Ministerien ein. Dort versammelten sich dann die Spezialistinnen in Sachen »Frau und Familie«, zu denen ich eigentlich nicht gehören wollte. Ich sah mich vielmehr als Allround-Journalistin, in der Literatur ebenso zu Hause wie gut orientiert über die sich wandelnden ökonomischen und soziologischen Verhältnissen in Stadt und Land.

Kurz bevor ich 1968 das Angebot der »Frankfurter Allgemeinen« erhielt, als Redakteurin ins Feuilleton einzutreten, hatte ich den Versuch unternommen, mich in der

Kommunalpolitik zu engagieren. Auf jeden Fall wollte ich die neue Freiheit – nachdem mein jüngster Sohn nach dem Abitur aus dem Haus gegangen war – nutzen. Ich hatte Willy Brandt in einer Frankfurter Wahlveranstaltung erlebt und die Diskussion um die Notstandsgesetze, die im Mai verabschiedet wurden, verfolgt. Hans Matthöfers Argumente – er wurde später Finanzminister – hatten mich am meisten beeindruckt. Ich war überhaupt – nicht zuletzt durch die allabendlichen Gespräche mit Adolf, bei denen wir oft unterschiedliche Meinungen verfochten – eine politisch gut informierte Zeitgenossin geworden. Wir haben oft nächtelang diskutiert, auch mit meinen Söhnen.

Nach reiflichen Überlegungen, ob ich dem linken Flügel der CDU näherstünde als dem rechten der SPD – Volksparteien sind sie schließlich beide –, meldete ich mich im Bad Homburger Büro der SPD bei Ernst Welteke an. Er residierte sehr bescheiden im Hinterhof eines klassizistischen Gebäudes. Ich solle mich erst einmal bei den Frauen umsehen, riet er mir, nachdem ich den Antrag auf Mitgliedschaft ausgefüllt hatte. Als ich erwähnte, ich sei Mitarbeiterin der »Frankfurter Allgemeinen«, zog er erstaunt die Augenbrauen hoch.

Die SPD-Frauen tagten im Keller des Kurhauses. Ich machte mich bekannt, wurde aber gar nicht beachtet. Ein Streit war darüber entbrannt, wer an einer bestimmten Tagung teilnehmen sollte und wer nicht. Bis zum Ende des Abends ließ er sich nicht friedlich beilegen. Offenbar lieferten Zigaretten die nötige Munition für die hitzige Debatte. Die bläulichen Rauchschwaden wurden immer dichter; ich konnte die Streithennen bald nicht mehr unterscheiden. Meine Augen tränten, und der Husten wollte nicht aufhören.

Solche rauchgeschwängerten Parteisitzungen würde ich nicht durchstehen können, das war mir sofort klar. Es ist dann auch für mich bei der einzigen Zusammenkunft im Keller geblieben. Ein paar Jahre blieb ich inaktives Mitglied der Partei, dann trat ich wieder aus. Wie die SPD Helmut Schmidt im Stich ließ und seinen Sturz herbeiführte, hatte mich abgestoßen.

Journalisten sollten sich parteipolitisch nicht binden, hatte Adolf von Anfang an gemeint und meine halbherzigen Bemühungen als vertane Zeit bezeichnet. Den Herausgebern der »Frankfurter Allgemeinen« hatte ich übrigens meine junge Parteimitgliedschaft nicht verschwiegen. Sie hatten wie Herr Welteke, der spätere Chef der Bundesbank, reagiert: Erstaunt, aber wortlos hatten sie die Augenbrauen hochgezogen.

Meine Festanstellung als FAZ-Redakteurin war für mich ein neuer Anfang, eine Herausforderung. Mein jüngster Sohn war bei der Bundeswehr, seine älteren Brüder studierten in Freiburg und München, der eine Volkswirtschaft, der andere Medizin. Die Wasch- und Flickdienste der Mutter – und natürlich die dicken Steaks sowie die Gespräche mit »open end« tief in der Nacht – beanspruchten sie nur noch gelegentlich. Das »Empty-nest-Syndrom«, an dem viele Frauen in meinem Alter und in ähnlicher Situation leiden, wenn die Kinder aus dem Haus gegangen sind, habe ich zum Glück nicht kennengelernt. Mein Leben war immer randvoll.

Als ich Redakteurin der »Frankfurter Allgemeinen« wurde, war ich längst kein Neuling in der Schreiberzunft. Ich hatte meinen ersten Erzählungsband »Hühnertag und andere Geschichten« veröffentlicht, der von der Kritik einhellig gelobt wurde. Meine autobiographische Erzählung »Eine schlesische Kindheit« wurde wenig später mit zwei Literaturpreisen ausgezeichnet. Außer für das »Handelsblatt« und die »Frankfurter Allgemeine« hatte ich für den Rundfunk und als Lektorin für Verlage gearbeitet. Einen akademischen Titel wie die meisten Kollegen in der »Frankfurter Allgemeinen« konnte ich allerdings nicht vorweisen. Ich hatte mit neunzehn Jahren geheiratet, drei

Kinder bekommen und die erste Nachkriegszeit als Flüchtling mit der mühsamen Versorgung meiner Familie verbracht. Obwohl meine Beiträge im Archiv der Zeitung inzwischen einen dicken Aktenordner füllten, rangierten mich wahrscheinlich einige in der »Frankfurter Allgemeinen« trotzdem immer noch in die Rubrik »schreibende Hausfrau« ein.

Zu den Gepflogenheiten der Zeitung gehörte es, daß Bewerber für den Posten eines Redakteurs sich bei allen fünf Herausgebern zu einem Einstellungsgespräch anmelden, bevor ihr Vertrag unterschrieben wird. Ich hatte diese Regel ignoriert, weil ich annahm, daß ich nach zehn Jahren freier Mitarbeit im Haus genügend bekannt sei. Der damalige Herausgeber der Wirtschaft, Jürgen Eick, ließ um meinen Besuch bitten. Er empfing mich freundlich mit einem Schnaps und machte seine bekannten Scherze. Er hatte durchaus nichts gegen meine Einstellung. »Schreiben Sie nicht zu hochgestochen!« ermahnte er mich zum Schluß. Das hatte ich auch wirklich nicht vor.

Ganz anders sein Kollege Jürgen Tern, einer der beiden politischen Herausgeber. Nachdrücklich wurde ich aufgefordert, mich endlich vorzustellen. Der von vielen gefürchtete, angeblich mächtigste der fünf Herausgeber saß an seinem Schreibtisch hinter Stapeln von Mappen und Büchern. Den dicken Aktenordner mit meinen gesammelten Werken hatte er sich vom Archiv bringen lassen. Er blätterte gelangweilt darin. »Ich habe nichts davon gelesen«, mit diesen Worten ließ er mich seine Geringschätzung spüren.

Warum ich eigentlich Redakteurin werden wolle, fragte er mich, ich könne mich doch gewiß auch als Hilfskraft bei der literaturwissenschaftlichen Arbeit meines Mannes nützlich machen. Ich erinnere mich nicht, was ich geantwortet habe, wahrscheinlich, daß ich keine perfekte Schreibkraft sei, wie mein Mann sie brauche, oder etwas Ähnliches. Er hatte mich in Verlegenheit gebracht. Auf jeden Fall wußte ich, daß ich von diesem Herrn (er wurde übrigens ein paar Jahre später von seinen Mitherausgebern wegen seines selbstherrlichen Gebarens gestürzt, ein einmaliger Vorgang, der einen internen Aufruhr auslöste) wenig Verständnis und schon gar keine Unterstützung erwarten durfte.

Er leitete die meisten der wöchentlichen Konferenzen im neunten Stock, und ich setzte mich fortan, meist in einem roten oder sonstwie auffälligen Kleid, vis-à-vis zum Tisch der Herausgeber in die erste Reihe. Auf diese Weise wollte ich möglichst unübersehbar sein und rasch lernen, meine Hemmungen zu überwinden. Jedesmal bemühte ich mich, zumindest einmal etwas zu sagen oder zu fragen, ohne einen heißen Kopf zu bekommen. Nicht selten sprangen mir wohlwollende Kollegen bei.

Allmählich ließ mein Herzklopfen nach; und ich brachte auch ganze Sätze, ohne zu stottern, zustande. Trotzdem wurde manchmal sofort ein anderes Thema angeschlagen, und ich blieb ohne befriedigende Antwort, was ich stets als Kränkung empfunden habe. Es tröstete mich auch nicht, daß ich mit meiner Frage oder meinem Einwurf offenbar einen empfindlichen Nerv getroffen hatte, den zu behandeln es wahrscheinlich längerer Zeit bedurft hätte, als in der wöchentlichen Konferenz zur Verfügung stand. Die »heilige Messe« – so spotteten einige Kollegen – war unter der Leitung dieses Herausgebers seltsam steril. Und ich hatte gedacht, hier würden kollegial Meinungen ausgetauscht und Konzepte entwickelt! Trotzdem habe ich kaum eine Konferenz versäumt.

In den Redaktionskonferenzen meldeten sich die wenigen Frauen – damals waren es insgesamt kaum zehn Prozent – selten, eigentlich fast gar nicht zu Wort. Es gab ein paar hochgeachtete Auslandskorrespondentinnen, aber nicht zufällig hatten sie ihre Position fern von der Redaktion ausgebaut. Sie waren selbständig und unentbehrlich. Die alte »Frankfurter Zeitung«, deren Tradition die »Frankfurter Allgemeine« ja fortführte, hatte einige starke, unabhängige und vorbildliche Persönlichkeiten wie Lily Abegg in Ostasien verpflichtet. Jetzt hatten sich Sabina Lietzmann in New York, Karola Kaps in Washington oder Hilde Spiel in London, später in Wien, und ein paar andere einen Namen gemacht.

Im Gegensatz zum Politik- oder Wirtschaftsressort galt das Feuilleton unter dem Herausgeber Karl Korn als frauenfreundlich. Dort hatte ich keine Hemmschwellen zu überwinden; ich fand auch reichlich Sachverstand, wenn ich Rat und Hilfe brauchte, und scheute mich bald nicht mehr einzugestehen, daß ich etwas nicht wußte. Helene Rahms, die für die Seite »Die Frau« verantwortlich war, hatte mich entdeckt. Und Karl Korn förderte mich von Anfang an, ich hatte also einen starken Rückhalt.

Korn vertraute mir so heikle Themen wie die Kritik von Aufklärungsfilmen an. In den fünfziger und sechziger Jahren war Sexualität immer noch ein Tabu. Die übereifrigen Versuche, es zu brechen, gerieten nicht selten zu unfreiwillig komischen Lachnummern. Oswalt Kolle und einige freizügige skandinavische Filme füllten die Kinos. Die nackte Hildegard Knef als »Sünderin« erregte Aufsehen und Proteste. Der Kinsey-Report über das sexuelle Verhalten von Männern und Frauen in Amerika war eine Sensation. Die Rebellen der Achtundsechziger-Bewegung inszenierten ihre Happenings gern mit barbusigen Anhängerinnen als Bürgerschreckveranstaltung.

Karl Korn gab mir weiterhin zum Vorabdruck angebotene Literatur zu beurteilen. Und ich bat ihn oft als ersten, meine Reportagen und Kritiken zu lesen. Das Prinzip des Gegenlesens unter Kollegen hatte sich bewährt. Korn war ein hervorragender, sensibler, stets wohlwollender Redakteur; ich habe viel von ihm gelernt. Ebenso wie im Feuilleton fand ich aber, wenn nötig, auch im politischen Ressort sachkundige Unterstützung.

Im Zimmer von Karl Korn traf man sich zu Gesprächen,

die sich nicht selten zu spontanen Konferenzen ausweiteten; es kam einfach einer nach dem anderen hinzu. Meistens begann Korn damit, zu erzählen, wofür er sich gerade selbst engagiert einsetzte, oder noch öfter, was er mit aller Energie zu bekämpfen gedachte, die Auswüchse der Rechtschreibreform etwa oder die geplante Trasse im Rheingau, die Eltville vom Rheinufer abgetrennt hätte. Niemand konnte so leidenschaftlich und mitreißend kämpfen wie Karl Korn, ob er für oder gegen die Schulreform war oder gegen die verdruckste »Aktion saubere Leinwand«. Und oft hatte er Erfolg. Er wurde als »Retter Eltvilles« gefeiert (die Trasse wurde nicht gebaut).

Der Rheingau war seine Heimat und seine Liebe. Seine »Rheingauer Jahre« sind noch heute das beste Buch über diese Region. Auf seine Herkunft aus einem Wiesbadener Lehrerhaus war er stolz. Eigentlich sei er ein passionierter Schulmeister, sagte er. Viele Journalisten hat er geprägt und »erzogen«. Sie haben sein Erbe in den Feuilletons führender deutscher Zeitungen weitergegeben.

Die Ansätze zu einer Bildungsreform interessierten Korn brennend, machten ihn aber auch gelegentlich fuchsteufelswild. Er sah dann dem Wojtyła-Papst verblüffend ähnlich. Vielleicht wäre auch er ein mächtiger Kirchenmann geworden. Karl Korn war sensibel für Originalität und Qualität. Er hatte Hans Schwab-Felisch für das Feuilleton engagiert, aber auch Karl-Heinz Bohrer, Eduard Beaucamp, Gerhard R. Koch, Günther Rühle oder Wilfried Wiegand und Renate Schostack.

Sein Gespür beschränkte sich nicht nur auf journalistische Talente, er setzte auf Schriftsteller wie den jungen Böll, den jungen Koeppen, Max Frisch und viele andere, als sie noch weitgehend unbekannt waren. Nachdem Friedrich Sieburg das Literaturblatt bestimmte, widmete sich Korn mehr und mehr den neuen Medien Film und Fernsehen. Sieburg – sein Name genügte, um Korn wütend zu machen. Sieburg hatte von der Mehrheit der Herausgeber, die

seine elegante Feder schätzten, eine Sonderstellung zuge-
billigt bekommen. In der Zeitung erschien er sehr selten, er
regierte das Literaturblatt mit Hilfe eines Statthalters in
der Redaktion von seinem Wohnsitz Gärtringen aus. Von
der Linken wurde er wegen seiner Haltung während der
Naziherrschaft angegriffen; er hatte die Jahre als Korrespondent der »Frankfurter Zeitung« und von 1939 bis 1942
als Botschaftsrat in Paris verbracht und dort auch anbie-
dernde Äußerungen an das NS-Regime gemacht.

Karl Korn hatte auch dem neuen Film, der Probleme der
Zeit behandelte und Tabus aufbrach, eine Bresche geschla-
gen. Ingmar Bergman, Fellini, Chabrol oder François
Truffaut, auch der junge Fassbinder waren seine Favoriten.
Und nun widmete er dem aufkommenden Fernsehen
seine Aufmerksamkeit.

Zu den meisten seiner Herausgeberkollegen hatte er ein
gespanntes Verhältnis, obwohl sie hinter ihm standen, als
er einen Prozeß führen mußte, bei dem es um seine Kritik
über den Veit-Harlan-Film »Jud Süß« ging. Der Beitrag
war in Goebbels' Wochenzeitung »Das Reich« erschienen.
Der zähe sogenannte »Ziesel-Prozeß« hat Korn verunsichert und gekränkt. Letzten Endes konnte er sich jedoch
erfolgreich gegen die Beschuldigung wehren (übrigens mit
Hilfe seines Anwalts Fabian von Schlabrendorff), den Film
im nazistischen Sinn interpretiert zu haben. Aber die
Freude am journalistischen Handwerk war ihm vergällt. Er
zog sich mehr und mehr zurück. Italien wurde seine große
Liebe, wie es früher Frankreich gewesen war, wo er studiert
hatte. Viel Zeit verbrachte er in seiner ligurischen Casa,
einer ehemaligen Ölmühle. Wenn er über die Verhältnisse
dort schrieb, die noch nicht vom Tourismus verfälscht waren, erwachte seine alte Begeisterungsfähigkeit wieder.

Als ich 1968 Redakteurin wurde, war das neue blaue Gebäude in der Mainzer Landstraße schon wieder zu klein
geworden. Die Zeitung war gewachsen und mit ihr die

Zahl der Mitarbeiter. Zu dritt und viert saßen sie in Zimmern, die höchstens für zwei vorgesehen waren. Häßliche graue Stahlschreibtische ließen kaum Platz zum Umdrehen. Es gab auch enge Einzelzellen, wo man die Tür stets geöffnet lassen mußte, um nicht von Klaustrophobie befallen zu werden. Resopal bedeckte die Fußböden im Flur und in allen Räumen vom Herausgeber- bis zum Botenzimmer. Nur bei der Geschäftsführung im zehnten Stock sah es etwas weniger kahl und häßlich aus.

Die Kantine, die sich die »Frankfurter Allgemeine« mit dem Sozietätsverlag teilte, glich einem Wartesaal dritter Klasse aus der Vorkriegszeit. Das Essen war entsprechend. Es sei auf den Hunger von Lastwagenfahrern und Packern abgestellt, wurde mir gesagt, als ich später als Betriebsrätin Verbesserungen beantragte. Nicht selten verschlug es Besuchern, die wir in diese karge Gastronomie einluden, die Sprache. Sie waren verblüfft, wie bescheiden – oder sollte ich besser sagen proletarisch? – es in der Mittagspause der angeblich besten Zeitung Deutschlands zuging. Die Herausgeber waren allerdings nie in der Kantine zu sehen, dafür aber demonstrativ Herr Wirthle, der Verleger der Sozietätsdruckerei, mit Gefolge.

Für mich gab es zunächst auf der Feuilleton-Etage im siebenten Stock weder einen Schreibtisch noch einen Stuhl, geschweige denn ein Zimmer, und eigentlich auch kein spezielles Aufgabengebiet. Denn die kranke Kollegin, die ich ersetzen sollte, war wider Erwarten gesund geworden. Doch ich hatte ja nun einen Jahresvertrag, eine befristete Chance. Die wollte ich auf jeden Fall nutzen.

Ich setzte mich also wechselweise auf die Plätze von abwesenden Kollegen, bat um Arbeit oder bot wie gewohnt Themen an, die ich meist für »Bilder und Zeiten« schrieb. Dort stapelten sich die ungelesenen Manuskripte und Briefe besonders hoch. Meine Bereitschaft, die Berge nach und nach abzutragen, wurde freudig akzeptiert.

Ich eroberte mir also ein Eckchen des langen Umbruchtischs und machte mich ans Werk: Briefe beantworten, Texte redigieren, kurze Stellungnahmen zu den verschiedenen Vorschlägen schreiben. Im Umbruchzimmer, dem größten Raum im Feuilleton, wurde die Beilage »Bilder und Zeiten« entworfen, Fotos und andere Illustrationen ausgesucht, die Beiträge schließlich zusammengestellt und, wenn nötig, gekürzt. Die Tür stand immer auf, ständig schaute jemand herein. Wer einen Gesprächspartner suchte, sich über etwas beklagen oder einfach nur eine Tasse Kaffee trinken wollte, war willkommen. Ich sah und hörte zu und beteiligte mich bald an der Arbeit.

Robert Held saß freundlich-gelassen und stets etwas blaß hinter seinem hochbeladenen Schreibtisch oder auch am Umbruchtisch. Er schien immer Zeit zu haben, für Beschwerden wie für Anregungen, überhaupt für Mitteilungen jeder Art. Was im Haus vor sich ging – er wußte es, doch wenn möglich, mischte er sich nicht ein. Sein Einfluß auf die Personalpolitik der Zeitung war ihm allerdings wichtig. Still und verschwiegen speicherte er, was man ihm zutrug.

Mit dem Handwerk des Redigierens hielt er sich nicht lange auf, es langweilte ihn. Viel mehr Zeit widmete er dem Layout der Seiten, spielte mit Anschnitten von Fotos und grafischen Illustrationen. Bevor Konrad Boch für die Gestaltung der Zeitung verantwortlich wurde und vieles ganz neu und anders entwarf, war Robert Held in allen Ressorts als grafischer Ratgeber gefragt.

Einige holten seinen Rat auch ein, wenn sie ein Radio, ein Auto oder einen neuen Kühlschrank kaufen wollten. Held war über fast alle neuesten technischen Errungenschaften, insbesondere über alles, was gut und teuer war und praktische Hausarbeit erleichterte, wohlinformiert. Er kannte die besten Spezialgeschäfte, aber auch die Supermärkte am Rande der Stadt, die in den sechziger Jahren begannen, dem Einzelhandel Konkurrenz zu machen. Er wußte nicht zuletzt auch über neue Drucktechniken Bescheid und sah schon früh das Computer-Zeitalter nahen. An Technik war er mindestens ebenso interessiert wie an Außenpolitik, seinem eigentlichen Berufsfeld. Das Feuilleton interessierte ihn nur am Rande. Die Samstagsbeilage »Bilder und Zeiten« als Spielfeld genügte ihm.

Im Impressum stand aber, nachdem Hans Schwab-Felisch zum Westdeutschen Rundfunk gegangen war, sein Name als Feuilleton-Chef. Von dieser Funktion machte er jedoch selten Gebrauch. Entscheidungen zu treffen lag ihm ebensowenig wie das tägliche Gerangel um Platz auf den Seiten. Wenn im Umbruchzimmer unterschiedliche Meinungen lautstark ausgetragen wurden, zog er sich gewöhnlich leise, kaum merklich, zurück. Konferenzen einzuberufen überließ er Karl Korn, wie er überhaupt alles vermied, was einen Konflikt mit dem Feuilleton-Herausgeber zur Folge haben konnte.

Als sprachkundigem Romanist waren ihm Frankreich und Spanien vertraut, später auch das frankophone Kanada und Lateinamerika; die Vereinigten Staaten und England kamen dazu. Die Korrespondenten in diesen Ländern fanden in ihm immer den besten Gesprächspartner. Er reiste für sein Leben gern und sammelte mit großem Talent Hintergrundinformationen für spätere Leitartikel und Berichte.

Nie vergaß er, auf seine Reisen verschiedene Fotoapparate und Dutzende von Filmen mitzunehmen. Auf seine Fotos war er besonders stolz. Er machte Wolfgang Haut und Barbara Klemm durchaus Konkurrenz. So zurückhaltend, fast scheu er sonst war, die Fotos zeigte er überall herum. Als Fotograf wollte er bewundert werden. Porträts, Reportagen, aktuelle Berichte, vor allem seine Fotos – Held hatte es immer sehr eilig, sie ins Blatt zu bringen.

Er war innerhalb der Zeitung ein Wanderer zwischen den beiden Welten, dem Feuilleton im siebenten und der Politik im neunten Stockwerk; für ihn gab es da nur durchlässige Grenzen. Im Haus hatte er keine Feinde. Gern begleitete er Politiker auf ihren Auslandsreisen in Richtung Westen, die östliche Welt scheute er, vielleicht interessierte sie ihn wirklich nicht. Die privilegierten Kollegen aus anderen Blättern, mit denen zusammen er den Troß bei Politikerreisen bildete, empfanden ihn nicht als Konkurrenten. Als die Redaktion sich erweiterte, hat Robert Held einige gute Federn, die er von seinen Reisen mit Politikern kannte, für die Zeitung abgeworben. Daß er so früh starb (1984), war ein großer Verlust für die Zeitung.

Ich hatte mich erst wenige Wochen provisorisch am Umbruchtisch eingerichtet, als Robert Held, der Veranwortliche für »Bilder und Zeiten«, fast nebenbei bemerkte: »Sie machen das ja schon ganz gut.« Vertrauensvoll überließ er mir das Weitere und trat eine mehrwöchige Weltreise an. So, mehr oder weniger aus Zufall und Neigung, geriet ich gleich am Anfang in die Redaktion des edlen Kupfertiefdruck-Supplements.

Zwölf von insgesamt dreiundzwanzig Redakteursjahren war ich dafür allein verantwortlich, ohne daß es dazu einer besonderen Formalität oder Legitimation bedurft hätte. Robert Held war als Sonderkorrespondent und Berater der Herausgeber in den neunten Stock zur Politik gezogen. Stillschweigend rutschte ich auf seinen Stuhl. Mein Vertrag wurde, ohne daß jemand darüber ein Wort verlor, verlängert; über die Gehaltserhöhung hatte auch niemand gesprochen.

Ein Kollege hat einmal »Bilder und Zeiten« den Rolls Royce der Zeitungslandschaft genannt. Es war als Kompliment gedacht. Aber »old-fashioned« wie die englische Luxuskarosse sollte die Beilage natürlich nicht sein. Ich habe mich immer um aktuelle Themen bemüht und um eine Mischung aus den verschiedensten Gebieten in Kultur, Wissenschaft und Politik. Zwar dem Feuilleton zugehörig, fand die Politik regelmäßig zumindest auf einer der sechs Seiten von »Bilder und Zeiten« Platz. Die besten Auslandskorrespondenten veröffentlichten hier umfassende Analysen, Porträts und Reportagen. Die Zusammenarbeit mit ihnen gehörte für mich zum Interessantesten in meinem Beruf.

Nicht selten gab es politische oder kulturkritische Beiträge, die die ominöse Linie der Zeitung (wo lag sie eigentlich?) nicht nur streiften, sondern vielmehr überschritten. Einmal erhoben die politischen Herausgeber in der großen Konferenz entschieden Einspruch gegen eine Reportage von Ulrich Greiner über den Radikalenerlaß (nach dem Kommunisten nicht im Staatsdienst beschäftigt werden durften). Greiner (der jetzt bei der »Zeit« arbeitet) hatte einzelne Fälle wie einen Briefträger aus Franken herausgegriffen und an diesem Beispiel die Absurdität der Verordnung demonstriert. Joachim Fest, damals der zuständige Herausgeber des Feuilletons, verteidigte den Beitrag gegenüber seinen Kollegen. Ich habe es ihm hoch angerechnet.

Nicht immer war ich mit den Aufsätzen einverstanden, die in der Beilage veröffentlicht werden sollten. Den »Historikerstreit« zum Beispiel hätte ich lieber nicht dort abgedruckt (im »Historikerstreit« ging es darum, ob die Verbrechen der Nazis einzigartig seien oder verglichen werden dürften mit denen in den Gulags der Sowjetunion unter Stalin). Als Herausgeber bestand Joachim Fest darauf, die Kontroverse – weil die Beiträge zu lang für das Tagesfeuilleton waren – in »Bilder und Zeiten« auszutragen. In solchen zum Glück seltenen Fällen war ich froh, daß mein Name nicht im Impressum stand. Doch natürlich geriet ich nicht nur in diesem Fall in einen Zwiespalt: Die Zeitung brachte eben gelegentlich etwas, was ganz im Gegensatz zu meinen Ansichten stand. Adolf versicherte mir bei solchen Anlässsen immer lakonisch, daß er in der Lage sei, mich zu ernähren, falls ich die Mitarbeit an der Zeitung aufgeben wollte. Er wußte ganz genau, wie gern ich bei der »Frankfurter Allgemeinen« war.

Ich hatte ja auch weitgehend freie Hand; in »Bilder und Zeiten« konnte ich die vielfältigsten Anregungen aufnehmen, weitergeben und neue Beiträge verabreden. Stolz war ich, wenn ich unbekannte Autoren entdecken und zum ersten Mal drucken konnte. Manchmal entwickelte sich daraus eine Verbindung, die jahrelang hielt.

Der Wochenrhythmus erforderte Planung, ließ aber auch viel Spielraum für eigene Arbeiten. »Bilder und Zeiten« sollte so etwas wie ein Aushängeschild der Zeitung sein. Möglichst vom Besten sollten die Beiträge sein, und das großzügige Layout, geprägt von den Fotos von Barbara Klemm und Wolfgang Haut, gaben dem »blanken Blatt« einen besonderen Wert.

Vieles, was sich später zu Büchern ausweitete, begann in »Bilder und Zeiten«. Auch die meisten meiner eigenen Kurzgeschichten waren hier zum ersten Mal abgedruckt worden. Leider ist es mir nie gelungen, für diese Form der Literatur einen festen Platz in der Zeitung zu reservieren.

Neben der Redaktionsarbeit für »Bilder und Zeiten« habe ich zwölf Jahre lang den Fortsetzungsroman ausgesucht. Den Kontakt zu den Verlagen und Lektoren zu pflegen war eine angenehme Aufgabe. Durch die Lektüre von durchweg drei oder vier verschiedenen Angeboten für den nächsten Vorabdruck war ich immer auf dem laufenden. Daß ich mein ganzes Leben lang stets viel gelesen habe, hat mir genutzt. In der zeitgenössischen, insbesondere auch in der angelsächsischen Literatur fühlte ich mich zu Hause. Ich habe die Auswahl des Fortsetzungsromans für die »Frankfurter Allgemeine« nicht gerne an Marcel Reich-Ranickis erweiterte Literaturabteilung abgegeben.

Mit der Zeitung im Rücken beantragte ich Anfang der siebziger Jahre ein Visum für die DDR. Im politischen Teil der »Frankfurter Allgemeinen« wurden die drei Buchstaben noch immer in Anführungszeichen gesetzt, was von der Konkurrenz höhnisch belächelt wurde, aber eben die Ablehnung der Zeitung gegenüber jeder Anerkennung des anderen Deutschlands ausdrückte. In vielen Konferenzen wurde deshalb erbittert gestritten. Für mich war die Ostpolitik Willy Brandts von Anfang an der einzige Weg, der zur Entspannung zwischen den Machtblöcken und damit auch zu einer Verbesserung des deutsch-deutschen Verhältnisses führen konnte.

Monatelang hörte ich nichts von der DDR-Behörde, die Visa genehmigte. Dann wurden mir plötzlich zehn Besuchstage erlaubt. Ich mußte nur noch genau angeben, welche Route ich nehmen und in welchen Hotels ich übernachten würde.

Zum ersten Mal fuhr ich einen nagelneuen Dienstwagen mit dem Kennzeichen FAZ, einen silbernen Golf GTI, mit dem ich noch nicht sehr vertraut war. Gleich hinter dem Grenzübergang Schwarzenbek bei Hamburg folgten mir zwei Männer in Zivil in einem grauen Wartburg; sie blieben auch an den folgenden Tagen meine ständigen Begleiter. Als ich, um sie abzuhängen, in einen Waldweg abbog und prompt im Sand steckenblieb, weil ich nicht an den Spoiler des neuen Autos gedacht hatte, näherten sie sich mit strengen amtlichen Mienen.

Natürlich wüßte ich, daß jede Abweichung von der genehmigten Strecke verboten sei, gab ich zu. Es blieb bei einem Verweis. Dann packten die beiden Männer an, hoben den Golf mit einem Ruck aus dem Sandloch und kehrten grußlos um. Im muffigen Hotel in Schwerin sahen wir uns wieder. Meine Einladung zu einem Glas Rotkäppchen-Sekt lehnten sie ab; sie taten so, als hätten sie mich noch nie gesehen.

Das schöne Mecklenburg, das ich 1945 mit sechs Pferden und dem Flüchtlingswagen meist zu Fuß durchquert hatte, war dreißig Jahre später deutlich von Mißwirtschaft und Verwahrlosung gezeichnet: brachliegende Felder, verfallene Ställe, Scheunen und Häuser. Es wirkte wie Hohn, daß selbst in den Dörfern auf allen größeren Gebäuden Parolen zu lesen waren, die den sozialistischen Fortschritt priesen.

Einmal gelang es mir, außer Sichtweite meiner Aufpasser zu kommen und zwei Anhalter mitzunehmen. Sie wußten genau, daß sie sich damit strafbar machten. Es war ihnen egal. Ihren Ausweis hatten sie bereits wegen ihrer »staatsfeindlichen Einstellung« abgeben müssen. Nachdem sie ihr Studium abbrechen mußten, pflegten sie in einem von der Kirche getragenen Heim Schwerbehinderte.

Sie pfiffen darauf, daß es ihnen verboten war, ihren Urlaub außerhalb ihres Bezirks zu verbringen. »Illegal im eigenen Land«, lachten sie. Ich brachte sie zu einem Zeltlager auf dem Darß, wo sie Freunde zu treffen hofften, was gar nicht so einfach war, denn ausgerechnet an diesem Strand und an diesem heißen Sommertag sahen alle Urlauber mehr oder weniger gleich aus: Sie liefen unbekümmert nackt herum.

Abgesehen vom belebten Nacktbadestrand war der Darß eine verwunschene, urige und einsame Landschaft. Daß Göring hier Wisente ausgesetzt hatte, die sich wohl fühlten und vermehrten, konnte ich mir gut vorstellen. Sie sollen 1945 alle im russischen Maschinengewehrfeuer verendet sein. Ein Fischer, der an einem der Binnenseen seinen Fang sortierte, erzählte mir die Geschichte. Im seichten brackigen Gewässer wurden jetzt Störe gezüchtet. »Sie wissen doch, Kaviar für die Bonzen«, sagte der alte Mann.

»Reise ins nächste ferne Land« überschrieb ich meine Reportage. Ein beklommenes Gefühl hatte mich die ganzen Tage über nicht verlassen. Mein letztes vorbestelltes Quartier war Schloß Cecilienhof in Potsdam. Ich war die einzige Deutsche unter den russischen Offizieren, die dort wie ich als Hotelgäste logierten. Neben dem Raum, wo ein karges Selbstbedienungsfrühstück aufgebaut war, befand sich der Saal, in dem am 2. August 1945 das »Potsdamer Abkommen« unterzeichnet worden ist. Das »Potsdamer

Abkommen«, das letzte Gipfeltreffen der »großen Drei«
(Winston Churchill, Harry Truman und Josef Stalin) der
Anti-Hitler-Koalition, bedeutete de facto die Anerkennung der Oder-Neiße-Linie als Westgrenze und die end-
gültige Vertreibung der Deutschen aus Polen, Ungarn und
der Tschechoslowakei. Es legte auch die politischen
Grundsätze einer Nachkriegsordnung für Deutschland
fest: »Ausrottung des deutschen Militarismus und Nazis-
mus«, Entmilitarisierung, Aburteilung der Kriegsverbre-
cher, demokratische Erneuerung des Erziehungs- und Ge-
richtswesens und Zulassung aller demokratischen Parteien.

Der Wechsel von »Papa Korns« kollegialem, immer offe-
nem und oft ganz gemütlichem Feuilleton (1973), in dem
die einzelnen Sparten nicht rivalisierten, zum Feuilleton
unter Joachim Fests Verantwortung brachte Turbulenzen,
anfangs sogar Aufruhr mit sich. Der allseits beliebte und
von vielen auch bewunderte Literaturchef, der Feuerkopf
Karl-Heinz Bohrer, wurde, mit den Privilegien eines Lon-
doner Kulturkorrespondenten und genügend Freizeit für
die Arbeit an seiner Habilitationsschrift versehen, aus
dem siebten Stock hinauskomplimentiert.

Ihm folgte sogleich Marcel Reich-Ranicki, der Fests
Vertrauen genoß und von Anfang an besondere Rechte
beanspruchte: Sein Ressort Literatur erweiterte er durch
den Zusatz »und literarisches Leben« fast grenzenlos. Wie
vorauszusehen, gab es Machtkämpfe zwischen dem Feuilletonchef Günther Rühle – er war der Nachfolger von
Robert Held – und ihm. Sie brachten oft lautstark aus-
getragene Auseinandersetzungen mit sich. Die Türen im
siebten Stock standen jetzt nur noch selten offen.

Rühle resignierte, er verließ die »Frankfurter Allgemeine« und übernahm die Theaterintendanz in Frankfurt,
was für ihn aber auch ein reizvolles Experiment war; bald
darauf wurde er Feuilletonchef des Berliner »Tagesspiegel«
und widmete sich mehr und mehr editorischen Aufgaben.

Reich-Ranicki eroberte nun ohne Widerstand reichlich Platz für sein »literarisches Leben«.

Als Mitglied des Redaktionsausschusses wurde ich im Fall Reich-Ranicki nach meiner Meinung über eine Erweiterung des Impressums gefragt. Ich war strikt dagegen wie auch ausnahmslos die anderen Kollegen im Gremium. Wir fanden, die alte Konzeption der »Frankfurter Allgemeinen« – sowenig Hierarchie wie möglich – habe sich bewährt. Aber wie so oft scheiterte unser Einspruch. Der Redaktionausschuß durfte nur beraten, nichts entscheiden. Marcel Reich-Ranicki kam ins Impressum, ihm folgten andere. Das Kollegialitätsprinzip wich nun einer auch formal gesicherten Hierarchie. Das Klima änderte sich. Es wurde merklich kühler.

Reich-Ranicki hat es mir nicht übelgenommen, daß ich gegen die Erweiterung seiner Rechte gestimmt hatte. Gegen seinen Expansionsdrang und seine missionarische Überzeugung – daß nämlich die Literatur und die Literaten, insbesondere die Literaturkritiker, das Wichtigste der Welt seien – konnte ich mich ohnehin nicht wehren. Zu den anfallenden Gedenktagen und Jubiläen lieferte er ganze Seiten – oft auch zwei oder drei –, perfekt mit allen nötigen Illustrationen und dem Faksimile der obligaten Handschrift des zu Ehrenden, und okkupierte »Bilder und Zeiten«.

Er gewann prominente Autoren zur Mitarbeit und hatte ein Faible für Umfragen, deren Ergebnisse wie ein Puzzle zusammengesetzt wurden. Ich hielt das für eine oberflächliche und keineswegs befriedigende Lösung. Überhaupt dieses »name-dropping« der Prominenz! Es kam dabei, außer einem seltenen guten Satz, wenig heraus. Doch gegen Reich-Ranicki konnte ich mich nicht durchsetzen – wer konnte das schon! Gegenmeinungen, und wenn sie noch so gut begründet waren, ignorierte er einfach. Es war ihm scheinbar auch gleichgültig, wenn man seine Aggressionen und sein lautes Gehabe nicht ernst nahm – zum Schluß machte er doch, meistens mit dem Segen Fests, was er wollte.

Das Feuilleton unter Fests Regie veränderte sich zusehends. Es nahm nicht nur an Umfang zu, es bekam auch mehr Gewicht. Hier wurden jetzt immer häufiger politische und zeitgeschichtliche Themen aufgegriffen, und bald wurde es ein geschätztes Forum für Diskussionen zwischen international anerkannten Historikern und anderen Wissenschaftlern mit ihren deutschen Kollegen. Die belastete Vergangenheit der Deutschen war der Stoff für viele unterschiedliche Interpretationen. Oft waren die Professorenvorträge so lang, daß sie nur über zwei Seiten in der Beilage plaziert werden konnten. Manchmal habe ich mich gegen das Wissenschaftskolleg, speziell zum Thema Zeitgeschichte, im »blanken Blatt« gewehrt. Es verdrängte meiner Ansicht nach allzusehr die lebendige Reportage. Doch als Historiker nutzte Fest den begehrten Platz für seine Zunftgenossen sowie die Möglichkeit zu besonderen Illustrationen, die es in der Zeitung sonst nicht gab.

Fest schaffte die Seite »Die Frau« ab. Der dort behandelte Themenkreis – Familie, Schule, Soziales – sollte über das Blatt verteilt werden. Doch nachdem sie keinen festen Platz mehr hatten und auch keine eigene Redakteurin, die für Nachschub sorgte, kamen diese Themen kaum noch vor. Manche Gebiete, wie Schule und Soziales, wurden jetzt – meist ganz anders – im politischen Ressort behandelt. Helene Rahms, die ehemals Verantwortliche für »Die Frau«, konzentrierte sich mehr und mehr auf Architekturkritik. Die Seite »Die Frau« wurde nicht nur von Frauen, sondern auch von vielen Männern gern gelesen. Die meisten Leserzuschriften habe ich immer für Beiträge auf dieser letzten Seite der Beilage erhalten. Sie wurde nun als Bilderseite gestaltet, als Blickfang also, was zweifellos auch reizvoll sein konnte.

Es wurde manches anders; es gab nicht nur mehr Platz und ganz neue Sparten wie den »Kunstmarkt« und die

»Geisteswissenschaften«, es zogen auch die »Junggenies« ein und füllten das Feuilleton mit ihren ehrgeizigen Texten, denen man oft die akademischen Eierschalen noch ansah. Durchschnittsleser der »Frankfurter Allgemeinen Zeitung« legten das Feuilleton nicht selten überfordert weg. Aber für Durchschnittsleser wollten die Junggenies auch gar nicht schreiben, eher für den akademischen Mittel- und Oberbau. Elite wollten sie sein.

Fest konnte unter mindestens einem Dutzend Hochbegabter auswählen, die sich alljährlich zunächst einmal um eine Hospitanz bewarben, dann aber zielbewußt festen Fuß im Blatt zu fassen suchten oder in andere Feuilletonredaktionen weiterzogen. Nicht selten gab jetzt auch die Literaturredaktion jungen Schriftstellern die Chance, sich in der Zeitung zu erproben.

Jeder dachte zunächst einmal an sich selbst, nicht an den Leser und schon gar nicht an den soliden »Geist des Hauses«, mit dem sich die Zeitung so viel Vertrauen erworben hatte. Ein ideales Sprungbrett und zudem gut für eine effektvolle Fußnote in der Vita war das Blatt allemal. Es gibt kaum ein anspruchsvolles Feuilleton im deutschsprachigen Blätterwald, in dem nicht ehemalige Hospitanten oder Jungredakteure der »Frankfurter Allgemeinen« untergekommen sind.

»Bilder und Zeiten« geriet etwas ins Abseits. Für Bilder hatten die Junggenies wenig Sinn. In echte Bedrängnis kam »Bilder und Zeiten« aber erst, als 1980 das »Magazin« gegründet wurde und meine beiden jüngeren Kollegen in die Frankenallee zum »Magazin« überwechselten. Nun saß ich allein am Umbruchtisch. »Wenn Sie weitermachen wollen ...«, sagte Fest. Auch er fand anfangs das neue Medium mit seinen lockeren, farbigen Möglichkeiten reizvoll. Also machte ich mit Hilfe einer Hospitantin weiter, verzichtete auf Urlaub und auch auf eigenes Schreiben – dafür reichte die Zeit einfach nicht.

Zugegeben, auf das »Magazin« war ich eifersüchtig: Es

zahlte nicht nur höhere Gehälter und Honorare, es war auch personell überbesetzt. Es hatte überhaupt Privilegien und stand eine Zeitlang im Mittelpunkt der Aufmerksamkeit, obwohl es eigentlich mit seinen oft grellen Highlights nicht recht zur »Frankfurter Allgemeinen« paßte. Eine Konkurrenz für die Beilage, wie ich anfangs befürchtet hatte, wurde es allerdings selten. Später habe ich selber der Redaktion des »Magazins« eigene Beiträge angeboten. Die Form des Interviews, die dort gepflegt wurde – im Hauptblatt war sie noch verpönt –, reizte mich. Als das »Magazin«, wie später »Bilder und Zeiten«, aus Kostengründen eingestellt wurde, habe ich es sehr bedauert. Es hatte sich so gut entwickelt, war immer besser geworden, mehrmals wurde es in der Medienlandschaft für seine grafische Gestaltung mit Preisen ausgezeichnet.

Die »Frankfurter Allgemeine« als Hintergrund hat es mir leicht gemacht, einige meiner dort veröffentlichten Texte auch in Buchform herauszubringen. Neue Sammlungen von Kurzgeschichten erschienen unter dem Titel »Montagsmänner und andere Frauengeschichten« und »Wie du und ganz anders – Mutter-Tochter-Geschichten« und zuletzt »Liebe, lebenslänglich«.

Einige Male haben mich Verleger auch auf eine meiner Reportagen angesprochen und mit mir ein Buch zu diesem Thema verabredet. So ist »Auskünfte über das Leben zu zweit«, Interviews mit Paaren, entstanden und vor allem das Ratgeberbuch »Allein – mit Kind«, das ich zusammen mit meinem jüngsten Sohn Jürgen geschrieben habe. Ich konnte darin meine Zeitungskommentare zur Reform des Scheidungs- und Sorgerechts unterbringen, und mein Sohn, von Beruf Rechtsanwalt, lieferte den juristischen Ratgeber und führte die Interviews. Es war eine sehr schöne Zusammenarbeit.

Öfter wurde ich auch zu Vorträgen und Diskussionen eingeladen. Das war jedesmal eine Herausforderung für mich. Im dichtbesetzten Stuttgarter Landtag habe ich vor dem »Frauenforum« geredet. Obwohl ich weder die offizielle Linie der CDU-Politik zur Familienrechtsreform noch zur Gleichberechtigung überhaupt vertrat, erhielt ich viel Beifall. Heiner Geißler war der nächste Redner. Er hatte gerade »Abschied von der Männergesellschaft« herausgegeben und auch »Für eine neue Partnerschaft zwischen Mann und Frau« plädiert. Ich hätte beinahe jeden seiner Sätze unterschreiben können.

In München ging es mir ganz anders. Die Sozial- und Familienministerin Barbara Stamm hatte mich in das große Auditorium des Internationalen Patentamts eingeladen, wo sich siebenhundert Frauen zu einer dreitägigen Tagung zum Thema »Frau und Gesellschaft« versammelt hatten. Auch da erhielt ich Zustimmung und eine Einladung der CSU-Frauen nach Niederbayern. Aber Frau Stamm und ihr Ministerkollege Alois Glück betonten in ihren nachfolgenden Reden unmißverständlich, daß sie mit einigen meiner Ansichten keineswegs übereinstimmten. Ich war allerdings auch auf die brisante Diskussion um den »Abtreibungsarzt« in Memmingen eingegangen, dessen Prozeß kurz vor dem Abschluß stand.

Auch die evangelischen Akademien luden mich zu Referaten und Diskussionen ein. Es ging meist um die Gleichberechtigung der Frau, Vereinbarkeit von Familie und Beruf und ähnliches. Auf einem anderen Forum in Düsseldorf kam ich in Bedrängnis, das Thema war Gewalt. Die Schrifstellerin Gisela Elsner griff mich an, weil ich Gewalt in jeder Weise ablehnte, während sie vehement für eine »Ästhetik der Gewalt« stritt.

Einmal durfte ich die Laudatio auf den Preisträger des Deutschen Jugendbuch-Preises, Henning Mankell, halten. Nach mehreren vergeblichen Anläufen hatte ich in »Bilder und Zeiten« auf Seite vier einen festen Platz für Rezensionen von Kinder- und Jugendliteratur durchgesetzt. Andere Zeitungen folgten dem Beispiel. Trotzdem kämpfen Schriftsteller, die vorwiegend für die Jungen schreiben, noch immer um Anerkennung; das gleiche gilt für die Kritiker dieser Sparte.

Einmal war ich Jurorin für den Sachbuchpreis in Klagenfurt und stieß an meine Grenzen. Klaus Harpprecht als Vorsitzender hatte mich eingeladen. Ich fand, das Verfahren der Bewertung glich einer öffentlichen Hinrichtung, bei der es den Richtern vor allem darauf ankam, ihre Kollegen möglichst raffiniert und glanzvoll zu widerlegen. Ich fühlte mich fehl am Platz, weil mir die Opfer leid taten und ich jedesmal versucht war, sie auf jeden Fall zu verteidigen und ihre Meriten hervorzuheben.

Da Frauen in der »Frankfurter Allgemeinen« zu meiner Zeit Seltenheitswert hatten, wurde ich nicht nur in den Redaktionsausschuß, vielmehr auch in den Betriebsrat gewählt. Ich konnte leider in beiden Gremien nicht viel ausrichten. Ich habe sie beide als ziemlich überflüssige Feigenblätter erlebt. Der Redaktionsausschuß erwies sich – wie in der Impressumsfrage – als völlig machtlos, und der Betriebsrat war vorwiegend mit der Organisation des jährlichen Betriebsfestes beschäftigt, abgesehen davon, daß er sein Placet geben mußte, wenn einer der Lastwagenfahrer wiederholt mit einer Alkoholfahne erwischt worden war und entlassen werden sollte.

Einblick in die wirtschaftlichen Verhältnisse der »Frankfurter Allgemeinen«, die über das hinausgingen, was der Geschäftsführer in der jährlichen Generalversammlung mitteilte, bekam der Betriebsrat nie. Zu meiner Zeit haben wir Betriebsräte nicht einmal eine Verbesserung des Speisezettels in der Kantine erreichen können. Aber schlimmer war, daß es mir nicht gelang, Halbtagsarbeit von bewährten Mitarbeiterinnen mit kleinen Kindern durchzusetzen; in zahllosen Gesprächen und Beiträgen hatte ich dafür plädiert. Doch die Herren in den oberen Etagen waren damals für solche frauen- und familienfreundlichen Änderungen nicht zu gewinnen.

Inzwischen ist es für Frauen in der »Frankfurter Allgemeinen« wie fast überall in den Medien etwas leichter geworden. Sie entfalten sich nicht nur auf unabhängigen Korrespondentenposten aufs eindrucksvollste, auch in der Zentralredaktion nehmen sie an Zahl und Einfluß zu. Und es sind nun nicht mehr nur vorwiegend »frauenspezifische« Themen wie Familie und Soziales, die sie aufgreifen. Im Politik- wie im Wirtschaftsressort haben sich junge Journalistinnen durchgesetzt. Als sich im Wirtschaftsressort der alte Herausgeber zurückzog, stellte sein Nachfolger auf einen Schlag sieben junge Journalistinnen ein und machte mit ihnen beste Erfahrungen.

Ich habe von meiner langen Zeit in der »Frankfurter Allgemeinen« berichtet, als hätte die Familie in diesen Jahren für mich keine Bedeutung gehabt. Das trifft ganz und gar nicht zu. Es gab zwar stillere Perioden, in denen die Söhne mit ihrem Studium oder ihrem Beruf beschäftigt waren und uns nur selten besuchten. Der Kontakt riß aber nie ab. Ich nutzte jede Gelegenheit, nach Freiburg, München, Hamburg oder Berlin zu fahren, um mich mit den Söhnen zu treffen. Ich wollte auch ihre Freunde und Freundinnen kennenlernen und interessierte mich – nicht ohne einen Anflug von Neid – für ihre Studien. (Wie gerne hätte ich auch so ein paar »freie« Studentenjahre gehabt!) Oft habe ich Anregungen und Erfahrungen, auch Kontakte meiner Söhne für meine Zeitungsarbeit nutzen können. Manchmal haben wir alle zusammen ein paar Tage Ferien gemacht. Das alte Bauernhaus meines ältesten Sohnes Constantin, der die Betriebe seines Vaters übernommen hatte, bot genügend Platz.

Die Familie vergrößerte sich. Zu den Schwiegertöchtern bekam ich meistens schnell ein vertrauensvolles Verhältnis. Doch es gab nun leider auch ernsthafte Krisen, in denen meine erwachsenen Söhne froh waren, daß ich für sie dasein konnte. Nicht nur an den Wochenenden und an sämtlichen freien Tagen wurde ich konfrontiert mit ihren

Problemen. Sie beschäftigten mich schmerzhafter als meine eigenen. Aber gerade in solchen belasteten Zeiten waren wir uns nahe, unser Vertrauensverhältnis bewährte sich.

Inzwischen habe ich neun Enkel und ein Urenkelkind. Ich bemühe mich, für sie nicht nur eine Weihnachtsgroßmutter zu sein. Hauptsächlich ihretwegen habe ich mir einen Internet-Anschluß zugelegt. Mails zu verschicken ist offenbar einfacher, als Briefe zu schreiben. Das Telefon – unser mündlicher Gedankenaustausch regelmäßig am Sonntagabend als Rundumruf und Nachrichtenvermittlung – überbrückt zudem die Entfernung.

Zur weiteren Familie habe ich längst wieder einen ganz selbstverständlichen Kontakt. Von der früheren Verurteilung spüre ich nichts mehr. Wir besuchen uns häufig. Es sind vor allem die Jüngeren, mit denen mich über die verwandtschaftliche Vertrautheit hinaus freundschaftliche Beziehungen verbinden.

Der Abschied von der Zeitung ist mir schwergefallen. Ich hatte zwar noch bis zu meinem siebzigsten Lebensjahr einen Schrank und einen Schreibtisch im siebenten Stock, weil ich weiterhin die Kinder- und Jugendbuchseite betreute, doch ich nahm nun nicht mehr an den Konferenzen teil und fühlte deutlich, daß ich nicht mehr dazu gehörte.

Joachim Fest lobte in seiner Rede bei meiner Verabschiedung, das beste an meiner Arbeit für die »Frankfurter Allgemeine«, insbesondere für »Bilder und Zeiten«, sei gewesen: Er hätte sich nie um diesen Teil der Zeitung kümmern müssen. Das stimmt, es gab keine Pannen, es hat immer geklappt.

In der Hellerhofstraße wurde das Wort belächelt, auf mich trifft es genau zu: Selbstverwirklichung, das, was mir in der ersten Hälfte meines Lebens so schwergefallen war, fand ich im eigenen Schreiben, aber auch im Umgang mit

Kollegen und Mitarbeitern. Ich bin der Zeitung dankbar für die vielen Möglichkeiten, die ich hatte, meine Begabungen und Interessen zu entfalten.

Ja, anfangs fehlte mir »im Ruhestand« das Blatt; die Anregungen, Gespräche, die Herausforderung durch interessante Aufgaben, sogar die tägliche Fahrt in die Redaktion vermißte ich. Ich entwickelte anfangs fast hektisch Aktivitäten, nahm jede Einladung zu Diskussionen, Lesungen oder Vorträgen an und begann wieder konzentriert Kurzgeschichten zu schreiben – immer mit der leisen Hoffnung, daß sich daraus vielleicht doch noch ein Roman entwickeln würde.

Allmählich genieße ich es, über meine Zeit frei verfügen zu können. Familie, Freunde und immer noch ein Vollblüter im Stall ganz in der Nähe unseres Hauses – ich kann mich ihnen jetzt intensiver widmen. Die Familie, selbst entfernte Verwandte suchen den Kontakt zu mir. Aber auch unser Leben zu zweit bekam eine neue Intensität.

Adolf saß nach wie vor täglich viele Stunden über seiner Musil-Korrespondenz, schrieb Anmerkungen und Kommentare zum Werk. Doch nun konnte er auch ernten. Nicht nur Österreich zeichnete ihn mit Orden und Plaketten aus. Er ließ sich gerne ehren. Keine Musil-Tagung fand ohne ihn statt, manchmal fuhr ich mit.

Endlich kam er nun aber auch zu seinem eigenen Schreiben. Theaterstücke, zwei Romane – erstaunlich, mit welcher Energie er das aufholte, was er sich seit seiner Jugend vorgenommen hatte. Seine Arbeitsdisziplin war beispielhaft. Und wie immer drängte er alles beiseite, was ihn hätte hindern können, sein selbstgestecktes Ziel zu erreichen. Man durfte in nicht stören. Doch diese Empfindlichkeit kannte ich ja seit Jahrzehnten, wir waren eingespielt. Der Tag hatte seine Zäsuren, in denen wir uns die Zeit nahmen zu reden, einander mitzuteilen, was uns gerade beschäftigte, und lange Stunden, in denen Unterbrechungen unerwünscht waren. So schrieb er bis kurz vor seinem Tod im Frühjahr 2003 an seiner Autobiographie, akribisch, sich auf die kurzen Notizen stützend, die er Jahr für Jahr in seinen Taschenkalendern festgehalten hatte. Der Titel »Wir leben immer mehrere Leben« entstand bei einem unserer langen Abendgespräche. Er könnte auch über meiner Lebensbilanz stehen.

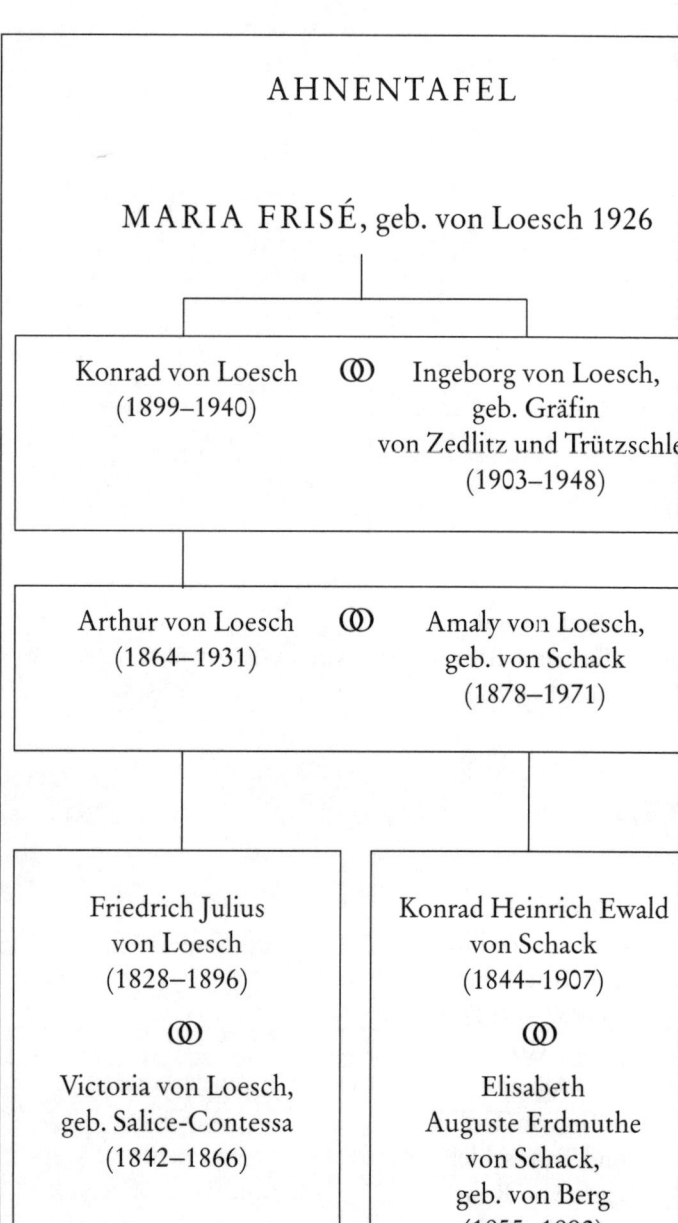

AHNENTAFEL

MARIA FRISÉ, geb. von Loesch 1926

Konrad von Loesch ⚭ Ingeborg von Loesch,
(1899–1940) geb. Gräfin
von Zedlitz und Trützschle
(1903–1948)

Arthur von Loesch ⚭ Amaly von Loesch,
(1864–1931) geb. von Schack
(1878–1971)

Friedrich Julius
von Loesch
(1828–1896)

⚭

Victoria von Loesch,
geb. Salice-Contessa
(1842–1866)

Konrad Heinrich Ewald
von Schack
(1844–1907)

⚭

Elisabeth
Auguste Erdmuthe
von Schack,
geb. von Berg
(1855–1892)

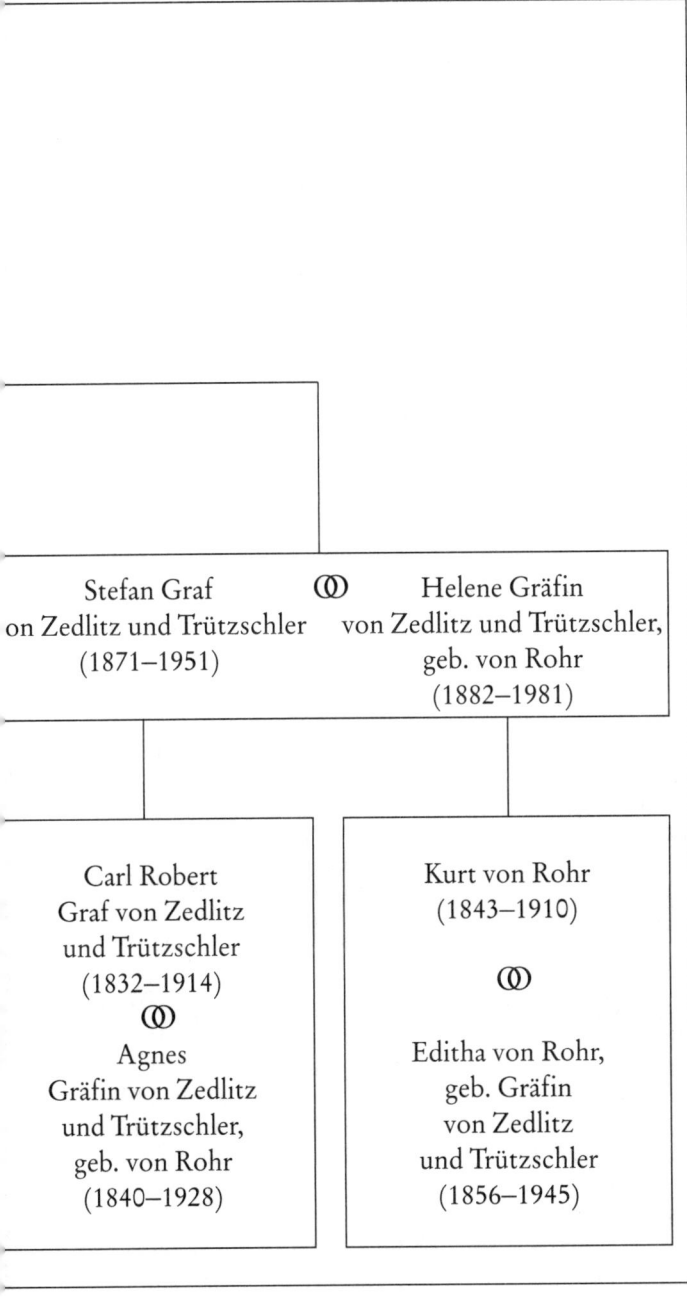

Stefan Graf
on Zedlitz und Trützschler
(1871–1951)

⊕

Helene Gräfin
von Zedlitz und Trützschler,
geb. von Rohr
(1882–1981)

Carl Robert
Graf von Zedlitz
und Trützschler
(1832–1914)

⊕

Agnes
Gräfin von Zedlitz
und Trützschler,
geb. von Rohr
(1840–1928)

Kurt von Rohr
(1843–1910)

⊕

Editha von Rohr,
geb. Gräfin
von Zedlitz
und Trützschler
(1856–1945)

Personenregister

Bildnachweis

Barbara Klemm 16, 19
Alle anderen Fotos stammen aus dem Privatarchiv der Autorin.

Inhalt

Biographien von Frauen über Frauen

SABINE KEBIR
Helene Weigel
Abstieg in den Ruhm
Als »lärmendste Schauspielerin Berlins« machte sich Helene Weigel in den zwanziger Jahren einen Namen, als Bertolts Brechts »Primadonna im proletarischen Gewand« erlangte sie Weltruhm.
Sabine Kebir, bekannt durch provokante Studien über Brecht und seine Mitarbeiterinnen, rekonstruiert das Bild einer ungewöhnlichen Frau, die sich in der Kunst und in ihrem Leben als couragierte Avantgardistin weiblicher Emanzipation behauptete.
»Eine erstklassige Biographie.«
TAGESSPIEGEL
Biographie. 425 Seiten. 28 Abb.
AtV 1820

GEORGIA VAN DER ROHE
La donna è mobile
Mein bedingungsloses Leben
Genug war nie genug in diesem Leben voller Extravaganz: Georgia van der Rohe, als Tochter des bedeutenden Architekten Mies van der Rohe 1914 in Berlin geboren, machte als Tänzerin, Schauspielerin und Filmregisseurin international Karriere. Ihre Memoiren zeugen vom Leben einer Frau, die ihren Leidenschaften bedingungslos folgte und dennoch immer autonom blieb.
»Die Geschichte einer leidenschaftlichen und klugen Frau.« ELLE
381 Seiten. 34 Abbildungen.
AtV 1876

KATJA BEHLING
Martha Freud
Die Frau des Genies
Eine bemerkenswerte Frau (1861 bis 1951), die durch ihre Treue und Standfestigkeit zum Gelingen dessen beitrug, was unter dem Namen »Psychoanalyse« von Wien ausging.
A. W. Freud erinnert sich seiner Großmutter als einer Persönlichkeit, die mit Umsicht und Tatkraft das Unternehmen Berggasse 19 steuerte.
Mit einem Vorwort von A. W. Freud.
266 Seiten. Mit 26 Abbildungen.
AtV 1858

DOROTHEA VON TÖRNE
Brigitte Reimann
Einfach wirklich leben
Brigitte Reimann ist zur Symbolfigur eines unangepaßten, leidenschaftlichen Lebensstils geworden. Wie war sie wirklich? Dorothea von Törne geht in ihrer anschaulichen Biographie den wichtigsten Stationen dieses kurzen Lebens nach.
»Sie hat exzessiv gelebt, voller Unrast und Verlangen nach Liebe, ihre Lebenskerze war an beiden Enden angezündet – wer leuchten will, muß brennen.« BERLINER ZEITUNG
Biographie. Mit 23 Fotos. 300 Seiten.
AtV 1652

Mehr Informationen erhalten Sie unter www.aufbau-verlag.de oder bei Ihrem Buchhändler